● 资源环境经济与管理系列丛书 ●

绿色可持续发展企业
管理学

LÜSE KECHIXU FAZHAN QIYE GUANLI XUE

主编 刁凤琴 张 琦

参编 曹献秋 池毛毛 柯小玲
　　 马海燕 熊 英 张 京

中国地质大学出版社
ZHONGGUO DIZHI DAXUE CHUBANSHE

图书在版编目(CIP)数据

绿色可持续发展企业管理学/刁凤琴等主编．武汉：中国地质大学出版社，2024.12．—ISBN 978-7-5625-6098-2

Ⅰ．F279.23

中国国家版本馆 CIP 数据核字第 2024TW1170 号

绿色可持续发展企业管理学

刁凤琴 张 琦	**主编**
曹献秋 池毛毛 柯小玲	**参编**
马海燕 熊 英 张 京	

| 责任编辑：胡 萌 韦有福 | 选题策划：韦有福 | 责任校对：张咏梅 |

出版发行：中国地质大学出版社(武汉市洪山区鲁磨路388号)	邮编：430074
电　　话：(027)67883511	传　　真：(027)67883580	E-mail:cbb@cug.edu.cn
经　　销：全国新华书店		https://cugp.cug.edu.cn

开本：787mm×1092mm　1/16	字数：400 千字	印张：15.75
版次：2024 年 12 月第 1 版	印次：2024 年 12 月第 1 次印刷
印刷：武汉中远印务有限公司	

| ISBN 978-7-5625-6098-2 | 定价：58.00 元 |

如有印装质量问题请与印刷厂联系调换

序
PREFACE

当今世界正经历百年未有之大变局,气候变化、资源枯竭与生态退化等全球性挑战日益严峻,如何实现资源高效利用与环境可持续治理,已成为人类命运共同体亟需破解的重大命题。当前,中国地质大学(武汉)正以"美丽中国 宜居地球:迈向2030"为战略主题,着力为解决区域、行业乃至人类面临的资源环境问题提供高水平的人才和科技支撑。在此背景下,资源环境经济与管理学科肩负着破解发展困境、统筹生态保护与经济增长的核心使命。经济管理学院立足"资源环境+"学科特色,聚焦资源定价、矿产品贸易、企业价值评估与绿色治理等关键领域,推出资源环境经济与管理系列教材,与学校"推动人与自然和谐发展"的核心理念高度契合,彰显了地大"地质资源与环境"学科群对经济管理学科建设与人才培养的支撑作用。

系列教材以"新文科"建设为引领,以"学科交叉、实践创新、家国情怀"为核心理念,构建覆盖理论、方法与案例的多维知识体系。本系列教材旨在通过学校跨学科特色,将中国地质大学(武汉)的科研优势转化为育人资源,为培养服务国家资源战略的复合型人才提供支撑,展现行业特色高校在学科交叉创新中的示范价值,培养兼具国际视野、家国情怀与实践能力的复合型人才,为行业转型升级与全球可持续发展提供理论支撑与实践指南。

以资源优化配置破解发展瓶颈

资源禀赋约束与生态承载力有限性要求人类重新审视发展逻辑。本丛书作者深入探讨企业价值评估、绿色数字化转型、绿色品牌管理等,系统构建资源环境经济学的理论框架与案例,为破解"资源诅咒"、平衡区域发展差异、实现代际公平提供科学路径,助力构建人与自然和谐共生的现代化发展模式。

以绿色治理创新引领行业转型

面对ESG理念的全球兴起,作者系统整合环境、社会与治理要素,重构公司治理理论体系。从委托代理机制到利益相关者协同,从内部治理结构到外部评价标准,通过前沿理论与本土化案例的结合,揭示治理效能与企业长期价值的深层关联,为破解绿色转型中的治理难题提供方法论支撑。

以实践赋能培育专业核心能力

秉承"知行合一"的育人理念,深度融合资源环境经济领域的真实场景,通过剖析绿色可持续发展的经典案例,引导学生掌握环境成本核算、生态红线划定、资源市场模拟等核心技能。问题导向的编写逻辑将抽象理论转化为可落地的决策工具,强化学生应对资源环境约束、设计绿色发展方案的综合能力。

以思政元素厚植家国同心担当

本系列教材将课程思政深度融入专业知识体系,既挖掘中华优秀传统文化中的管理智慧,又聚焦资源环境行业与本土企业的创新实践,通过鲜活案例展现中国式现代化进程中的管理智慧与制度优势。这种"专业性与思想性统一"的编写理念,助力学生在提升专业素养的同时,坚定文化自信,筑牢责任担当。

本系列教材的出版凝聚了编写团队多年的教学研究成果与行业洞察力,既是对中国地质大学(武汉)"资源环境+"学科优势的传承,更是对新时代"新文科"建设的积极响应。期待这套丛书能成为学界与业界的参考标杆,助力更多学子成长为推动绿色发展与数字变革的中坚力量,为推进生态文明建设和经济高质量发展贡献智慧力量。

中国地质大学(武汉)

前言

　　"管理学"作为管理类、经济类大类专业的核心平台课程,对大学生管理思维的建立与管理兴趣的培养十分重要。该课程兼具经典理论与前沿思想相融合、理论与实践相融合、国际与国内特色情景相融合的"三融合"特点。本教材是国家级一流课程"管理学"建设配套教材,编写过程中充分考虑"三融合"特点,既有一般的管理学理论的所有重要知识点,又体现了管理的实践性与特定情景特点,还体现了与本土环境相融合的管理实践。

　　自上一版《管理学》教材修订以来,国际国内宏观环境发生了显著的变化,国际市场的不确定性大大增强,数字经济、智能化发展突飞猛进,具有鲜明个性特色的新生代员工期待管理的创新。这一切的变化对管理的环境、管理方法、商业模式、组织形态等产生了重大的影响。因此,本教材在前三版教材编写框架与经典内容体系基础上,增加了管理环境、企业伦理、智能时代组织变革、质量控制和应急管理等当今管理研究中关注的理论热点,吸收了新的学术成果与管理思想,追踪了管理理论研究的前沿动态,注重产、学、研的有机结合和案例的原创性与时代性,将科研成果开发为教学资源,增加本土优秀企业的管理案例,传达中国优秀企业家的管理思想,讲好中国优秀企业的管理故事。具体地,本教材具有以下几方面特色。

　　1. 本教材案例选择注重原创性。原创案例的来源主要有两处:一是编写组教师将长期深耕于科研合作企业的研究成果转化为教学实践案例,做到产、学、研有机结合,让缺乏社会实践的学子们能亲身体会特定时代情景下的管理理论与管理实践的碰撞。二是取材于有企业实践背景的专业硕士在专硕课堂上共享的真实企业管理问题与管理现象,并将这些问题和现象编写凝练成一个个与知识点高度相关的案例,这些案例真实,富有情景,具时代特征,学生讨论的兴趣度和挑战度更高。

　　2. 本教材注重课程思政的引领与体现。注重将我国传统文化中蕴含的管理哲学、本土优秀企业及企业家管理思想与管理实践引入相关知识点中,在教材内容和本章讨论题部分都设置有课程思政元素素材,让学生能够既学习西方管理理论,又了解我国传统文化与管理智慧,在学习过程中既能横贯中外,又能纵览古今。

　　3. 本教材注重体现特色行业企业先进的管理思想与管理实践。通过新能源企业和地矿类资源型企业的原创综合型案例的呈现,真实反映特色行业企业在时代环境下面临的问题与困境,寻求转型与发展的变迁进程。

　　本教材由课程组老师通力合作而成,刁凤琴负责全书的统筹设计和校正工作;第一章和第二章由刁凤琴负责撰写;第三章第一节的外部环境部分由马海燕撰写,其余部分由张琦、刁凤琴撰写;第四章第一节到第四节由池毛毛撰写,第五节由曹献秋撰写;第五章由张京、刁凤琴撰写;第六章第一节到第五节由张琦撰写,第六节由熊英撰写,第七节由柯小玲撰写。综合案例分析一由张琦撰写,综合案例分析二由刁凤琴、熊英撰写。全文的图表由研究生杜星蕊绘制或修改。

  在撰写过程中,编写组参考并引用了国内外很多专家学者的论著、论文等资料。本书的顺利出版得到了经济管理学院特色教材计划资助和湖北省"管理学"课程思政建设教学研究项目支持;综合案例编写过程中得到了相关集团企业高层领导的大力支持,他们无私地提供所需要的资料,在此一并表示由衷的感谢!

目录

CONTENTS

第一章 管理总论 ……………………………………………………………………… (1)
  第一节 管 理 ………………………………………………………………………… (2)
  第二节 管理者 ……………………………………………………………………… (8)
  第三节 管理学 ……………………………………………………………………… (13)
    本章关键术语 …………………………………………………………………… (15)
    讨论题 …………………………………………………………………………… (16)
    案例分析 1 ……………………………………………………………………… (16)
    案例分析 2 ……………………………………………………………………… (17)

第二章 管理理论的演变 ……………………………………………………………… (19)
  第一节 我国早期管理思想 ………………………………………………………… (21)
  第二节 西方早期管理思想 ………………………………………………………… (23)
  第三节 古典管理理论 ……………………………………………………………… (25)
  第四节 行为科学理论 ……………………………………………………………… (33)
  第五节 现代管理理论 ……………………………………………………………… (38)
  第六节 当代管理理论及发展趋势 ………………………………………………… (40)
    本章关键术语 …………………………………………………………………… (42)
    讨论题 …………………………………………………………………………… (42)
    案例分析 1 ……………………………………………………………………… (43)
    案例分析 2 ……………………………………………………………………… (44)

第三章 计 划 ………………………………………………………………………… (47)
  第一节 决 策 ……………………………………………………………………… (49)
  第二节 计 划 ……………………………………………………………………… (67)
    本章关键术语 …………………………………………………………………… (82)
    讨论题 …………………………………………………………………………… (83)
    案例分析 1 ……………………………………………………………………… (83)
    案例分析 2 ……………………………………………………………………… (84)

第四章 组 织 ………………………………………………………………………… (87)
  第一节 组织与组织设计的原则 …………………………………………………… (88)
  第二节 组织设计内容 ……………………………………………………………… (95)

    第三节 组织结构类型 …………………………………………………… (102)
    第四节 人员配备 ……………………………………………………… (109)
    第五节 组织变革与创新 ……………………………………………… (117)
    第六节 组织文化与企业伦理 ………………………………………… (125)
        本章关键术语 ……………………………………………………… (135)
        讨论题 ……………………………………………………………… (136)
        案例分析1 ………………………………………………………… (136)
        案例分析2 ………………………………………………………… (138)

第五章 领　导 ………………………………………………………………… (140)
    第一节 领导与领导力概述 …………………………………………… (141)
    第二节 领导理论 ……………………………………………………… (145)
    第三节 激励理论 ……………………………………………………… (158)
    第四节 沟　通 ………………………………………………………… (168)
        本章关键术语 ……………………………………………………… (174)
        讨论题 ……………………………………………………………… (175)
        案例分析1 ………………………………………………………… (176)
        案例分析2 ………………………………………………………… (178)

第六章 控　制 ………………………………………………………………… (180)
    第一节 控制概述 ……………………………………………………… (181)
    第二节 控制的类型 …………………………………………………… (186)
    第三节 控制的过程 …………………………………………………… (196)
    第四节 控制的方法 …………………………………………………… (204)
    第五节 管理控制的信息技术 ………………………………………… (212)
    第六节 全面质量控制 ………………………………………………… (214)
    第七节 风险控制与应急管理 ………………………………………… (220)
        本章关键术语 ……………………………………………………… (223)
        讨论题 ……………………………………………………………… (223)
        案例分析1 ………………………………………………………… (224)
        案例分析2 ………………………………………………………… (225)

综合案例分析 ………………………………………………………………… (227)
    案例一 从G汽车集团看传统国企如何在变局中求发展 …………… (227)
    案例二 "南雁"ZY地矿公司管理变革蜕变之路 …………………… (231)
主要参考文献 ………………………………………………………………… (239)

第一章 管理总论

本章学习目的

学习管理、管理者、管理学的概念,对其概念的内涵、特点形成较全面的认识,同时通过对相关理论在我国和西方管理实践中特点的解读,激发学生对管理学的学习兴趣。

本章学习目标

1. 理解管理产生的原因及管理的内涵。
2. 了解运用效率与效果衡量管理的有效性。
3. 理解管理的科学性与艺术性的关系。
4. 理解管理者与操作者的不同。
5. 掌握不同层次管理者的职责与技能要求。
6. 判断管理者10种角色担当。
7. 了解管理学的重要性以及管理学的特点。

导入案例

多年前在一次演讲会上,格力董事长董明珠女士分享了一则公司管理的故事:格力公司有制度规定上班时间不准吃东西。有一次董明珠女士发现有4名员工在上班时间吃东西,按制度规定每位员工要被罚款50元,4名员工纷纷说是另一位员工带给他们吃的。于是她雷厉风行,马上又处罚提供食物的员工100元。在当时条件下,员工的工资也就800元左右,而且那个提供食物的员工家庭条件不好,被罚100元是个不小的损失。董明珠了解到该员工的家庭状况后,在当天下班后找到该员工,从自己钱包拿出100元给了他,并告诉他:"我知道你家庭条件不好,但公司制度必须遵守,违反了制度必须受罚,我现在给你的100元,不是还回你的罚款,你的罚款已经上缴财务部,这100元是因为我觉得你的家庭不容易,负担重,这是我个人对你的困难提供帮助,与罚款无关。"

第一节 管　理

自从有了人类,就有了管理,只要有两人以上的组织存在,就存在管理实践。远可追溯到母系社会,那时便有了分工管理问题,有人出门打猎,有人在家守护,有人负责分配,这些都是管理的雏形。从古至今,无论是埃及的金字塔、中国的古长城,还是现代科技腾飞下的宇宙飞船、数字时代的AI操控,无不是人类管理实践下的伟大产物。

一、什么是管理

什么是管理?大概每个人的答案都不尽相同,即使是管理大师们,他们对于管理的定义也有着各自的理解与解读,如表1-1所示。

表1-1　管理的定义

代表性大师	管理定义内容
彼得·德鲁克 (Peter F. Drucker)	"管理就是牟取剩余。"所谓剩余,就是产出大于投入的部分。他认为任何管理活动都是为了一个目的,就是要使产出大于投入
赫伯特·亚历山大·西蒙 (Herbert Alexander Simon)	"管理就是决策。"决策贯穿于管理的全过程和管理的各个方面,任何组织都离不开对目标的选择,任何工作都必须经过一系列的比较、评价、选择后才能开始。如果决策错了,执行越彻底,损失就越大
詹姆斯·大卫·穆尼 (James David Mooney)	"管理就是领导。"任何组织中一切有目的的活动都是在不同层次的领导者的领导下进行的,组织活动的有效性取决于领导的有效性
弗雷德里克·温斯洛·泰勒 (Frederick Winslow Taylor)	"管理就是确切地知道你要别人干什么。"并且用你认为最好、最经济的方法去干
亨利·法约尔 (Henri Fayol)	"管理就是实行计划、组织、指挥、协调和控制。"强调管理的过程或职能
哈罗德·孔茨 (Harold Koontz)	"管理就是设计并保持一种良性友好环境,使员工高效率地完成既定目标的过程。"
斯蒂芬·P·罗宾斯 (Stephen P. Robbins)	"管理就是与他人一起有效率、有效果地完成工作的过程。"强调管理的过程性、协调性和有效性
小詹姆斯·H·唐纳利 (James H. Donnelly)	"管理是由一个或更多的人来协调他人活动,以便得到个人单独活动所不能得到的效果而进行的活动。"

学者们对管理的定义不同,反映了其研究过程中所站的立场不同、视角不同、研究方法不同,这些定义是特定情景下的习惯性归纳思维。当然不同的定义也反映了随着时代与环境的变化,人们对管理真谛的认识不断改变与深入。

结合学者们对管理的定义,本书认为:管理是指管理者在特定环境条件下,通过计划、组织、领导、控制等职能活动(图1-1),以人为中心来协调各种资源,以便有效率、有效果地实现组织目标的过程。该定义中,管理的内涵包括以下几个方面:第一,强调管理工作必须考虑到具体的环境特点,管理的方式方法应该与所处的环境相适应,也就是要具体问题具体分析,这是作决策的前提条件,脱离了具体环境的管理很难务实,更难以落实;第二,管理工作的具体内容包括计划、组织、领导、控制,任何层次管理者的管理工作都离不开这4项活动;第三,管理的对象表面上是人、财、物,但本质上是人,是对人的行为与关系的协调。需要通过协调来实现人与人之间、人与资源之间的合理配置,也就是优化资源的配置,以实现既有效率又有效果的组织目标。可以说,协调是管理工作的核心。

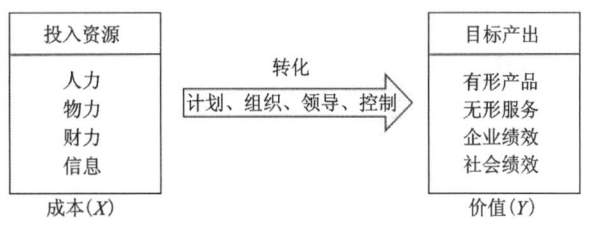

图1-1 管理的过程

我国古代传统文化中,以"礼"为制度来协调社会财富的分配,在物质财富有限的情况下,古人主张清心寡欲,希望通过约束人的欲望,使有限的资源足以满足人的欲望。先人们提出了各种伦理道德规范,期望通过各种教育的手段教化社会成员,如提倡先人后己,主张克己复礼,以协调需求与资源之间的矛盾,阻止矛盾导致的不必要的战争。

礼起于何也?曰:人生而有欲,欲而不得,则不能无求。求而无度量分界,则不能无争;争则乱,乱则穷。先王恶其乱也,故制礼义而分之,以养人之欲,给人之求。使欲必不穷于物,物必不屈于欲,两者相持而长,是礼之所起也。

——引自《荀子》

二、管理的特性

1. 管理的有效性

管理服务于组织目标,并促进既定目标的实现。管理大师彼得·德鲁克在《21世纪的管理挑战》中明确阐述:管理的目标是充分发挥和利用每个人的优势与知识;管理是帮助组织在组织外部取得成效的特殊工具、特殊功能和特殊手段;管理存在的目的是帮助组织取得成就,它的出发点应该是预期的成效,它的责任是协调组织的资源以取得这些成效。这里的成效是对组织所取得的成果和所运用的资源之间转化关系的一种全面衡量,而衡量管理成效的关键就是效率与效果两个方面。

所谓效率,就是指资源投入与产出的比值。高效率是指资源投入一定时,产出越多,效率越高。比如在产品生产过程中,在成本一定的情况下,产量越多、品质越好,则说明效率越高;或者是当产出一定时,资源的投入越少,相对产出越多,则效率越高。比如在产量规模既定的情况下,尽量减少成本或资源的耗费,则同样表现为高效率。因此,效率与使用的资源有关,与使用资源的方式方法或途径有关,这就是通常所说的要正确地做事。

所谓效果,是指组织活动要达成的目标与结果。管理的目的是通过提高资源的利用率,以实现更多、更高的目标。因此管理不仅要考虑效率,还要讲究效果,也就是目标的达成度,或者说是满足人们需求的程度。如果我们通过管理所获得的产出并不是我们所需要的,那么这种产出再多也毫无意义,相应的这种管理就是无效的管理。只有当我们通过管理实现了既定的目标,我们的管理工作才是有效的。

效率和效果是相互联系的,如果说效率意味着把事情做好,那么效果就意味着要做对的事,所以管理的有效性是指效率和效果的双实现(图1-2),也就是说要正确地做正确的事。效率是解决怎么做的问题,要求我们选择合适的行动方式和方法,以求比较经济地达成既定的目标;那么什么事情该做就取决于我们的效果,也就是目标设定和价值取向。有效的管理要求既讲究效果又讲究效率,仅注重效率而不注重效果,或仅注重效果而不注重效率,都不是富有成效的管理。

图1-2 有效的管理

2. 管理的本质是协调

根据管理的定义,管理是通过计划、组织、领导和控制对组织内外部各种资源的综合有机协调,并由人来执行。比如计划与决策需要人来确定计划的内容,活动的方向以及执行的方式等;组织职能主要是对组织内的资源进行合理配置,包括人力、物力和财力等,在构建组织架构时,要明确各部门和岗位之间的职责和职权,避免出现职责不清、职权不明、命令不统一等现象。因此组织职能中重要的内容就是职权的划分、职责的明确,以协调组织内从上至下人与人之间、部门与部门之间的资源与任务,做到既有分工,又有协作,以达成组织最终目标。领导职能的核心是引导和激励组织成员朝着共同的目标努力,那么在这过程中如何实施有效的领导与激励措施,指导和引导员工达成组织目标,需要决策者高度的领导能力与管理艺术。控制职能是对组织的运行情况进行监督和检查,确保各项工作按照计划进行,并及时纠正偏差。因认知和行为能力的限制,员工在工作过程中不可避免会出现操作误差,需要实施有效的控制标准与控制措施,以纠正员工的操作失误或修改计划,以使计划与实际更加贴近。

这一系列的行为过程都是由人来完成,协调的资源表面上看既有人力,也有财力和物力,但归根结底是对人的协调,从这个角度来讲,管理就是管人,并对人的行为进行协调。

3. 管理的科学性与艺术性

管理的科学性是管理的特性之一,人类的管理活动具有实践性特点,在长期的实践中,学者和企业家们总结了一套具有规律性的管理理论,所包含的知识内容之间有着紧密的联系,形成了一个合乎逻辑的系统。因此,管理活动必须遵循一定的规律和原则,通过系统的方法和手段来实现组织目标。管理的科学性强调客观性、理性和逻辑性,注重分析和解决问题,追求效率和效果的结合。比如管理活动由计划、组织、领导与控制四大职能组成,不管管理者来自什么性质的组织,也不管管理者所处的层级高低,都必须履行四大职能。管理的四大职能具有很强的实践性与指导意义,充分体现了管理的科学性无处不在。首先,要制订好计划,作好决策工作,这需要管理者在一定的规律与原则基础上,通过系统的、科学的分析方法与工具制定组织目标;其次,履行组织职能,这需要管理者在组织设计的原则下,科学地分析并合理地调配资源,进行人员安排、部门划分,构建适合于市场环境与组织自身发展的组织结构;再次,对于领导工作,需要管理者遵循特定的领导风格理论以及激励理论,通过有效的指导与引导工作,达成组织的目标。当今很多企业为考核而考核,制定的考核指标体系与措施脱离了激励理论的指导,想当然地出台一系列激励政策或绩效考核措施,结果是或成了形式摆设,或遭到员工抱怨,得不到员工的支持。因此,在开展控制工作时,要求在相关计划指标对照下,及时发现问题并采取措施纠正偏差。科学的控制强调客观性和规律性,注重制定明确的标准和程序,重视按不同类型偏差采取不同的纠正措施。

管理的艺术性是一种非理性管理活动。由于管理对象是人,因此管理对象处于不同环境、不同行业、不同资源供给条件下,具有个体差异性。国内外成功的企业很多,但失败的企业同样也很多,那么为什么任何一家成功的企业的管理模式不能完全复制照搬到失败的企业中去呢?根本原因就在于不同企业的人不同。只有根据实际情况权衡利弊,灵活运用管理理论,选择合适的管理方式,具体问题具体分析,才能实现有效的管理。这种强调人本性、灵活性、应变性的管理思想,体现了管理的艺术性特点。领导风格具有多变性,而这种多变性取决于环境的变化,如不同的人的领导风格不同,同一个人在不同的"成熟期"的领导风格不同。沟通讲究方式方法,激励方案要考虑不同群体的主导需要;控制标准要有一定的误差范围,应根据不同的偏差原因采取不同的改进与调整措施,这些做法都是管理的艺术性的体现。

管理作为一种实践活动,既有科学性的一面,也有艺术性的一面。管理的科学性和艺术性是相辅相成的。科学性为艺术性提供了理论指导和实践基础,使管理者能够运用科学的方法来解决实际问题;而艺术性则为科学性注入了人文关怀和情感价值,使管理者能够关注员工的需求和感受,提高组织的凝聚力和向心力。因此,管理者在实际工作中应该兼顾管理的科学性和艺术性,努力提高自己的综合素质和管理水平,以更好地推动组织的发展和进步。

4. 管理的自然属性与社会属性

管理具有自然属性和社会属性两个方面。自然属性主要体现为管理活动的普遍性和规律性,而社会属性则表现为管理活动的特殊性和多样性。

从自然属性来看,首先,管理作为一种实践活动,具有普遍性,贯穿于人类社会的各个时期、各个领域、各个层次。无论是个体、家庭、组织还是国家,都需要通过管理来实现其目标和绩效。其次,管理的基本原理、基本方法具有普遍性和规律性,如计划、组织、领导、控制职能、系统管理原理、权责对等管理原则、命令统一性管理原则等,都是人类社会经过长期实践总结出来的具有普遍性的规律或原理。这些原理、原则和方法具有普遍性和规律性，无论组织所处的环境是否相同、组织的性质背景是否相同，都可以用这些原理来指导各种类型的管理活动。因此，管理的自然属性是由生产力决定的。管理与生产力社会化大生产相联系，具有自然属性。

管理和技术被称为企业发展的两个"车轮"。管理是企业的灵魂，技术是企业的核心竞争力。没有管理，企业就会失去方向。当技术水平相当时，管理将发挥极大的威力，拥有相同技术的组织会因为管理水平的不同而表现出极大的差异性，成功的管理可以在短时间内弥补技术相对滞后带来的发展不足。美国著名的曼哈顿工程总技术负责人罗伯特·奥本海默曾明确指出，使科学技术发挥威力的是组织管理。阿波罗登月计划总负责人韦伯说："我们没有使用一项别人没有的技术，我们的技术就是科学的组织管理。"日本在第二次世界大战结束之后，通过实行引进技术与引进管理并重的战略，只用15年左右的时间就走完了先进工业国家50年的发展道路，创造了令世人震惊的经济腾飞。

我国自2013年习近平总书记在湖南省十八洞村考察时提出"精准扶贫"之后，经过8年的脱贫攻坚战，实现了近1亿贫困人口全部脱贫，832个贫困县和12.8万个贫困村全部摘帽，人均纯收入从2015年的2982元增加到2020年的10 740元。

这些无不体现出管理普遍存在，管理对任何组织的重要性。

管理的社会属性是由生产关系决定的。管理与生产关系、企业制度相联系，具有社会经济属性，称为社会属性。管理的社会属性体现为管理作为一种社会活动，其管理的方式方法只能在一定的环境条件下和一定的社会关系中进行。管理的社会属性与生产关系和社会制度紧密相连，具有很强的特殊性和多样性。

在我国，消除贫困，改善民生，实现共同富裕是社会主义的本质要求。党的十八大以来，以习近平同志为核心的党中央把脱贫攻坚工作纳入"五位一体"总体布局和"四个全面"战略布局，作为实现第一个百年奋斗目标的重点任务，做出一系列重大部署和安排。经过多年的持续奋斗，困扰中华民族几千年的绝对贫困问题得到历史性解决，取得了令全世界瞩目的辉煌胜利，创造了人类减贫史上的奇迹。全世界还没有哪一个国家在这么短时间内创造出这样的奇迹。这是一条具有中国特色的减贫道路，体现了社会主义制度特有的优越性，是社会主义核心价值观的体现。

关于管理的自然属性与社会属性，马克思在《资本论》中进行了精辟的描述。他强调凡是直接生产过程具有社会结合过程的形态，而不是表现为独立生产者的孤立劳动的地方，都必然会产生监督劳动和指挥劳动。劳动具有二重性。一方面，凡是有许多人进行协作的劳动，过程的联系和统一都必然表现在一个指挥的意志上，表现在各种与局部劳动无关而与工场全部活动有关的职能上，就像一个乐队要有一个指挥一样，这是一种生产劳动，是每一种生产方式中必须进行的劳动。另一方面，完全撇开商业部门不说——凡是建立在作为直接生产劳动者和生产资料所有者之间的对立上的生产方式中，都必然会产生监督劳动。这种对立越严重，监督劳动所起的作用也就越大。通过研究资本主义社会的管理活动我们不难发现，资本主义社会生产管理活动本身就具有二重性，一方面是制造产品的社会劳动过程，另一方面是资本的价值增殖过程。

三、管理的职能

管理的职能就是管理者为了实现正确地做正确的事所必须从事的一系列管理工作,这些基本管理工作最初是由亨利·法约尔于20世纪初提出的。管理的职能包括计划、组织、指挥、协调和控制,在长期的管理理论研究与实践中,形成了各种关于管理职能的内容,但计划、组织、领导和控制四项职能是得到绝大多数学者一致认可的、基础的或传统的职能。

(1) 计划职能。四项职能之首,所谓"未雨绸缪""高屋建瓴""运筹帷幄"都是指做事之前需要对即将做的工作进行合理的规划,包括资源的调配、成本的核算、人员的安排、标准的确定等。做计划需要明确以下内容(5W1H):

目标——明确做什么(what)

目的——回答为什么(why)

人员——由谁去做更合适(who)

地点——确定在哪里做(where)

时间——何时开始做(when)

方式与手段——如何去做(how)

从计划的步骤来看,需要寻找合适的机会,明确做事的目标,确定可行的方案,协调可用的资源以及付诸实施的方案。

(2) 组织职能。在制订出切实可行的计划后,需要将计划付诸实施。组织工作是为了有效地实现计划所确定的目标而在组织中进行部门划分、权力分配和工作协调的过程,主要解决分工协作、权力分配、人员安排等问题。

(3) 领导职能。激励和引导组织成员,以使他们为实现组织目标做出贡献。领导的成效直接影响到上下级关系的融洽程度和员工的工作积极性与主动性,进而影响组织绩效及目标的达成度。据中国企业管理者绩效调查结果,高绩效的领导者只占19.1%,擅长鼓舞下属的领导者占9.8%,没有使下属感受到被激励的领导者占13.4%,挫伤下属积极性的领导者高达57.7%。有学者对管理者的领导能力进行了归纳:最差的领导者不知道为何做、做什么、怎么做;第二类领导者自己做,下属无事可做;第三类领导者自己不做,监督下属去做;第四类领导者和下属一起做;第五类领导者自己不做,下属玩命地做;第六类领导者无论自己做不做,无论自己在不在,下属都会做好。

(4) 控制职能。要关注计划的执行过程或结果是否与计划相符合,要有明确的测量标准,测量是否有偏差,明确偏差产生的原因,制定解决偏差的方案,或者修正计划,或者调整测量标准,或者改进工作方法。

随着学者们对管理理论研究的不断深入以及在实践中的反复验证,管理者面临的环境条件更加复杂且不确定性因素增多,传统的以关注企业自身内部条件为主体的管理方式方法显得狭隘而片面,需要综合考虑包括自身在内的各种因素,统筹规划,不能一叶障目,不见森林。因此,在传统的计划职能作预测、决策、目标管理的基础上,要关注环境对决策的影响,对环境进行分析与评估;在制订目标规划时,除了考虑企业自身的经济效益,更要考虑企业对周围环境的影响、对国民经济的贡献以及是否具有社会效益;要明确企业的战略选择,并使决策服从于战略框架之下;要注意微观组织对环境的适应性,任何组织不可能游离于环境之外。传统的组织职能侧重于职务分析、任务分解、部门划分、职权明确及人员安排,而现代组织职能更加关注组织的变革及变革动因,关注什么样的组织结构能适应时代或环境,如团队型组织、学习型组织、无边界组织等,进而探讨在新的组织结构下的权力分配、组织文化建设、人员安排。传统的领导职能主要包括领导方式的选择、激励措施的运用。现代的管理强调以人为本,管理者与操作者的边界越来越模糊,需要更加注重对员工工作的肯定与激励,员工的高层次需求需要得到更多的满足。传统的管理控制职能工作重点在内部成本控制、产品质量管理等,而现代的控制职能需要协调整个供应链,实施价值链管理,注重风险防范与应急管理等,将整体的控制工作重点前移。

我国传统文化中,同样有体现管理四项职能、管理的科学性与艺术性的论述。如《资治通鉴》中,选人标准强调"以德为先,任人唯贤";知人有道强调"人才各异,海纳百川";用人有术强调"量才授官,人事相宜";信赏之理强调"公正无偏,刚柔并济";必罚之道强调"法纪立威,礼法并用"。

第二节　管理者

一、管理者定义

在亚当·斯密(1723—1790年)提出劳动分工理论之前,在一个组织中,当需要开展提出目标,制定行动方案,分配任务,协调工作中可能出现的各类问题,检查各项工作的进展情况,纠正可能发生的偏差等这些工作时,最初一部分是由氏族首领来负责,一部分是由每一个从事具体工作的组织成员自己负责,也就是操作人员或执行人员自己负责。这么做的结果是效率和效果都非常低下。自从亚当·斯密提出劳动分工理论后,人们开始认识到劳动分工的优越性,特别是在大规模生产阶段,专职人员从事专门的管理工作的优势凸显。最初是从生产劳动者中分离出来一部分专门从事生产管理活动的人员,随着组织规模的扩大和生产经营活动的复杂化,组织中又开始出现了不同于其他活动的具体管理活动,如财务管理、营销管理、技术管理等。工厂主们开始将各类管理活动从操作者中分离出来,由管理者负责指挥,履行管理职能,而操作者负责执行具体的工作,从而提高了组织管理的效率,这就是最初的管理者与操作者的分离与分工。被后人尊称为"科学管理之父"的泰勒,在长期的工厂实验中也同样提出了要把管理职能从作业职能中脱离出来。泰勒提出,提高劳动生产率,就要改进工人的作业方法。工人虽然拥有丰富的操作经验,却没有时间进行系统的研究和分析,那么这项工作应该由专门的人开展。所以,他主张在企业中设立专职的管理部门,把管理职能同作业职能相分离,也就是他在《科学管理原理》一书中提出的计划职能同执行职能相分离。泰勒认为专职的管理部门应该完成以下几项任务:一是调查研究,负责收集和整理工人的操作经验,进行作业研究和实践研究,得到确定工时定额的依据;二是根据调查研究的结果,制定有科学依据的作业方法、时间定额和工资标准;三是制定计划,并向工人发布命令和指示;四是把实际执行情况与确定的标准进行比较,以便进行控制,也就是后来由法约尔提出的管理者要从事的管理职能。

因此,从以上论述中不难总结出,传统概念中管理者是指那些在组织中行使管理职能、指挥或协调他人完成组织工作并达成目标的人。管理者有时也可以做一些操作性工作,但他们的主要职责是指挥与协调下属开展工作,如科室主任、企业总经理等。但在现代社会的组织中,少数管理者处于管理部门中,而对组织做出贡献的专业人员,他们通常并不是什么人的上司,但是其职位与知识同样影响组织的决策,如高级会计师、高级工程师等。彼得·德鲁克在《卓有成效的管理者》一书中明确指出,管理者泛指那些必须在工作中运用自己职位和知识,做出影响整体行为和成果的决策的知识工作者、经理人员和专业人员。这里的专业人员就是指那些作决策能够影响组织成果的少数成员。

相对地,操作者就是指那些直接从事具体事务性工作的人,他们的职责是完成上级安排的任务,而不承担指挥或监督他人工作的职责,如坐诊的医生、工厂的一线操作工人等。

因此,管理者和操作者是组织中的两种角色。相对于操作者而言,管理者拥有职权且对下属有指挥权、奖惩权等法定权力,相应地,管理者就应该承担职责,权责要对等。管理者要对组织负责、对下属员工负责、对自己负责,并对社会承担责任与义务。要有所为,有所不为。

以正治国,以奇用兵,以无事取天下,吾何以知其然哉?以此,天下多忌讳,而民弥贫;人多利器,国家滋昏;人多伎巧,奇物滋起;法令滋彰,盗贼多有。

故圣人云:"我无为,而民自化;我好静,而民自正;我无事,而民自富;我无欲,而民自朴。"

——引自《道德经》第五十七章

二、管理者角色

关于管理者在组织工作中所充当的角色,20世纪60年代后期,管理学大师亨利·明茨伯格(Henry Mintzberg)在对管理者实际工作活动研究的基础上,归纳出管理者还扮演着三大类共10种不同的角色,并描述了管理者在人际关系、信息传递及决策制定3个方面分别代表的角色类型(表1-2)。

表1-2 亨利·明茨伯格的管理者角色

分类	角色	描述	举例
人际关系方面	挂名首脑	象征性首脑。必须履行法律性及社会性的例行义务。外部协调	如签署法律文件;接待上级
	领导者	负责激励和动员下属,协调组织目标与个人目标,承担人员配备、培训与指导等职责。内部协调	如有下属参与的管理活动
	联络人	与外界关系网保持联系,以获取信息。外部协调	如通过电话等方式与外部保持联系

续表1-2

分类	角色	描述	举例
信息传递方面	监听者	接受各种有关信息,以便及时了解环境,作为组织内外部信息的神经中枢。内外部协调	如通过看报道等了解市场供求信息以及竞争对手信息等
	传播者	将从外部或内部成员那里了解的信息及时传递给组织的其他成员。内外部协调	如举行内部信息交流会
	发言人	向外界发布有关组织的计划、政策、行动、结果等信息。外部协调	如召开董事会议或股东大会
决策制定方面	企业家	寻找组织在环境中的机会,发现新的想法,制定改进方案,发起变革措施,监督某些方案的策划。内外协调	如制定公司战略,对创新或改进方案进行评估
	危机处理者	当组织面临重大的危机时负责采取正确的行动。内部协调	如在剧烈动荡的环境中确定公司未来发展的方向
	资源分配者	负责分配组织中的人、财、物等资源。内部协调	如协调并解决公司内部的各种矛盾
	谈判者	代表组织参与各种谈判。内外协调	如与供应商的谈判

1. 人际关系方面的角色

亨利·明茨伯格把管理者在人际关系方面的角色细分为3种:挂名首脑、领导者、联络人。

(1)挂名首脑。管理者经常要以特定身份代表组织参加外部活动,如代表本企业参加政府组织的会议。此时,管理者是组织的形象代表,代表本组织的社会形象。

(2)领导者。管理者在行使领导职能时,通常以领导者身份体现,通过正式与非正式职权对下属形成影响力,激励或鼓舞下属为组织做事。

(3)联络人。联络人角色体现为管理者在组织外部与客户、供应商、股东、金融机构、社区等利益相关组织保持良好的沟通与联络,以争取组织利益的长期保持。同时在组织内部,管理者有时也要对下属各部门之间的沟通起到协调作用。

2. 信息传递方面的角色

(1)监听者。这个角色是指管理者对外要随时收集与本组织相关的有用信息或舆情,即舆情的监控者;另外,这个角色又要严格监督内部信息尤其是涉密的信息不得随意流向外部。

(2)传播者。管理者将信息传送给组织内部或外部相关人员或组织。

(3)发言人。管理者代表组织对外发言,表明立场与态度,或通报公司的经营业绩、重大战略转型、新产品研发方向等重大信息。

3. 决策制定方面的角色

(1)企业家。企业家在关键时刻,在洞察外部环境与内部条件成熟的情况下,能果断地带领组织开拓新的领域,开创新的利益增长点,提高组织综合绩效。

(2)危机处理者。这个角色指当组织遭遇外部环境突变并可能引起组织动荡等危机时,管理者能及时把脉并准确找到解除危机的方法,处理好危机,使组织转危为安。要求管理者有控制混乱局面的能力。

(3)资源分配者。资源分配者在对人、财、物等资源进行分配时,要综合考虑组织绩效、部门平衡等,做到资源的有机分配,并达到综合绩效最佳的效果。

(4)谈判者。谈判者代表组织与外部利益相关者谈判,以争取本组织利益最大化,如与供应商谈判。对内谈判者可能要与下属员工就公司利益、员工个人利益、制度合理性等进行谈判,以达成双方的认可,如与工会谈判等。

三、管理者分类

根据管理者在组织中所处的层级不同,相应承担的主要职责也不同,管理者从高层级到低级可分为:高层管理者、中层管理者、基层管理者(图1-3)。

高层管理者负责组织的全面管理,建立组织运行规则制度,制定组织发展战略,决策组织研发方向,分配组织内部的一切资源,负责代表组织保持与外部环境的协调与联络。高层管理者通常被称为"总裁""首席执行官""总经理""厂长""校长"等。

摇木者——摄其叶,则劳而不遍;左右拊其本,而叶遍摇矣。临渊而摇木,鸟惊而高,鱼恐而下。善张网者引其纲,若一一摄万目而后得,则是劳而难;引其纲,而鱼已囊矣。故吏者,民之本,纲者也,故圣人治吏不治民。

——引自《韩非子·外储说右下》

中层管理者的主要职责是将高层管理者的指示传达给基层管理者,并结合所在部门情况负责制订具体的计划,同时将基层信息及时反馈给高层管理者。另外,中层管理者还要负责协调基层生产活动,对下属部门的活动进行有效的控制,以实现组织或部门目标。中层管理者通常是指"车间主任""部门经理"等角色。

基层管理者通常是指直接面对操作者的一线管理人员,其主要职责是传达上级的指示,并直接负责分配基层员工的工作,对员工的任务完成进度与质量等负有直接的监督作用,随时帮助操作员工解决工作中遇到的问题,同时基层管理者一般也要直接参与具体的工作中,并有一定的生产任务。基层管理者通常是指"班组长""生产线线长"。

对于管理者而言,虽然有管理层级之分,职权有大小,但是无论是高层管理者还是基层管理者都必须履行管理的计划、组织、领导和控制四项职能,这一点毋庸置疑。但是,不同层次的管理者花费在四项职能上的时间与精力不尽相同,高层管理者的主要职责更倾向于统领全局,把握组织发展方向,因此

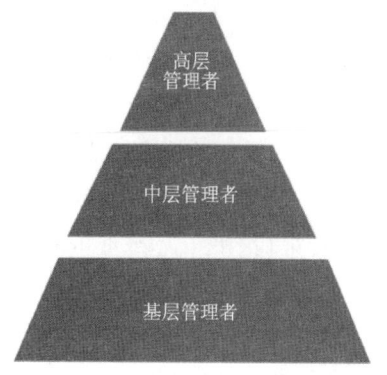

图1-3 组织层级与管理者分类

其工作重点更偏向于计划职能;而基层管理者的工作重点是执行上级的任务并保证带领基层员工完成任务,因此工作重点更偏向于领导与控制职能;中层管理者介于高层管理者与基层管理者之间。

四、管理技能

组织中不同层级的管理者工作的内容不同,承担的主要职责不同,扮演的角色各有分工。罗伯特·卡特茨(Robert Katz)提出了管理者应该具备3种管理技能:概念技能(conceptual skills)、技术技能(technical skills)、人际技能(human skills)。

1. 概念技能

概念技能是指管理者必须具备高屋建瓴的统领全局的能力,具备在复杂环境中把握机会、寻找发展方向的能力,具备抽象思维的能力,尤其是面对非程序化问题时,能否在无先例可循、无历史经验可鉴的特定情景下,根据个人的知识、能力、视野、危机处理与应变能力等快速地发现问题症结,寻找可行的替代方案,并最大化地解决问题。这种能力不是人人都能具备的,需要在不断地学习和锻炼中提升。

2. 技术技能

技术技能是指运用某一特定领域的工艺、技术和知识的能力,通常与专业技术人员的专业能力和技术精深程度有关,故技术技能也被称为专业技能或业务技能。

3. 人际技能

人际技能是指与他人沟通协调的能力,激励与鼓舞他人的能力,指导与引导他人追随的能力。由于管理者管理的对象是人,且通常需要通过他人来完成组织目标,因此管理者在面对他人(或上级,或下属,或外部联系人等)时,必须协调人与人之间的关系,必须学会倾听、沟通、理解,学会应对随时可能产生的冲突。良好的人际交往与沟通能力常常会使工作更顺畅,人际关系更和谐。

3种管理技能是管理者应该具备的能力,那么根据3种管理技能的概念与内涵,结合管理者所处的管理层次以及不同层次管理者的职责分类,可以发现,不同层次管理者的技能要求侧重点有所不同(表1-4)。技术技能对基层管理者而言更重要,概念技能对高层管理者尤为重要,而人际技能无论是对高层管理者、中层管理者还是基层管理者都非常重要。但这种各有侧重的技能要求是相对的,或者是动态的,技术技能是基层管理者必备技能,并不意味着高层管理者不需要具备技术技能,也并不意味着基层管理者不需要培养概念技能。对高层管理者而言,不一定要求对所在组织主营业务的主要技术或业务很精深,不一定要求成为技术专家,但是要对基本的技术或业务有一定的了解,这也有利于开展工作,履行四项职能。而对于基层管理者来说,技术技能必备,但如果能不断地培养与训练自己的概念技能,提升个人的综合能力,对个人有百利而无一害,当条件成熟时,能助力他们走上更高一层的管理岗位,机会一定是留给有准备的人。

第一章 管理总论

表1-4 不同管理层次管理者的技能要求

管理层次	管理技能		
高层管理者	概念技能		
中层管理者		人际技能	
基层管理者			技术技能

扁鹊见蔡桓公，立有间。扁鹊曰："君有疾在腠理，不治将恐深。"桓侯曰："寡人无疾。"扁鹊出，桓侯曰："医之好治不病以为功。"

居十日，扁鹊复见，曰："君之病在肌肤，不治将益深。"桓侯不应。扁鹊出，桓侯又不悦。

居十日，扁鹊复见，曰："君之病在肠胃，不治将益深。"桓侯又不应，扁鹊出，桓侯又不悦。

居十日，扁鹊望桓侯而还走，桓侯故使人问之，扁鹊曰："疾在腠理，汤熨之所及也；在肌肤，针石之所及也；在肠胃，火齐之所及也；在骨髓，司命之所属，无奈何也。今在骨髓，臣是以无请也。"

居五日，桓侯体痛，使人索扁鹊，已逃秦矣。桓侯遂死。

——引自《扁鹊见蔡桓公》

如果扁鹊改变与蔡桓公的沟通方式，结果会怎样？

第三节 管理学

一、什么是管理学

管理学是研究组织管理活动一般规律的科学。它以研究管理实践中的一般问题为前提，以组织管理为研究对象，着重研究如何通过有效的管理达成组织的目标，为人们提供了一套相对完整的组织管理理论与方法。在高校管理类专业的教学计划安排中，"管理学"课程是核心基础课，在其他专业教学计划中，"管理学"也是一门深受各专业重视的课程，常作为通识课面向全校学生开设，以满足跨专业综合型人才培养的学习要求。

管理学的研究内容包括管理理论的探讨、管理思想史的发展、管理理论的应用、管理学研究方法的探讨。管理学在管理实践中的具体探讨内容包括效率与效果的研究、人的协调与分工、组织的变革与发展、领导的方式与员工的关系等。

对于不同的行业、不同性质的组织，管理的内容与方法不尽相同，从而形成不同的管理学科，如企业管理、行政管理、农业管理、科技管理、国民经济管理等。概括而言，一类是以营利性组织为研究对象，如企业管理；另一类是以非营利性组织为研究对象，如行政管理。而管理学是以所有组织所面临的共性问题作为研究对象的，管理的基本原理、基本思想、基本方法是整个学科体系的研究基础。所以管理学是一门基础性学科，适用于不同类型组织或专业学习。

二、管理学特点

管理学作为一门科学,与其他科学相比既有共性又有独特性。

1. 管理学是一门不精确的科学

其他自然科学如数学、物理学、地质学等,都有可以遵循的定理定律,有精确的公式或模型,有确定的因果关系,当给定条件满足时,可以得到确定结果,这些科学称为精确的学科。而管理学中几乎没有可以贯穿始终的模型、公式,或者严格的一一对应的因果关系。人们在进行决策时,根据决策问题的状态,理论上有最佳决策结果,但是从实际情况出发,理论上最佳的决策结果现实中总是无法实现。决策者的因人而异性、决策条件的无法穷尽性、现有环境因素的不确定性,都决定了在当下无法获得最佳结果,于是常常只能是退而求其次,选择相对满意的决策结果。另外,管理的对象是人,这是区别于其他自然科学最显著的特征,而人与人特点不同,同一个人在不同环境下的主观与客观状态也不同。基于以人为本的管理思想,管理的方式方法相应地要因人而异,同一个激励条件,于甲可能会产生极大的激励性,于乙则可能不能产生激励效果。因此,管理学从来没有一个模型或管理方法可以适用于所有组织。

管理学虽然不像自然科学那么精准,但在长期的管理实践中,前人已经总结出大量反映管理过程的管理原理、管理方法等,形成了具有客观规律的管理学理论体系。所以,我们能通过学习管理的基本原理、基本方法等,灵活地指导具体的管理实践。

2. 管理学是一门实践性很强的科学

管理学的实践性体现在管理理论来源于实践,管理学是经过长期的、大量的实践活动总结概括而成的科学。管理理论通过实践去验证。同时,随着时代的变化人们又不断地修正完善已有的理论体系,创新补充新的理论。从这个角度来讲,管理学永远都不可能成为一门成熟的科学,永远都会随着环境的变迁而不断地被质疑、被创新,周而复始,螺旋式上升。

3. 管理学是一门具有综合性的科学

管理学的综合性体现在研究对象的复杂性,不同行业、不同性质的组织的管理者在管理过程中,需要了解与本组织主营业务领域相关的知识。管理学涉及各种学科知识的广泛运用,如经济学、社会学、心理学、生理学、人类学、政治学、法学、数学、系统科学等,它是多种学科综合的边缘科学。管理活动的复杂性与多样性决定了仅学习一门管理学是远远不够的。

4. 管理学是一门发展中的科学

管理学发展到今天,经历了多个具有标志性理论的发展阶段,如经验管理阶段,重经验、重历史数据;科学管理阶段,重在研究提高效率的方法;行为科学阶段,重在探讨人的动机与行为等。不同的阶段研究成果不同,提出的理论不同,时代特征不同。综合而言,管理学相对于自然科学而言还太年轻,需要被不断地研究,不断通过实践去发展、完善、创新。

三、管理学研究方法

1. 案例研究法

只要有人存在的地方就有管理活动,只要有组织存在的地方就有管理实践,这些管理实践无论是成功还是失败,都将为当下或后来的人们提供宝贵的可供分析借鉴的资料,尤其是具有代表性的管理经验,值得后人去分析、总结、吸取经验或教训。目前,从管理学教学实践来看,哈佛商学院发起的案例教学法已经成为高校课堂教学的主要手段与方法。所以,开发基于管理实践的案例对学生了解管理理论、提升课堂教学效果很重要。

2. 模拟实验法

模拟实验法是在无历史数据可借鉴的情况下,保证决策成功的一种探索性的研究方法。通过模拟实验,还原不同情景下的不同管理现象,可以使管理者发现影响决策的关键因素,找到问题产生的症结,保证决策的科学有效,最大限度地降低成本。因此,模拟实验是保证管理决策科学有效的重要途径。当今,管理学的教学中,模拟实验已经成为一种常见的课堂教学活动。

3. 比较研究法

比较研究法是把不同的或相似的事物放在一起进行比较,鉴别事物之间的异同点,从而得出其一般性规律和特殊性规律。目前比较管理学的研究主要集中在不同国家经营管理特征的比较研究上。比较管理学研究的先驱者法默和里奇曼强调建立一种共同的特征与分类系统,以便适用于不同国家的管理过程和管理特征的比较研究。20世纪70年代末,日本学者大岛国雄在《国际比较管理学》一书中对比较管理学提出了自己的观点。他认为过去的管理学研究大多集中于一般性原理的探讨,忽视了对具体特殊问题的研究。他认为在研究过程中,首先要考察一国管理的特殊性;然后探讨各国管理的一般性;其次要特别注意一般性与特殊性的关系;最后在掌握一般性和特殊性的基础上,探讨每个国家管理的途径。

我国的管理学教材中的理论主要是西方管理理论,如何把西方管理理论与中国的具体实际结合起来,对教育工作者是一种考验。这也是当前我国课程思政建设的主要内容之一。西方管理理论产生的时代背景以及国情与体制不同,倡导的价值观与理念有差异,有些适用于我国本土文化,有些具有特殊性,并不适用于我国。因此,在传授知识的同时,需要引导学生客观分析,吸收其精华,剔除其糟粕,不能人云亦云。要建立本土文化自信,注重本土管理实践,具体问题具体分析。目前,很多管理学者十分重视本土化管理的研究工作,掌握和运用比较管理学的研究方法,对建设中国特色的管理学科十分重要。

本章关键术语

管理 management	管理者角色 management roles
管理职能 management functions	人际关系角色 interpersonal roles
效率 efficiency	挂名首脑 figurehead
效果 effectiveness	联络人 liaison
协调 coordination	领导者 leader
管理者 manager	信息传递角色 informational roles
操作者 operatives employees	监听者 monitor

传播者 disseminator
发言人 spokesperson
决策制定角色 decisional roles
企业家 entrepreneur
危机处理者 disturbance handle
资源分配者 resource allocator
谈判者 negotiator
高层管理者 top managers
中层管理者 middle managers
基层管理者 first-line managers
概念技能 conceptual skills
人际技能 human skills
技术技能 technical skills
不精确性 impreciton
综合性 comprehensive
实践性 practicality

讨论题

1. 为什么要学习管理学？
2. 某家族企业，在接手一单金额约为 6000 万元的生产单时，出现了一单返工订单。为了完成返工订单，需要将订单重新安排上流水线进行返工，为了能够将 6000 万元的订单及时完工，不得不让人和设备进行高负荷运行，最后的结果是后面的订单又出现了返工现象。周而复始，企业的生产形成了一个恶性的循环。请从资源有效利用的角度谈谈管理的效率与效果？
3. 任课教师是管理者吗？
4. 有学者提出：随着组织的变化，管理者与操作者之间的界线越来越模糊。这个问题该怎么理解？
5. 不同层次管理者若角色错位了，会产生哪些后果？
6. 怎么理解"君逸臣劳国必兴，君劳臣逸国必衰"这句话？
7. 你是否接受"外行领导内行"？

案例分析❶

角色错位了吗？

2015 年 7 月，伍为从一所大学的机械工程专业毕业后应聘进入武汉的一家大型建筑集团公司工作。虽是刚入职，但伍为表现出了缜密的逻辑思维能力和认真踏实的工作作风与素养，对工作充满热情，深得集团公司领导的赏识。6 个月见习期满后，他顺利地被分配在集团总部的综合部工作，负责总部的日常行政工作和集团下属各分公司经营数据的收集与统计分析。

正式进入工作状态后，伍为更加勤勉，对上级领导布置的每一项工作都不折不扣地认真完成。业余时间，伍为经常在公司图书馆学习各种与本职工作相关的业务知识，虚心向公司老员工请教工作中的难点与困惑，努力从理论与实践两个方面不断提升业务能力。很快，伍为便具有了总部工作人员需要的宏观思维与微观数据分析的工作意识和工作能力，能在某些问题上提出自己独到的见解,对下属各公司的经营情况也有了较全面的了解,得到了集团总经理和综合部王部长的好评。工作不到3年时间,已被提拔到领导身边当助理。

2018年5月,伍为的直接领导因个人原因辞职,总经理原本有意让伍为接替该职位,但考虑到他入职后一直在总部机关工作,资历尚浅,缺乏在基层一线工作的经验与经历,思考再三,还是从下属分公司提拔了一位长期在基层一线工作的余经理接替该空缺位置。与此同时,总经理也着手安排并要求伍为加强对经营一线的了解,提升对基层一线业务工作的管理能力。

这样一来,新上任的余部长便成了伍为的直接领导。余部长有一线工作经验,但没有总部工作经历,伍为有机关工作经历,但缺乏基层工作经验。一开始两人在工作中相互取长补短,配合得相得益彰,工作开展得风生水起。一段时间后,有着在基层一线工作习惯的余部长很不适应在总部办公室一板一眼的工作节奏,总是闲不住,仍然经常跑到一线的分公司去,工作上也不太讲究方式方法,不讲规划,缺少宏观思维,仍然保留着原来上级领导说什么做什么的工作习惯。上任一年多后,余部长的业绩并没有什么起色,也没有出现"新官上任三把火"的变革,甚至有人私下戏称余部长的工作作风如生产队长。

而本该余部长负责的很多事情,自然地就压在了伍为身上。由于工作风格与思路的不同,处理问题的方式也不同,两人之间出现了很多矛盾,余部长常常会把本该自己做的工作甩给伍为,而一旦出现差错,又指责伍为工作不力。伍为也憋着一肚子的委屈,认为自己干了很多不属于自己工作范围内的活儿,甚至牺牲了自己大量的休息时间,但还是会被批评。

随着争论逐渐增多,相互指责与不满逐渐增多。

注:本案例改编于郭文臣和卢小丽,2023。

案例思考题

1. 余部长的职责和角色是什么?
2. 余部长有什么技能?缺少什么技能?
3. 伍为的职责和角色是什么?
4. 伍为具备什么技能?缺少什么技能?
5. 你认为他俩产生矛盾的焦点在哪里?可避免吗?
6. 如果你是伍为,你会怎么做?

案例分析❷

胖东来的管理哲学

在零售行业,中国本土零售企业胖东来犹如一颗璀璨的明星,以其独特的管理模式和卓越的服务理念赢得了广泛的赞誉与认可,成为众所周知的网红超市。国内其他大型超市如中百仓储、永辉超市等纷纷引入胖东来模式。胖东来管理者的管理理念贯穿于企业运营的各个层面,深刻影响着企业的发展方向与顾客体验。

胖东来的管理者秉持"以人为本"的核心理念,他们将员工视为企业最宝贵的财富,而非简单的劳动力。在招聘环节,就注重选拔有责任心、有爱心且认同企业文化的人才。新员工入职后,会接受全面而细致的培训,不仅培训其专业技能,更注重培养其服务意识与人文关怀情操。例如,员工会被教导如何以真诚、友善的态度对待顾客,如何在顾客购物过程中提供贴心的帮助与建议,让顾客感受到家一般的温暖。这种对员工的尊重与培养,激发了员工的工作积极性与创造力,使他们能够发自内心地为顾客提供优质服务,进而提升了整个企业的服务质量与竞争力。

胖东来将"公平、自由、快乐、博爱"的价值观贯穿于管理的全过程。"公平"体现在企业的薪酬福利制度与晋升机制上。胖东来为员工提供具有竞争力和吸引力的薪资待遇,确保员工的努力能够得到公平的回报。同时,晋升不看关系,不凭资历,完全依据员工的能力与业绩,为每一位有能力、有创新、有责任感的员工提供了广阔的发展空间。"自由"则给予员工一定的自主权,鼓励他们在工作中发挥主观能动性,提出创新性的想法与建议。例如,一线员工有权根据顾客的需求与现场情况,灵活调整商品陈列或服务方式,这种自由的工作环境使员工能够更好地应对各种复杂的情况,提高了工作效率与顾客满意度。"快乐"是胖东来企业氛围的重要特征。管理者深知员工只有在愉悦的心情下工作,才能将快乐传递给顾客。因此,企业内部经常组织各种丰富多彩的文化活动与团队建设活动,如员工旅游、文艺比赛、体育竞赛等,增强员工之间的凝聚力与归属感,让员工在工作中感受到快乐与幸福。"博爱"的理念则体现在胖东来对社会的责任感上,企业积极参与公益事业,关注弱势群体,通过捐赠、志愿服务等方式回馈社会。这不仅提升了企业的社会形象,也让员工在参与公益活动的过程中增强了社会责任感与使命感。

胖东来的管理者非常注重细节管理与顾客体验。在商场的布局与设计上,充分考虑顾客的购物便利性与舒适性。从商品的摆放位置到购物通道的宽度,从休息区的设置到卫生间的清洁程度,每一个细节都经过精心策划与安排。例如,生鲜区采用开放式销售,让顾客能够直接触摸、挑选新鲜的食材;商场内设置了多个舒适的休息区,配备了免费的饮用水与充电设施,方便顾客在购物过程中休息与放松。在顾客服务方面,胖东来更是做到了极致。除了常规的导购、收银、售后服务外,还提供了一系列个性化的服务,如免费礼品包装、代客泊车、儿童托管等。这些细致入微的服务举措,极大地满足了顾客的多样化需求,使顾客在胖东来购物成为一种享受,从而培养了顾客的忠诚度与口碑传播效应。

通过对员工的关爱与培养,营造了积极向上的企业氛围;通过践行公平、自由、快乐、博爱的价值观,凝聚了员工的向心力与企业的核心竞争力;通过对细节的把控与顾客体验的重视,赢得了顾客的信任与支持。在当今竞争激烈的市场环境下,胖东来的成功经验为其他企业提供了宝贵的借鉴与启示。

案例思考题

1. 从管理的效率与效果的角度,分析胖东来的管理成效。
2. 谈谈优秀管理者具备哪些素质与能力。

第二章 管理理论的演变

本章学习目的

了解管理思想发展历史以及在不同的发展阶段主流管理思想的精华及研究的重点,了解管理思想的产生伴随着时代的变迁与环境的变化,便于我们融会贯通古今中外管理思想,关注时代的变迁与管理的新研究动向。

本章学习目标

1. 了解西方管理思想的发展阶段及不同阶段代表性人物及其管理思想。
2. 掌握泰勒的试验及科学管理理论要点。
3. 了解法约尔对管理理论的贡献。
4. 学习霍桑试验及乔治·埃尔顿·梅奥的人际关系学说。
5. 了解行为科学理论阶段的主要学派及代表性学说。
6. 了解现代管理理论丛林及代表性学者的代表性理论。
7. 了解当代最新管理理论的发展趋势。

导入案例

在一次行业举办的医院护理管理经验交流会上,有两个医院护理部主任分别论述了她们各自对有效管理的看法。

A 医院护理部主任认为:医院和企业一样,首要的资产是员工,只有员工们把医院当成自己的家,都把个人的命运与医院的命运紧密联系在一起,才能充分发挥他们的智慧和力量,服务好病人,服务好医院。因此,管理者平时要十分注重护理人员的需求,给护士们提供学习、娱乐的机会和条件,关注因工作导致的高压力和高负荷问题,关注护士面对不同类型的病人时可能受到的委屈,给予护士适当的人文关怀,如护士节送礼送温暖、为护士过集体生日、组织旅游等。因此,在 A 医院,护士们都普遍把医院当成自己的家,全心全意地主动为病人服务。

B医院护理部主任则认为,只有实行严格的管理,才能保证医院各项工作的顺利进行。因此,B医院护理部制定了严格的规章制度和岗位责任制度,实行严格的检查控制体系,包括严格的岗前培训与标准化操作管理。因此,在B医院里,护士们都非常遵守规章制度,努力工作以完成任务。

听完二者的经验分享后,与会人员展开了热烈的讨论。哪位分享的经验更适合呢?

自从人类有了管理实践活动,便有了管理思想的产生。远古时代工业化以前,人们的管理思想是零散的、不成体系化的管理实践的反映,呈现形式与采取的手段也不同。如教会组织依靠信徒的虔诚来实施管理,军队依靠严格的纪律实施管理,政府依靠军队实施管理,家庭依靠家法实施管理等。

直至18世纪下半叶英国工厂作为一种全新的组织形式产生之后,伴随着工厂内部的管理问题、资源分配问题、人与人关系问题、劳资纠纷问题等一系列从未发生过的矛盾产生之后,人们发现之前的任何一种管理方式都无法解决工厂出现的新的管理问题,于是开始出现对管理的系统化研究。

进入工业化阶段之后,管理思想的发展大体经历了工业化初期的经验管理阶段、工业化中期的古典管理理论与行为科学理论阶段、工业化后期的现代管理理论阶段,以及后工业化时期的当代管理理论阶段。不同阶段的主要管理理论与代表思想均不相同(表2-1)。

18世纪末至19世纪末工厂产生。英国正式进入工业化初期的殖民地统治时期,这一时期工厂代替了传统小作坊,劳动分工形式出现,经验管理是当时主要的管理思想。这一阶段对管理理论的形成有突出贡献的代表性成果有亚当·斯密的《国民财富的性质和原因的研究》(简称《国富论》)(1776年)、查尔斯·巴贝奇的《论机器和制造业的经济》(1832)。研究重点是专业化分工,强调效率与效益,关注个人经验管理。

19世纪末至20世纪60年代工业化中期,经历了第二次世界大战后,殖民地纷纷独立,殖民体系纷纷瓦解。该时期管理理论经历了两个发展阶段:第一个阶段是20世纪30年代出现了科学管理理论、一般管理理论、科层管理理论。这一阶段的代表性成果有泰勒的《科学管理理论》(1911年)、亨利·法约尔的《工业管理与一般管理》(1916年);第二个阶段是从20世纪30年代到60年代,这一阶段产生了以研究人为重点的人际关系学说、需要层次理论、双因素理论、人性理论。这一阶段的代表性成果有乔治·埃尔顿·梅奥的《工业文明中的人类问题》(1933年)、马斯洛的《人类动机理论》(1943年)、麦格雷戈的《企业的人性面》(1960年)等。

20世纪60年代至20世纪80年代工业化后期,世界经济进入冷战时期,日本经济迅速崛起,伴随着计算机网络、高速公路、电子化、自动化的出现,主要管理理论研究进入全新的阶段,种类繁多,跨学科思想不断出现,形成了百花齐放的管理思想大爆炸时代,其中以系统管理理论、定量管理理论、权变管理理论、精益生产理论、全面质量管理理论为主要的流派,这一阶段的代表性成果有哈罗德·孔茨的《管理丛林》(1965年)、大田耐一的《丰田的生产系统》(1978年)、威廉·大内《Z理论:美国企业界怎样迎接日本的挑战》(简称《Z理论》)(1981年)。

表 2-1 管理思想演化过程

时间阶段	时代特征	主要管理理论	代表人物及成果
经验管理阶段（18世纪后期—19世纪末）	工业化初期	经验管理思想	亚当·斯密《国富论》（1776年）、查尔斯·巴贝奇《论机器和制造业的经济》（1832年）
古典管理理论阶段（19世纪末—20世纪30年代）	工业化中期	科学管理理论、一般管理理论、科层管理理论	泰勒《科学管理理论》（1911年）、亨利·法约尔《工业管理与一般管理》（1916年）
行为科学理论阶段（20世纪30年代—20世纪60年代）		人际关系学说、需要层次理论、双因素理论、人性理论	乔治·埃尔顿·梅奥《工业文明中的人类问题》（1933年）、马斯洛《人类动机理论》（1943年）、麦格雷戈《企业的人性面》（1960年）
现代管理理论阶段（20世纪60年代—20世纪80年代）	工业化后期	系统管理理论、定量管理理论、权变管理理论、精益生产理论、全面质量管理理论	哈罗德·孔茨《管理丛林》（1965年）、大田耐一《丰田的生产系统》（1978年）、威廉·大内《Z理论》（1981年）
当代管理理论阶段（20世纪80年代—至今）	后工业化时期	公司流程再造、学习型组织、虚拟组织、核心能力研究	迈克尔·哈默《改革公司：企业革命的宣言书》（1993年）、彼得·圣吉《第五项修炼：学习型组织的艺术与实务》（1994年）

20世纪80年代至今后工业化时期，冷战结束，知识经济价值凸显，进入全球经济一体化。管理理论的发展进入 ERP 公司流程再造、学习型组织、虚拟组织、核心能力研究等，代表性的研究成果有迈克尔·哈默的《改革公司：企业革命的宣言书》（1993年）、彼得·圣吉的《第五项修炼：学习型组织的艺术与实务》（1994年）等。

本书将从我国早期管理思想、西方早期管理思想、古典管理理论、行为科学理论、现代管理理论、当代管理理论6个方面分析不同阶段的主要管理理论要点。

第一节 我国早期管理思想

管理实践与管理理论是与各国自身的生产力发展和民族文化特点相连的。中国是世界上历史最悠久的四大文明古国之一，自古就以幅员辽阔、人口众多而著称。早在5000年前，中国已经有了人类社会最古老的组织——部落和王国，有了部落的领袖和帝王，也就有了管理问题。在漫长历史长河中，中国经历了数百次的改朝换代，历代统治者都对辽阔的国土和众多的人口进行了有效的控制与管理，许多思想已成为管理国家的准则，如"行仁德之政""令顺民心""从民所欲,去民所恶"等。其中最具代表性的传统管理思想有道法自然的道家思想、以人为本的儒家思想以及依法治理的法治思想等,这些体现中华民族几千年文化传统与先人智慧的治国理政思想对后人无论是治国还是管理企业都具有深远的影响,是当今研究管理不可多得的宝贵的思想财富。

1. 道法自然的道家思想

老子曾说:"人法地,地法天,天法道,道法自然。"意思是人类必须遵循地的规律特性,地必须遵循天的准则,天以道作为运行的依据,而"道"正是遵循自然的准则。统治者所做的一切都应顺乎规律,顺道而行。老子认为,居上者应知悉自己的责任只是"辅万物自然"而已,要避免胡乱施政,不用强迫手段,做到"以顺待逆,以逸待劳,以卑待骄,以静待躁。"《道德经》核心思想即为"道","道"是无为的,但"道"有规律,以规律约束宇宙间万事万物运行,万事万物均遵循规律。引申到治国,"无为而治"即是辨道,顺道,以制度或规律治国,以制度约束臣民的行为,臣民均遵守法律制度。故道家的治国理念强调"无为而治",圣人云:"我无为,而民自化;我好静,而民自正;我无事,而民自富;我无欲,而民自朴。"老子所说的"无为",是指统治者不妄为,要避免好大喜功,使老百姓疲于奔命、劳民伤财。统治者不过多干预,强调充分发挥民众的自我主观能动性,注重顺其自然,顺应世界万物的自然规律,不刻意强求。当然,老子所说的"无为",也绝非什么都不做。老子曾说:"天下难事必作于易,天下大事必作于细""为之于未有,治之于未乱。"这里的"必作""为""治"都是"有为"的意思。道家提倡的"无为而治"实际上是一种柔性管理,对于当今企业管理有重要的现实指导意义。

2. 以人为本的儒家思想

我国传统文化中以孔子和孟子为代表的儒家思想强调以人为本,强调"礼仪""德治"。对普通百姓而言,"饥而欲食,寒而欲暖,劳而欲息,好利而恶害,是人之所生而有也"。如果为政者"道之以政,齐之以刑,民免而无耻",如果"道之以德,齐之以礼,有耻且格。"故应"以不忍人之心,行不忍人之政",那么"治天下可运之掌上"。德治思想即崇尚道德管理的理念,"不以仁政,不能平治天下",仁者爱民,以人为本。故儒家思想认为,治国之道,讲求"民贵君轻,以民为本";行政管理,讲求"政令统一,讲诚信,名正言顺";而对人才的管理,主张"举贤才",讲究人尽其才,物尽其用。王天下、治万变、材万物、养万民、兼制天下者为莫若仁人之善也夫,"为人君,止于仁"。故其知虑足以治之,其仁厚足以安之,其德音足以化之。得之,则治;失之,则乱。

儒家思想强调以人为本,"民惟邦本,本固邦宁",讲求用人之道,讲求和谐共处。所谓"天时,地利,人和"。而天时地利均不及人和重要,所以孔子非常重视礼仪,"孔子于乡党,恂恂如也,似不能言者。其在宗庙朝廷,便便言,唯谨尔。朝,与下大夫言,侃侃如也;与上大夫言,訚訚如也。君在,踧踖如也,与与如也……"提倡"礼之用,和为贵,先王之道,斯为美,小大由之。有所不行,知和而和,不以礼节之,亦不可行也。"管子强调,"上下不和,虽安必危",只有"上下和同",才能有利于事业的成功。

因此儒家思想注重对人民施行道德教化,以德化民;废除苛法厉刑,用宽松法治,让规范控制行为成为一种自觉行为;为官者严于律己,以身作则,此所谓"修身、齐家、治国、平天下"。

3. 依法治理的法治思想

儒家思想重视德治,以德为先,礼仪教化,实现治理,即"人治"思想。而法治思想则认为"仁义不足以治天下""圣王者,不贵义而贵法",必须实行"法治",而且必须做到:"法必明,令必行"。战国时期法家代表人物商鞅明确反对儒家之"德",主张"力生强,强生威,威生德,德生于力",同时认为"依治法者,强;以治政者,削",法治是最好的统治方式,推行严苛的法律,对当时秦国的强大发展起到重要作用。战国末期的法家代表人物韩非也明确提出人治不可取,"舜事必躬亲",然"舜有尽,寿有终,天下过无已者,以有尽逐无已,所止者寡矣。"必须制定法规,并公之于众,上下都遵照执行,才能从根本上解决问题,提高效率与效果。

法家提出的富国强兵、以法治国的思想,至战国末期,经韩非加以总结、综合,其范围涉及法律、经济、行政管理、组织变革、人事管理等。从行政管理角度而言,"法治"的核心在于加强中央集权的君主专制制度,正如韩非子所说的"是在四方,要在中央,圣人执要,四方来效"。即"尊主"才能"明法"。在人事管理方面,"所举者必有贤,所用者必有能"。"官贤者量其能,赋禄者称其工。"韩非子认为,世人的天性都是趋利避害的,因此实行严格的赏罚制度是最有效的管理手段,"闻古之善用人者,必循天顺人而明赏罚。循天,则用力寡而功立;顺人,则刑罚省而令行;明赏罚,则伯夷、盗跖不乱"。韩非子主张"尽国之才,尽人之智,力不敌众,智不尽物,与其用一人,不如用一国"。

无论是"儒家""道家"还是"法家"的治理思想,尽管更多的是从治国的角度论述,但均蕴含着不同阶段管理理论的精髓,不仅与西方管理理论有异曲同工之处,更是对当今中国本土企业的管理与发展之道有着重要的启发,其中包含的管理哲学更适用于我国广大学者、企业管理人员学习、体会、领悟和借鉴。

第二节 西方早期管理思想

人类出现以后,面对最原始的来自自然界的各种环境的生存压力时,群体联盟要比个人单枪匹马更易于生存,于是,组织便自然而然地产生。而自从有了有组织的活动,就产生了管理活动。通过对一定环境下管理活动的开展、管理经验的积累总结,便形成了早期较零散的一些管理理想。

一、早期的管理实践

从公元前6世纪的奴隶制时代开始,罗马、埃及、巴比伦等文明古国便在政治、经济、军事等方面为人类做出了杰出的贡献。

但在这一阶段,人们并没有很好地对管理实践进行系统的研究和规律性的总结。真正关注并较好地研究有关管理问题的活动,起源于18世纪英国的工业革命(industrial revolution)。18世纪下半叶的工业革命导致了机器取代人力,加速了资本的快速积累,使企业的规模日益扩大,而企业组织的发展引发了对效率与效能的关注、技术与工具的需求等。这也促使人们对管理开展研究,其中对后期管理理论的形成与研究有较大影响的代表性人物有亚当·斯密、查尔斯·巴贝奇和罗伯特·欧文。

二、早期的代表人物及其管理思想

1. 亚当·斯密（Adam Smith，1723—1790）

亚当·斯密是英国政治经济学家，他在1776年出版的著作《国富论》中，不仅对经济和政治理论有系统的研究，也阐述了不少关于管理的思想，其中最具深远影响的是劳动分工理论和"经济人"观点。他在《国富论》中曾以制针业为例分析分工带来劳动效率提高的例子。将制针过程分为5道工序：抽线、拉直、剪断、磨尖、打孔、磨角。如果该制作过程全部由一个人完成，那么一天的产量不超过20枚。但如果将每道工序分开，分别由5个工人完成，于是这5道工序就变成5项专门的工作，如此配合下来，5个人一天的产量高达24 000枚，平均每人生产4800枚。与全部工序由一个人独立完成的产量相比，分工之后产量提高了若干倍，生产效率得到极大提升。效率大幅提高的主要原因：一是劳动分工增加了工人的技术熟练程度；二是节省了从一种工作状态转换为另一种工作状态所需要的时间；三是发明了既方便工作又节省劳动时间的机器。亚当·斯密的另一个重要观点是：人们在经济活动中追求的是个人自身的经济利益，社会利益是以个人相互之间的利益限制为基础而产生的，这就是所谓的"经济人"观点。他的劳动分工理论和"经济人"观点成为科学管理理论的基础。

2. 查尔斯·巴贝奇（Charles Babbage，1792—1871）

查尔斯·巴贝奇不仅是英国著名的数学家，而且对工厂的生产和管理也十分关心。他在1832年出版的《论机器和制造业的经济》一书中，对劳动分工的好处和主管人员对设备、物质、人力使用上的具体管理技术进行了较为全面的论述。此外，他还提出通过建立一种利润分享制度来正确处理工厂主与工人间的利益分配问题，让工人除固定工资外，还可以得到企业利润奖金与合理化建议奖金，从而建立起劳资双方的和谐关系。他的管理思想成为定量管理理论的重要基础。

3. 罗伯特·欧文（Robert Owen，1771—1858）

罗伯特·欧文是一位成功的英国企业家和空想社会主义者，最早注意到企业内人力资源的重要性，所以有人认为他是人事管理的创始人。他通过一系列的试验，提出在生产中要重视人，要缩短工人的工作时间，提高工人工资，改善工人的住房条件和生产条件。他认为重视人的作用和尊重人的地位可以使工厂获得更多的利润。可以说他的一系列思想成为行为科学理论的基础。

总体来说，这一时期有关管理问题的论述和研究还远未能形成系统的管理理论，但人们已经意识到管理在企业中的重要性，预见到管理的地位将不断提高，该时期管理思想为后来管理学理论的形成奠定了坚实的基础。

三、早期管理理论研究重点

尽管早期阶段并没有人专门系统地研究管理，已有的管理思想都是在学者研究其他学科时顺便探讨的,但这一阶段的管理实践及论述仍然呈现以下几方面的特点。

(1)管理研究的重点主要着眼于劳动分工。通过研究劳动分工,减少劳动成本,提高资源的使用效率,以提高劳动生产效率,提高工人的工作产量指标,取得更多的利润。

(2)注重个人经验管理。有人称这一阶段是经验管理阶段。由于早期阶段刚从以农业为主的生产转向工业生产,组织形式、组织制度以及管理内容等均处于摸索阶段,无先例可循,无理论可依,全凭当时管理人员的主观经验来管理,管理人员自身的经验丰富程度、个性特征以及个人工作作风便成为决定其管理成败的关键因素。

(3)管理者是工厂厂主本人。工厂作为一种新的组织形式,在当时是有一定的象征性的。一般而言,只有手上有足够资本的资本家才有能力开创工厂。自然地,资本家本人就成了工厂之主,除资本家之外的工人都是被雇佣来为资本家生产产品的,在这样的工厂里,只有资本家与工人两种角色,没有其他专门的管理人员、职业经理等。后期随着组织规模不断发展壮大,资本家意识到个人的精力、能力与经验有限,逐步开始寻找专门的经理人来替代他们管理工厂。

第三节 古典管理理论

随着社会对物质需求的不断增加,市场上企业的数量迅速增加,企业的规模也越来越大,资本家作为工厂唯一的管理者,曾经的经验管理做法已经不能适应企业管理的需要,需要用科学规范的管理去替代传统的经验管理。把经验管理实践活动上升到科学管理层面去研究并建立一系列管理理论始于19世纪末20世纪初,后人将这一时期的管理理论统称为古典管理理论。其主要理论成就包括:泰勒以研究工厂内部生产管理为重点,以提高生产效率为中心,提出了生产组织方法科学化和生产程序标准化方面的科学管理理论;亨利·法约尔以企业整体为对象,以组织管理为核心,提出了关于管理职能和管理原则的一般管理理论;韦伯以组织结构为对象,提出了行政组织理论(又称为科层管理理论)。

一、泰勒的科学管理理论

(一)泰勒生平

泰勒(1856—1915)出生于美国费城律师家庭,青年时期在哈佛大学法学院读书,1875年因眼疾放弃学业,1878年进入钢铁公司当一线工人,从最基层的技工干起,先后做过技工、工头、车间主任、总工程师。他从小就非常喜欢科学研究和试验。长期的生产一线工作经历使他发现了一个在当时非常普遍的工厂现象——工人们上班时在"磨洋工",而工厂主似乎也不知道工人到底一天应该干多少活。泰勒经过观察发现,这种现象产生的原因在于管理方法不科学。因此,他致力于要改变这种"磨洋工"的状况。为此,他进行了非常有名的工时研究试验、搬运生铁试验、铁锹试验和金属切削试验,并在此基础上于1911年出版了《科学管理原理》一书,其中的主要管理思想被称为"泰勒制"。后人为了纪念他对管理理论的贡献,尊称他为"科学管理之父"。

(二)科学管理的四大试验

泰勒在《科学管理原理》一书中指出,工厂的劳动生产率普遍低下,工人都在"磨洋工"。这种状况产生的原因主要有3个:一是劳动工具与劳动方法不规范,使用不当,客观上导致效率降低;二是工人不愿意多干,当时的分配制度是按时计酬,只要一天的工作时间足够,干多干少一个样;三是当时的管理者无法精确地计算工人每天应该劳动的产量水平,尤其对于技术型工人,资本家无法精通所有的机器设备,当工人不想多干时,可以借口设备出问题,而资本家也无法判别真假,所以常常工人一天干多少,资本家就只能认多少。因此,泰勒认为,要解决工人"磨洋工"问题,最大化地提高工人的劳动效率,创造更多的利润,就必须从解决以上3个方面问题着手。在这样的逻辑思路下,泰勒开展了有名的四大试验。

1. 工时研究试验

首先,为了测出工人在规定时间内到底能干多少活,泰勒开展了秒表测时试验。除了留出必要的休息时间外,全程用秒表测工人按规定干每一件活的时间,就能较精确地确定每个工人一天能干多少活。与此同时,为防止工人故意延长某一工作的时间,如故意加一些不必要的动作,或故意放慢工作节奏等行为,进而得到较低的工作定额,泰勒提出首先将每一个工作分解成若干个基本的动作,再把每一个动作的操作标准化,即对工作进行认真研究,找出最合理的工作方法。通过培训,工人应该按这种规范方法工作。

2. 搬运生铁试验

1898年伯利恒钢铁公司雇用泰勒来提高公司的生产效率。当时该公司5座高炉的产品由一个约有75名工人的班组搬运。这些工人的工作任务之一是搬运生铁,其操作包括扛起一块生铁,抬到斜板上,然后把生铁块滑入车厢内。在泰勒开始研究之前,一名工人的每天搬运量为12.5英吨(1英吨≈1 016.047kg)。

泰勒的搬运生铁试验是挑选一名身强体壮的工人,让其按他的方法搬运和休息,结果该工人一天完成了47.5英吨的任务。同时该工人的工资也从原来的1.15美元涨到1.85美元。然后,泰勒将此标准推广到其他工人。

3. 铁锹试验

伯利恒钢铁公司的堆料场雇用了一大批工人铲铁矿石和煤渣,试验之前,每个工人都用自己的铁锹,一名工人铲煤渣时每锹的负载量不足2kg,用同一把铁锹铲铁矿石,每锹的负载量则超过15kg。为此,泰勒挑选了若干名一流的工人,付给其额外津贴,要求他们按照他的指导进行操作。他的试验表明,要取得最好的成果,每一锹负载量应在9kg左右。由于材料的相对密度不同,为了使工人在铲不同的材料时每一锹的负载量大致相同,要给工人配置大小不同的铁锹。铁锹试验的结果为:堆料场平均每人每天的操作量从16英吨提高到59英吨,每英吨的操作成本从7.2美分降到3.3美分,每个工人的工资从1.15美元涨到1.88美元。

4. 金属切削试验

在进行时间研究时,泰勒发现在确定机加工工人的工作时间时,金属切削的速度对时间的影响特别大。于是,他开始进行金属切削试验。这项试验延续了26年,进行了3万多次的试验,多达80多万磅的钢铁被切成铁屑。在该试验基础上,泰勒发明了高速钢,并获得专利。

(三)科学管理理论的主要内容

除《科学管理原理》外,泰勒在管理方面的主要著作还有《车间管理》《计件工资》等,在这些著作中,泰勒提出了以下主要的管理思想。

(1)实行规范化管理,制定科学的劳动定额。

泰勒提出用科学的管理方法来代替传统的经验管理,在管理实践中通过建立各种明确的规定、标准等使一切科学化、标准化。①制定科学的操作方法,合理利用工时,提高工效。在规定的工作时间内,工人要用标准化的操作方法操作,去除繁杂不必要的动作或程序,以使劳动过程标准化。同时要规定好每个动作所需要的标准时间,避免浪费时间。②保障劳动条件与劳动工具的标准化。例如泰勒专门设计了若干种不同规格尺寸的铁锹,不同的物料用不同标准的铁锹,最大限度地实现每一锹铲量合理化。

(2)按照工作类型挑选适合的工人,实行员工培训。

泰勒在书中有一句名言:"每个人都能找到自己做一等工人的地方。"每个人先天体质与后天能力各有不同,不同的工作内容应该找到合适的工人去干,才能实现效益最大化。因此,科学地选择和培训工人是提高效能的关键。从泰勒的搬运生铁试验选择的实验对象也可以看出,他挑选的工人都是身材矮壮、有力量的男性。选择了合适的工人之后,还要对他们进行统一的培训学习,以使他们的操作标准化、规范化。泰勒指出,过去工作技巧的获取途径依赖于师傅"传帮带",这是经验管理时期盛行的做法。但是师傅带徒弟的做法有很多弊端:一是每个师傅的技艺不同,徒弟的技术也就有好有坏;二是每个师傅能带的徒弟数量毕竟有限,实际上类似请不起师傅等原因使得更多的人没有师傅,这样一来,每个工人的操作技术参差不齐,严重影响劳动效率;三是师傅带徒弟做法本身就存在不合理,在工厂会形成裙带关系,造成员工之间关系不和等。通过实施员工培训,可以让所有进入工厂的工人掌握科学的操作技术,尽快地适应工作,提高劳动效率。

(3)实行差别计件工资制度。

泰勒认为当时的按时计酬制度不合理,导致工人干多干少没有区别。因此他提出,在科学制定劳动定额的同时,应该采取差别计件工资制度,鼓励有能力的工人超额完成工作量。即做同样的工作,每一件产品的工资额是不一样的,关键取决于工人一天完成的总的工作量。如果超额完成了当天的定额,则按高标准计算工资,如果未达到当天的定额,则按低标准计算工资,以此激发工人的劳动积极性。

(4)科学管理是一场思想上的革命,能实现劳资双方的协作。

以前劳资双方的问题集中在所取得盈利的合理分配上,工人想要资本家付给他们更多的工资,资本家想要工人生产更多的产品。通过科学管理,提高劳动效率,就能使双方把注意力从盈利的分配转到增加盈余上,提高效率是工人能取得较高工资、资本家能获得较多利润的前提。只有劳资双方共同努力,把"饼"做得更大,每个人才能分得更多。从前述试验中可以看到,泰勒通过搬运生铁试验和铁锹试验得出的一系列数据中,在测试了工人一天工作量成倍增加后,工人的劳动报酬有所增加。他认为通过科学管理,各取所需,可以解决劳资双方长期以来的矛盾冲突。

(5)将计划职能与执行职能分开,实行职能工长制。

泰勒认为,当时的管理者实际上同时在做两件事:一是计划职能,即先制订计划,规定标准的操作方法和操作规程,制定定额,下达计划,并监督计划的执行;二是执行职能,即执行已有的计划。但要在同一时间做好这两件事几乎是不可能的,所以应该一部分人专门负责制定计划,另一部分人专门执行计划。那么从事计划职能的人称为管理者,执行计划的人则称为劳动者。只有各司其职,才能更好地提高劳动效率。

然后泰勒将管理工作做了进一步的细分,认为每个管理者只能承担全部计划职能中的部分工作。他把当时由车间主任承担的所有管理工作分成8个职能,分别由8个职能工长承担,其中4人放在计划部门,4人放在生产现场负责监督。每个职能工长只负责某一方面的工作,在其职责范围内可以对工人发号施令。

(6)提出例外管理。

例外管理是指企业的高层管理者把一般的日常事务交给下属处理,自己只保留对例外事项或重要问题的决策与指挥权。其目的是解决总经理职责权限问题。在设置了计划职能与执行职能之后,总经理应避免处理工作中的细小问题,只有例外问题才交由他处理,这样总经理才会有更多的时间去考虑更重要的问题。

实践证明,这种旨在提高劳动效率的改革在当时收到了很好的效果,生产效率得到了普遍提高,形成了高效率、低成本、高工资、高利润的新局面。

对泰勒提出的科学管理思想,我们应该用历史的眼光客观地加以评价。它打破了传统的经验管理思想,创立了科学管理思想;通过科学的管理使生产效率提高了2~3倍;将管理职能与执行职能分离,为后面管理理论的研究奠定了实践基础。泰勒提出的这若干条管理原理无疑对管理学的贡献是巨大的,他本人也因此被称为"科学管理之父"。但泰勒把工人看作"会说话的机器",把人看作纯粹的"经济人",忽视了工人的情感等社会需求,具有时代的局限性,是不可取的。

(四)其他的贡献者

除了泰勒外,科学管理观点的主要贡献者还有不少,其中以吉尔布雷思夫妇(Frank Bunker Gilbreth Lillian Gilbteth)、亨利·劳伦斯·甘特(Henry Laurence Gantt)和亨利·福特(Henry Ford)最为著名。

吉尔布雷思夫妇(Gilbreth F and Gilbteth L)最有名的研究是砌砖动作研究,他们通过对基本动作元素(therbligs)的研究来消除砌砖时不必要的手部与身体的动作,从而使工人的劳动效率提高了两倍多。同时他们还把动作研究推广到其他行业,并通过对动作的拍摄进行分析,保留应该的动作,剔除多余的动作,重新制定出一系列动作的先后次序和速度大小,最后制定出标准的操作程序。应该说他们的动作研究比泰勒更细致,其研究成果集中反映在《动作研究》(1911年)一书中。

亨利·劳伦斯·甘特曾是泰勒的同事,其著名的贡献是设计了甘特图。这是一种条形图,其中一轴表示时间,另一轴表示工作计划及目前的进度,常用于编制工作进度计划。同时,他还提出了与泰勒的"计件工资制"不同的"计件奖励工资制",即除了支付日固定工资外,超额完成定额部分再计件奖励,完不成定额的只能拿到日固定工资部分。这种制度使工人有收入保障,一定程度上能激发起工作积极性。亨利·劳伦斯·甘特的研究成果集中反映在《工业的领导》(1916年)和《工作组织》(1919年)中。

亨利·福特是世界上将标准化思想应用于现代化大生产的开创者。他将泰勒的单工序动作研究的思想应用到整个生产过程,采用大规模流水作业方式,将"产品标准化、工序作业标准化、工人操作标准化和工具标准化"应用于流水线,结果大获成功,极大地提高了劳动效率,降低了成本。

二、法约尔的一般管理理论

泰勒及其同时代的追随者们对科学管理的研究主要聚焦于车间生产现场的作业操作与管理问题,基本未涉及除生产现场以外的其他管理,如财务、营销、人力资源等,而亨利·法约尔正好弥补了这些不足,几十年的管理实践让他更加关注整个组织的管理与协调工作。

(一)亨利·法约尔生平

亨利·法约尔(1841—1925)出生于法国中部一个中产阶级家庭,1860年毕业于圣太田国立高等矿业学校,然后进入一家大型矿业公司。由于管理能力出众,他先后被任命为矿井矿长、经理,直至1888年出任公司的总经理,成功地将处于困境中的公司解救了出来,并使之改善和发展,有着非常丰富的管理大企业的经验。他于1916年出版的《工业管理与一般管理理论》一书,构建了管理职能研究的基本框架,目前出版的管理学教材基本上都延续了他的管理职能思路。

亨利·法约尔被看作一般管理理论的倡导者与探索者,是一般管理思想的提出者与传播者。其理论贡献集中体现在管理职能的提出和14条管理原则的确定,以及经营与管理的区别分析上。

(二)管理职能的划分

亨利·法约尔认为管理者的管理活动包括计划、组织、指挥、协调与控制5个方面。这5项职能不仅适用于经济组织,而且适用于任何形式的人类有组织的活动。

(1)计划。计划是一切活动的基础与前提,主要是指对未来活动的预测,包括目标的确定、行动方案的选择、对比分析与执行等。

(2)组织。组织是在既定目标下,为实现组织目标而对资源的优化配置与协调。组织工作包括组织结构形式的选择、横向纵向部门间的关系、职权关系的明确、人员的配备与培训等。

(3)指挥。指挥是指以达成组织目标为前提的对员工的指导与引导的艺术,其领导的手段是激励与沟通,本质是组织成员的追随与服从。亨利·法约尔认为,指挥是一种艺术。

(4)协调。亨利·法约尔认为协调是一项独立的职能,是指企业的一切工作都要和谐地配合,以便顺利进行企业经营,并且有利于企业取得成功。管理的对象是人,需要协调上下级关系,协调横向各部门之间的职责权利关系,协调物质资源与部门需求的关系等。

(5)控制。执行计划过程中需要监控执行结果与计划是否一致,要证实各项工作都与已定计划相符合,与下达的指标及已定的原则相符合。控制的目的在于发现工作中的问题,以便及时加以纠正。

(三)管理的14条原则

亨利·法约尔提出管理的5项职能的同时,还强调管理上的成功不仅仅取决于管理者的能力,更重要的是要灵活地贯彻管理的若干原则。他在长期的管理实践中总结归纳了14条管理原则(principles of management)。

(1)分工(division of work)。劳动的专业化分工减少了工人所需掌握的工作项目,故可以提高劳动生产效率,同时专业化使得规模生产和成本节约有了可能。

(2)权力(authority)。亨利·法约尔认为,权力就是"下达命令的权力和强迫别人服从的力量",即指挥他人及促使他人服从的权威和力量。他特别强调权力和责任的统一,认为二者应该同时存在,有权力没有责任不行,有责任没有权力也不行。

(3)纪律(discipline)。亨利·法约尔认为,纪律实际上是企业领导人同下属人员之间在服从、勤勉、积极、举止和尊敬等方面达成的一种协议。纪律是领导人制定的,遵守纪律必须从领导做起,各级领导要称职,协议要明确且公平,处罚要合理且公正。

(4)统一命令(unity of command)。即一个下级只应接受一个上级的命令,否则会使下级无所适从,不知服从谁的命令好,这样会违背纪律原则。

(5)统一指导(unity of direction)。一个项目只能有一个领导人和一项计划,这样才能保证行动的统一。

(6)个人利益服从集体利益(subordination of individual interests to the general interest)。一个组织的利益大于个人利益,组织目标高于个人目标,因此当个人利益与集体利益有冲突时,个人利益应服从集体利益。

(7)报酬(remuneration)。亨利·法约尔认为,员工在完成组织目标时做出了贡献,就应给予报酬,这种报酬应该尽可能公平合理,且与业绩挂钩,尽可能使员工与公司双方满意,对贡献大的员工要给予奖励。

(8)集权(centralization)。亨利·法约尔认为,权力集中在企业是一种正常现象,企业的重大决策总是只由少数人作出。至于决策的集中程度则取决于具体情况。

(9)等级链(scalar chain)。等级链是企业自上而下的等级系列,显示了执行权力的路线和信息传递的渠道。与此同时,亨利·法约尔还认识到,完全遵守等级链会带来官僚作风和工作的低效率。为克服该问题,他提出了非常著名的跳板原则——法约尔跳板原则:当两个部门的下属有必要沟通时,只要他们对应的上司同意就可以进行,不需要更高级的上司同意,沟通协调后,他们应该也只需要向他们各自的上司汇报即可。这样既保证了等级链,又提高了工作效率。

(10)秩序(order)。所谓秩序是指人和物必须各有其位。管理人员要了解每个岗位的职责,并安排合适的人到合适的岗位,使人尽其能。对物资和设备也应做到有序布置。

(11)公平(equity)。亨利·法约尔认为,每一个人都有平等的愿望,而平等是公平与友好的结果,公平就是在执行各项规章制度时要一视同仁,友好是指领导应该善意地对待自己的下属。

(12)人员保持稳定(stability of tenure of personnel)。一个人要有效地从事某项工作需要相当长的一段时间,而培训新人又需要花费较长的时间和较高的费用,尤其是培养管理人员。一个成功的管理人员必须是稳定的,不必要的人员流动对企业是一种损失和浪费。因此,任何组织都应鼓励职工尤其是管理人员长期为企业服务。

(13)主动性(initiative)。给员工以发挥主动性的机会将促使员工提高自己的思考能力和创新能力,对组织来说这将是一种巨大的发展动力。

(14)集体精神(esprit de corps)。一个企业内集体精神的强弱取决于企业内员工之间的和谐与团结,全体成员的和谐与团结是企业发展的力量,所以管理人员应尽一切可能保持和巩固员工的团结。

亨利·法约尔的组织管理理论是西方管理思想与理论发展史上的一个里程碑,亨利·法约尔也因此被称为"经营管理理论的创始人"。有关的组织管理理论为后来管理理论的发展勾勒出了基本的理论框架,为以后的管理学教育奠定了基础,使管理具有一般的科学性。

我国早于先秦便提出了法治思想,形成了一系列严格的法治措施。同时提出依法治理需要遵循"明法""一法""常法"的原则。所谓"明法",就是指公开性原则,"法必明,明必信,令必行",因为法明,公开,所以"明赏不费,明刑不暴""人不敢犯"。所谓"一法",指法的统一性原则和平等性原则,也就是说要法令统一,"唯令是行",不能政出多门,如果"权度不一,则修义者惑",会无所适从。"一法"还代表法律面前人人平等,无上下贵贱之分,无权贵白丁之别。"法不阿贵,绳不挠曲,法之所加,智者弗能辞,勇者弗敢争,刑过不避大臣,赏善不遗匹夫"。所谓"常法"是指法的相对稳定性,不能朝法夕改,"法治有常,则民不散而上合""君据法而出令,有司奉命而行事,百姓顺上而成俗,著久而为常",是为"生财有常道""治民有常法"。

(四)经营与管理的区别

亨利·法约尔认为,一个企业无论大小,其全部活动包括以下6个方面。

(1)技术活动:包括生产、制造和加工等。

(2)营业活动:包括购买、销售和交换等。

(3)财务活动:包括筹措和使用资金等。

(4)安全活动:包括维护设备和保护工作的安全等。

(5)会计活动:包括编制财产目录和资产负债表、计算成本、进行统计等。

(6)管理活动:包括计划、组织、指挥、协调和控制5个要素。计划就是探索未来和制定行动方案,组织就是建立企业的物质和社会双重结构,指挥就是使其人员发挥作用,协调就是连接、联合和调和所有的活动与力量,控制就是注意一切是否已按计划执行。

经营与管理的关系如图 2-1 所示。

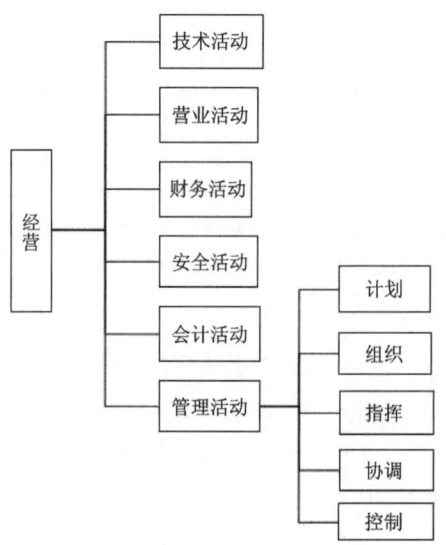

图 2-1　经营与管理的关系

亨利·法约尔认为,这 6 种活动需要 6 种不同的能力,而这 6 种能力在企业各个阶层中都应具备,只是侧重点会有所不同。对基层工人来说,主要要求具有技术能力,随着职位的提高,管理能力的要求也逐步提高,且随着企业规模的扩大,管理能力愈显重要。

三、韦伯的行政组织理论

与泰勒和亨利·法约尔处于同一时代的韦伯(1864—1920)出生于德国的一个律师家庭。1882 年进入海德堡大学法律系学习,1889 年博士毕业,并于 1891 年取得大学任教资格,对社会学、宗教学、经济学和政治学有广泛的兴趣。他在管理思想方面的贡献主要体现在《社会组织与经济组织理论》一书中。在该书中他提出了理想行政组织体系,由此被人们称为"行政组织理论之父"。其主要管理思想可以归纳为以下几方面。

(一)权力的类型

按韦伯的说法,古往今来,组织建立在 3 种权力之上:一是传统的权力,这是由历史沿袭下来的惯例、习俗而规定的权力,是以对古老传统的不可侵犯性、按传统执行权力的人的地位的正统性和对过去传统的尊崇为基础的;二是个人魅力型权力,是以对某人的特殊的、英雄主义模范品质的崇拜以及对先知启示和超人智慧的迷信为基础的;三是合理合法的权力,是以对法律确立的职位或地位权力的服从为基础的。韦伯认为,在这 3 种权力中,传统权力的效率最低,个人魅力型权力则过于带感情色彩且是非理性的,凭前两种权力建立的组织不是科学的理想组织,只有在第三种权力基础上建立的组织,才在绝对纪律性和可靠性等方面比其他任何组织都要优越。他把这种组织称为官僚制组织。

（二）理想的行政组织体系

韦伯的"理想行政组织体系"是指这种组织体系并不是最合乎需要的，而是组织的"纯粹的"形态，在这里也就是官僚制组织（也叫科层组织）。其主要特征有以下7点。

（1）实现劳动分工，明确规定每个成员的权力和责任，并正式实施，使之合法化。

（2）将各种公职或职位权力等级严密组织起来，形成指挥体系。

（3）根据正式考试成绩或在培训中取得的技术资格来挑选组织的所有成员。

（4）实行任命制，只有个别职位才实行选举制。

（5）公职人员都必须是专职的，并有固定收入。

（6）职务上的活动应被认为是私人事务以外的事情，公私有明确的界限。

（7）公职人员必须严格遵守纪律，受规则和制度制约，这一特征毫无例外地适用于各种情况。

韦伯的行政组织理论，是适应传统封建社会向现代工业社会转变的需要而提出的，具有里程碑的意义，影响十分深远。

第四节 行为科学理论

泰勒推崇的科学管理理论与方法在不同企业的推广中取得了不同的效果，从20世纪20年代开始，人们开始研究：人的工作效率受哪些因素影响？为什么在同一组织中不同的工人的工作结果差异很大？即使同一个工人在不同时期不同环境下工作的效率也完全不同？人们通过分析，明确了人的劳动生产率不仅受到工作场合环境、企业管理制度、工作能力与技术条件的影响，而且与人们在工作过程中的态度和情绪有关，进而与工作积极性和主动性有关，与社会交往等心理层面的需要有关。于是，人们开始把管理的研究方向从生产现场的机器操作、动作规范、制度要求转向生产过程中的人性研究，从关注人的物质层面的需要转向关注非物质层面的情感需要。这些研究中最著名的是霍桑试验。

一、人际关系理论

行为科学的早期理论是从人际关系理论开始的，人际关系理论的代表性人物有乔治·埃尔顿·梅奥（1880—1949）。他参加了在芝加哥附近的西方电气公司的霍桑电话机厂进行的一系列试验，即引起管理学界重视且非常著名的霍桑试验。丹尼尔·雷恩对霍桑试验的评价是：在管理思想史上，没有任何一项研究像美国西方电气公司在霍桑工厂里所进行的试验那样如此广泛地受人注目，并被人们提出过如此多不同的解释，以及受到了同样众多的高度赞扬和尖锐批评。

（一）霍桑试验

霍桑试验于1924年开始，试验研究的假设条件是科学管理理论中关于"工人会对不同的工作条件作出相应的反应",研究目的是找到工作条件对生产效率产生的影响,以寻求提高劳动生产率的途径。主要的试验有以下几个。

试验一:照明试验,即通过改变工作场所照明的数量与质量(照明的强弱程度),来观察工作条件对工人劳动产量的影响程度。研究人员将参加试验的工人分成两组:一组为试验组;另一组为参照组。参照组始终在正常的照明强度下工作,而试验组的照明强度在不断变化,研究照明强度对生产效率的影响。但试验结果发现,照明强度对生产率的影响不显著,生产率反而与工作的人员有关。为了进一步验证这一结论,研究人员从1927年起又陆陆续续进行了8年左右的试验。

试验二:继电器装配实验,目的是研究工作环境中各种因素的变化对工人工作效率的影响。试验先增加休息次数、延长休息时间、缩短每日工作时间、实行5天工作制等,然后又取消这些待遇,恢复为原来的工作状态,并将原来的集体奖励制度改为个人奖励制度。结果发现,无论工作条件如何变化,产量都能得到提高,而且工人的缺勤率也减少了80%。这是为什么呢?工人们反映,是因为没有领班的监督,可以自由自在地工作,工人之间增加了接触的机会,也增加了感情。试验过程中试验者与工人沟通得较好,什么事都是一起商量,工人感到备受尊重,所以特别愿意干,怕干不好对不起试验者。

这些试验结果使乔治·埃尔顿·梅奥否定了工人是"经济人"的假设。他提出,工人的态度对劳动成果有很大影响,生产效率提高的关键不在于生产条件与环境的变化,而在于人的因素。为证实这一结果的正确性与普遍性,他们又进行了广泛的调查与采访。

试验三:大规模访谈。试验者从1929年起在西方电气公司进行了大规模访谈,在两年多的时间里,他们与公司4万名工人中的2万多人进行了个别谈话,了解工人的工作、工作环境、管理人员、公司和令他们烦恼的任何问题的看法,以及这些看法对生产效率的影响。

试验四:14名配电器装线工人试验,目的是了解非正式组织的存在对工作绩效的影响。试验的工作场地、工具和设备以及操作方法都是按照科学管理方法设计的,对工人实行的小组计件工资也符合科学管理思想。但是试验结果却与设想大不相同。近5个月的试验结果统计,他们的产量总是维持在一定水平,而且,每天未到下班时间,他们就洗手不干了。如果谁多干了,其他人会暗示他放慢工作速度,大家都按这个集体标准工作,谁也不拔尖,谁也不偷懒,且他们中存在着自然领袖人物,证实了"非正式组织"的存在,非正式组织对组织内的成员有相当大的约束力。

试验和访谈结果表明,生产率不仅与物质实体条件有关,而且与工人的心理、态度、动机,群体中的人际关系,领导者与被领导者的关系等密切相关。

(二)人际关系理论的要点

乔治·埃尔顿·梅奥(1880—1949),美国管理学家,原籍澳大利亚,早期行为科学——人际关系学说的创始人,美国艺术与科学院院士。根据霍桑试验的结果,乔治·埃尔顿·梅奥提出了人际关系理论。他指出管理者认为解决工业问题的答案在于提高技术和效率,事实上它是一个社会和人的问题。人们的行为并不单纯出自追求金钱的动机,还有社会方面的、心理方面的需要,即追求人与人之间的友情、安全感、归属感等,而后者更为重要。具体的,乔治·埃尔顿·梅奥在1933年出版的《工业文明中的人类问题》一书中进行了归纳总结,提出了以下主要观点。

(1)工人并不是把金钱当作激励积极性的唯一动力的"经济人",而是在物质需求之外还有社会和心理需求的"社会人",即追求人与人之间的友情、安全感、归属感等。因此,提高劳动生产率的关键因素不在于物质刺激,而在于满足工人的心理需求,提高士气,从而激发其积极性。

(2)任何正式组织内部都有非正式组织的存在。非正式组织存在的基础是员工的情感需要,非正式组织的存在只可意会不可言传,相互之间联系的纽带是情感,是成员的相互关心。非正式组织对成员的行为有约束作用,对正式组织的目标实现可能是有益的,也可能是不利的。因此,正式组织管理者应寻求有效的途径积极引导非正式组织中成员的行为规范,使其行为对正式组织有积极的作用。

(3)管理者应采取新的管理方式,注重满足员工的需要,促进管理者和员工之间的沟通与交流,以提高士气,求得长期的合作、和谐、发展。

乔治·埃尔顿·梅奥的人际关系思想为管理科学的研究开辟了一个全新的领域,把研究重点从古典管理理论重物质刺激重生产效率转向了对人的关注,即重视人的因素。在此基础上,后来的研究者逐步把社会学理论、心理学理论拓展到管理科学的研究中。管理学研究逐渐进入后期的行为科学理论研究阶段。

二、行为科学理论

行为科学学派运用心理学、社会学、管理学、人机工程学等学科知识对个体、群体行为进行科学的分析,强调从人的作用、需求、动机、相互关系及社会环境等方面研究其对管理活动结果的影响,研究决定人的行为的因素,以及如何去激励人,如何正确处理人与人之间的关系,如何有效地引导成员为实现组织目标而努力。

(一)后期行为科学理论研究关注的重点

(1)人的心理、情绪、工作环境与生产效率的关系研究。代表性理论包括:美国心理学家马斯洛(1908—1970)的需要层次理论、赫兹伯格(1923—2000)的双因素理论、麦格雷戈(1906—1964)的X理论与Y理论等。需要层次理论和双因素理论将在领导职能篇章进行详细描述,本章重点探讨人性理论以及基于人性理论的人性假设和领导风格。

(2)基于人性假设的领导与员工关系研究,即领导方式或领导风格研究。研究人性假设的意义在于人性假设奠定领导风格的基础,影响激励策略的设计与使用,是管理与领导活动的起点。

(二)人性理论

美国麻省理工学院教授麦格雷戈在1960年发表的《企业的人性面》中提出了关于对人性的看法的两个理论——X理论和Y理论。

1. X 理论

该理论对人性的基本假设是:人的天性是好逸恶劳,且尽可能逃避工作;人天生没有主动承担责任的愿望;人缺少集体意识,对组织和他人漠不关心;人天生宁愿受人支配,且很容易被欺骗;一般人都胸无大志,习惯于平平稳稳,墨守成规;人们普遍会认为管理工作是少数人的事,与自己无关,自己只要服从管理者的指挥,拼命干活即可。

基于对人性的这种看法,管理者常用的就是"胡萝卜加大棒"式的管理方式,即认为要实现组织的最终目标,就必须采取以强制性为主的措施,处罚多于奖励,把人看成赚钱的机器,认为人是"经济人"。"经济人"假设正是基于人性的 X 理论而来。其提出者亚当·斯密认为,人的本性是懒惰的,工作的目的只是获取报酬,满足私利。

基于"经济人"假设的管理者常常会采取的管理手段与方法主要有:第一,管理的重点是提高劳动效率,保证生产任务的完成,即采取任务型领导方式,对员工非物质层面的需要完全不重视;第二,为了提高劳动生产率,采取金钱刺激的政策,而对消极工作的员工则采取更为严厉的惩罚政策。

2. Y 理论

该理论对人性的基本假设是:人并不是天生懒惰的,人们之所以会产生厌恶或喜欢某项工作的情绪,与所处的工作条件有关;人有积极承担责任的愿望,愿意对工作负责;人都愿意发挥自己的才能和创造性;恰当的激励手段能发挥人的工作潜力和工作积极性。基于对人性的这种看法,管理者采取的管理方式是以激励为主,奖励多于惩罚,鼓励下属参与组织的决策,并有意识地创造条件,以使员工的个人潜能得到充分施展。

人性的 Y 理论与基于人际关系学说概括的"社会人"假设不谋而合。基于"社会人"假设的管理策略与方法常常表现为:第一,管理者不仅关注生产任务的完成,而且更关心员工本身以及满足员工的情感与社会需要;第二,重视员工的归属感,采用以关心人为主的领导风格,通过对员工的关心和满足员工的社会需要,激发员工的工作热情与工作主动性,达到提高劳动生产率的目标;第三,鼓励员工参与到企业的决策与目标制定工作中,增强员工的主人翁意识。

可见,X 理论和 Y 理论实质上代表了对人性的两种不同的看法。

3. 超 Y 理论

在 X 理论、Y 理论之后,美国的洛尔施和莫尔斯又提出了超 Y 理论。他们通过将 X 理论和 Y 理论分别在不同的工厂和研究所进行试验,发现采用 X 理论的单位和采用 Y 理论的单位都有效率高和效率低的情况,也就是说,并不能肯定 Y 理论一定比 X 理论好,或者 X 理论一定比 Y 理论好。由此,他们提出了超 Y 理论,其主要观点是对不同的人应采取不同的管理方式,对不同的环境应采取不同的管理方式。比如,有的员工愿意用正规的规章制度来约束自己,愿意完成自己的额定工作,但不愿过多地参与决策或承担责任,这种人通常应以 X 理论为基础来管理。反之,当员工有愿意承担责任且有工作热情和创造性,期望得到较多的个人发展空间和机会时,则应以 Y 理论为指导来实施管理。

与超Y理论相对应的人性假设是"复杂人"假设。"复杂人"假设的主要观点包括：第一，人的需要各有不同，且随着环境的变化以及个人的发展而不断改变，不断地产生新的需要与动机；第二，人在不同的单位或在同一单位的不同部门产生的需要会不同，因此在一个单位有激励作用的措施，在另一个单位可能不具有激励效果，同一项激励政策在这个部门很有激励性，但在另一个部门可能没有作用。

4. Z理论

除了以上3种人性理论外，日本学者威廉·大内于1981年在《Z理论》一书中提出了Z理论。该理论认为员工既追求经济利益，也追求社会认同和自我实现，当组织能够同时满足员工这两种需求时，会激发员工更高效、更有创造力的工作表现。作为管理者，不仅要关注员工的薪酬，还要创造积极向上的工作氛围，加强团队合作，尊重个体差异，激发员工不断进步。这一理论与马斯洛提出的"自我实现人"假设异曲同工。

综上所述，基于不同人性理论的管理手段、与员工关系的协调、代表的领导风格如表2-2和表2-3所示。

表2-2 不同人性理论下的领导与员工关系表现

人性理论	领导与员工关系
X理论：天性懒惰，逃避工作；没有主动承担责任的愿望；缺少集体意识；愿受他人支配；习惯于墨守成规；认为管理工作与自己无关	重惩罚，轻激励
Y理论：人的懒惰与后天所处的环境和对工作的好恶有关；主观积极向上；恰当的激励手段能激发员工的积极性	激励多于惩罚，员工参与决策
超Y理论：人的特性与环境有关，有时偏X特性，有时偏Y特性	干群关系因人而异，因环境而异，因工作任务性质而异
Z理论：人不仅有物质需求，更有社会认同与自我实现的高层次需求	团队型，参与管理，尊重个体，集体决策

表2-3 人性理论与管理理论

人性理论	人性假设	假设内容	领导方式	代表性理论
X理论	经济人	理性、被动、唯利	"萝卜加大棒"，任务导向型	科学管理理论
Y理论	社会人	归属、社会交往、情感满足	人情味管理、令员工满意、提高士气	人际关系理论
超Y理论	复杂人	变化、权变	因环境而异，因人而异	权变理论
Z理论	自我实现人	自我价值实现、成熟	民主参与，管理授权	需要理论

第五节　现代管理理论

一、现代管理理论产生的背景

传统的管理依赖于相对稳定的外部环境,当外部环境发生根本性变化后,传统的管理理论、原则、方法等面临着现实挑战。自20个世纪60年代以来,全球的宏观环境出现了很多变量,不确定性越来越成为组织发展必须面对的现实。

(1)全球经济一体化与科技的发展对管理提出了新的要求。经济全球化意味着各国国门打开,产品市场融合成为现实。经济全球化使得消费者可以有更多的"货比三家"的空间,同类产品市场的竞争比以往任何时候都激烈。同时在跨国经营过程中,跨文化冲突和不同法律体系间的冲突相继出现,这也是原有的相对封闭的本国市场环境下企业未曾遭遇到的问题。海尔的"6S大脚印"管理模式在海尔的美国生产基地遭遇美国员工投诉,这就是典型的地区文化差异性导致的管理冲突。

(2)新型组织形式的变化对管理提出了新的要求。随着企业的外部环境越来越复杂化,为寻求发展,传统的直线制、直线职能制组织结构形式不能适应部分企业发展的需要,于是新的组织结构形式不断出现,跨国公司更加倾向于事业部型组织,科技公司更加倾向团队型组织,具备核心产品技术的企业更加倾向虚拟组织。这些明显区别于传统组织的新型组织决定了管理方式的不同。

(3)其他学科研究成果融入管理中,形成了各具特色的管理学派。其中包括与网络技术相融的信息管理学派、与系统理论相融的系统管理学派、注重案例经验分享的案例学派、与数学相融的定量管理学派、与环境理论相融的权变理论学派等。

(4)人需求的不断变化对管理提出了新的要求。当前,人们对产品的需求与偏好随着环境的变化发生了很大的改变。生产观念阶段,市场物资短缺,产品供不应求,企业生产什么,消费者购买什么,企业有绝对的主动权,企业的目标主要为尽最大可能地提高产量;产品观念阶段,市场对产品的质量开始有新要求,企业管理的重心不再是产量最大化,而是要重视产品质量,质量成为企业提高市场竞争力的核心;推销阶段,市场供求关系开始发生变化,同类产品的市场供应企业增加,为获得市场占有率,企业必须主动出击,向消费者推销产品,这一阶段营销成为企业重要的部门和管理的重点;到后来的社会观念、绿色观念等,都是为了迎合市场消费者对自身健康需求和对环境保护需求应运而生的,相应的企业管理注重绿色办公、绿色产品、小批量生产、个人订制等。

综上所述,全球经济一体化、以知识为生产力的知识经济对企业的要求、计算机与互联网技术的发展等使得全球组织体系共存共生,牵一发而动全身,企业发展呈现出不一样的变化特点,如企业存在形式出现了大规模化与微型化两个极端同时存在、市场产品大规模定制与个性化同时存在、新产品的更新换代周期大大缩短、国内外不同的文化差异性对管理的挑战等。因此,不同学科专业背景的理论研究者和企业经营者纷纷展开了对新复杂环境下管理的理论、方法的研究,新的管理学说如雨后春笋般涌现,呈现出百花齐放的研究状态。

而在现代管理理论阶段,比较具有代表性的管理理论有定量管理理论、系统管理理论、权变管理理论等。

二、定量管理理论

定量管理理论是将数学模型、计算机和统计学应用于管理的决策与控制中,以科学先进的方法实现经济活动效果的量化标准和决策的最优化。在管理领域,运筹学的应用极为广泛,它帮助管理者在各种资源的限制下做出最优的决策。在项目管理方面,线性规划和网络分析技术可以有效地用于项目调度,确保资源的合理分配和时间的最优化利用;在多项目环境中,定量管理理论能够协助管理者合理分配有限的资源,以实现整体效益最大化;在生产与运营管理方面,可以运用线性规划和整数规划方法,优化生产流程,提高生产效率;在库存管理方面,定量管理理论可以帮助企业确定最优的库存水平,平衡成本与服务水平;在供应链管理方面,定量管理帮助管理者可以优化运输路线,减少物流成本,提高配送效率,并帮助企业在全球化背景下设计高效的供应链网络;在信息技术管理方面,定理管理理论可以帮助管理者进行系统的设计和运营优化,提高数据处理效率。

总的来说,定量管理理论为管理者提供了一套强大的工具和方法,用于解决各种复杂的管理问题。通过优化资源分配,提高效率、降低成本、改善决策质量。定量管理理论的初衷是希望减少在管理决策中人为因素的干扰,减少非理性决策行为,以确定正确的目标与行动方案。定量管理理论方法在解决复杂的管理问题时优势显著,特别适用于管理工作的计划职能和控制职能。相信随着外部环境对决策的影响越来越大,定量管理理论方法在管理决策中的应用将会越来越受重视。

三、系统管理理论

20世纪60年代起,系统管理理论兴起并得到迅速发展。系统管理理论研究的代表人物弗里蒙特·卡斯特,他在《系统理论和管理》一书中阐述了关于系统管理理论的主要观点。他认为:组织是在一定的目标指引下由相互联系的若干要素人、机器、物资以及其他资源组成的系统,该系统具有整体性、层次性和相关性特点;组织目标的实现是输入输出的过程;组织是一个开放的系统,外部环境对组织的生产运营有影响,企业的目标输出又反过来影响外部环境,二者相互作用,互为影响。

系统管理理论认为,从管理的组织环境中输入并利用资源是所有组织的共性,这些有形的资源或无形的资源包括传统的人力、物力、财力,以及现代互联网时代的信息资源,而管理本身就是通过组织和协调这些资源以实现组织目标。

基于系统理论,管理活动就是组织中的个体通过一系列的活动,将可利用的一切资源进行整合,通过与外部环境进行交换,实现对组织的价值增值的过程。也就是说,管理依托组织,通过计划、组织、领导与控制等职能手段与方法,实现资源的价值增值。该理论强调,管理是一种活动,组织处于特定的社会环境中,与环境形成输入输出关系,整个管理过程是动态的并随着时间与环境的变化而变化。同时组织内资源的投入是有限的,通过与环境的交换,需要将有限的资源转化为更大的输出,即产生价值增值。

四、权变管理理论

权变管理理论起源于 20 世纪 70 年代,由卢桑斯(Luthans)等主要代表人物提出,其代表作包括《管理导论:一种权变学》等。20 个世纪 70 年代开始,正是全球环境发生剧烈动荡的时代,企业经营过程中的不确定性因素增多,很难用一种管理方法去保证并维持正常的生产经营。所以在决策过程中,找不到最优解和最佳方案;在领导过程中,领导与员工的关系很难用一种类型去概括。决策中增加了环境的限定因素,领导方式中也增加了外部环境和员工个人的因素变化。无论是外部环境还是员工个人的因素都将成为决策或领导风格中的自变量,决策结果或领导风格随因素的变化而变化。这种权变思想体现在管理过程的各个环节中。

权变思想体现的是管理从来没有一成不变,管理的方式方法也不可以复制,不可以生搬硬套。管理环境多变,管理对象不同,即使是相同的管理对象,在不同情况下的状态与表现也不尽相同,需要具体情景具体分析。

第六节 当代管理理论及发展趋势

自 1996 年联合国经济合作与发展组织(Organization for Economic Co-operation and Development,OECD)提出知识经济的概念以来,知识作为第一生产力的时代正式到来,技术进步在国民经济增长中的贡献率大幅度提升。据报道,发达国家在 20 世纪 60 年代技术进步的贡献率为 40%~50%,到 80 年代技术进步的贡献率达到 60%~70%。知识经济是以知识为载体,直接依赖知识与信息的生产、分配和应用的经济。知识经济与信息技术的高速发展密不可分,而现代信息技术的应用触角已经延伸到人们经济生活与日常生活的各个角落,几乎没有人能脱离信息技术而生存,企业同样如此。信息时代不仅带来了信息产业的高速发展,而且对传统的组织管理产生了重大影响,甚至颠覆了传统组织的生产运营与管理。新的组织正呈现出结构的扁平化、边界的柔性化、组织关系的网络化、等级制度的模糊化、部门的团队化以及经营市场的国际化等显著特点。这些特点反过来对传统组织与管理提出了挑战,传统的组织与管理已经不适应新形势下的组织形态。公司流程再造、学习型组织等新的组织形态应运而生。

一、公司流程再造

迈克尔·哈默(Michael Hammer)和詹姆斯·钱皮(James A. Champy)于 1993 年在其著作《改革公司:企业革命的宣言书》中首次提出了业务流程再造的概念,这一概念的提出在当时管理学界和实业界引起强烈的反响,其后形成了公司流程再造的热潮,企业纷纷效仿进行业务流程重组的变革。

传统的组织是把工作切割分解成无数个简单的工作,然后通过培训或指导交给下属去完成。这么做的弊端是过度的分工会降低操作的技术难度,员工以任务为导向,虽可以毫不费力地完成工作,但也失去了工作的热情与挑战精神。同时分工使得员工产生本位主义,"各人自扫门前雪,不顾他人瓦上霜",另外会把更多精力用于关注人事关系,关注冗长的工作环节,关注自身工作是否完成,而不关心企业文化,不关心顾客需要什么,不关注工作流程本身。

业务流程再造将彻底打破原有企业组织形态,取而代之的是以企业业务流程为中心的组织工作,以满足顾客多元化需求为导向,并积极创造顾客的潜在需求。因此整个组织的结构调整转向以流程为基础设计,重组后的组织在组织结构、组织文化、信息系统等方面都将产生与传统组织显著不同的根本性变革。基于流程的组织结构设计,管理层次减少,横向沟通更加广泛,结构更加扁平化,提升了各层级员工对顾客反馈的响应速度,各层级员工的自主权有所增加,避免了不必要的请示汇报、重复沟通等工作。而随着结构的扁平化,更多的决策权向下倾斜,各层级职权有所增加,基层员工也被赋予了决策权,并对公司绩效负有责任。公司的员工文化发生了改变,员工不再单打独斗,而是作为团队中的一员,团队成员间的层级等级不再突出。同时依赖于流程构建的信息系统跨越部门屏障,实现共享。例如销售部门是直接对接市场顾客的,按传统的结构形式,销售部门只负责销售产品,完成任务并获得绩效提成;研发部门只负责新产品的研发,至于研发的新产品是否得到市场认可,研发部门并不关心;而生产部门则只负责生产研发部门提供的新的研发产品。三者常常互相埋怨,销售部门抱怨生产部门不能及时提供更多产品而错失市场销售良机,抱怨研发部门研发的产品不是顾客喜欢的;研发部门抱怨销售部门不能及时反馈顾客对产品的期待。以流程为中心重组结构后,顾客对产品的评价与期待反馈到信息系统后,研发部门与生产部门马上可以获得信息。

二、学习型组织

1990年彼得·圣吉在著作《第五项修炼:学习型组织的艺术与实务》中提出了学习型组织(learning organization)的概念。关于什么是学习型组织,不同的人理解有所不同。彼得·圣吉在其著作中提出,学习型组织是通过提升学习速度、能力及才能来实现持续发展的组织形态。其本质是通过构建共同愿景,不断发现、检验并改进组织的心智模式,从而推动行为变革的组织形式。加尔文则认为学习型组织是能够熟练创造、获取和传递知识,同时能善于修正自身的行为,以适应新的知识与见解的组织。这些概念都反映了学习型组织的本质在于通过不断获取外界知识与信息使组织与组织成员具有较强的环境适应能力。学习型组织的核心是致力于促使员工自觉识别问题和解决问题。

彼得·圣吉在书中举例分析,为什么在许多团体中,每个成员的智商都在120以上,但组织整体智商只有62,为什么1970年名列《财富》杂志"500强企业"中的公司,到20世纪80年代时已经有1/3销声匿迹了。根本原因就在于组织缺少了学习与成长,而个人的学习与成长并不等同于组织的学习与成长。学习型组织的特征是不断学习,且组织必须始终强调"全员学习""全过程学习""团队学习""终身学习"。

学习型组织的内涵本质特征与传统组织有着本质的不同,彼得·圣吉分析并归纳了学习型组织与传统组织的不同点,如表2-4所示。

表 2-4 传统组织与学习型组织的不同

内容	传统组织	学习型组织
战略与愿景制定	高层管理者提供战略与愿景	参与战略制定并共享组织愿景
领导方式	通过奖惩维持指导与引导	授权并激励员工共同参与
组织形式	以部门划分为基础	以团队为基础
权力类型	集权型	分权型、授权型
组织文化	被动型、适应型	强适应型组织文化
公司信息	各自为政,少数人共享	全员共享
冲突管理	通过权力与层级解决	共同学习并使员工的不同问题都得到解决

进入21世纪,人类社会发展进入伟大的新时代,生物技术的突破为人类健康提供了新的保障,新能源技术的突破降低了人类对资源的依赖和对环境的影响,载人航天与探月工程的突破使商业航天旅行成为可能。

对企业而言,随着大数据、云计算、物联网等信息技术的发展,移动互联网的普及改变了人们的工作与学习、沟通的方式,柔性化管理成为现实。大数据与智能技术的融合将在国际竞争与合作、行业转型、智能决策、技术创新等诸多领域和方向的管理产生深远影响。与此同时,信息技术的更新迭代也对我国管理理论界和实践界提出了新的挑战。对我国管理者而言,需要结合本国的实际情况,积极拥抱变革,创造性地开展适合我国特色的管理创新并形成可供学习的管理理论与方法,以更好地适应未来的发展。

本章关键术语

经验管理 experience management
劳动分工 job specialization
科学管理 scientific management theory
一般管理理论 general administrative theory
等级链 scalar chain
行政组织理论 bureaucracy theory
人际关系理论 human relations theory
行为科学 behavior science

管理科学 management science
系统理论 system theory
权变理论 contingency theory
企业再造理论 reengineering theory
学习型组织 learning organization
X 理论 theory X
Y 理论 theory Y
超 Y 理论 super theory Y
Z 理论 theory Z

讨论题

1. 西方早期的经验管理思想与我国20世纪80年代乡镇企业的经营思想有何异同?
2. 分享我国传统文化中反映管理思想的精髓。

第二章 管理理论的演变

3. 查阅资料并分享哪些企业的管理方法符合科学管理思想。
4. 泰勒制主要内容是什么？与人际关系学说有何不同？
5. 谈谈亨利·法约尔的14条管理原则中的哪些原则在今天依然是有效的。
6. 分析人性理论与领导风格的关系，你更认可哪一种人性理论及其领导风格？
7. 谈谈你对学习型组织的理解，学习型组织的本质是什么？
8. 试用相关管理理论分析以下两位管理大师关于管理的核心内涵：

· 管理根本不存在一般模式，即使有也不是成功的标志，因为企业的成长不可能总是一成不变的，若按昨日有的模式运转，今天也注定要失败。

——汤姆·彼得斯《追求卓越》

· 物质方面的直接浪费，人们是可以看到和感觉到的，但由于人们不熟练、低效率或指挥不当而造成的浪费，人们既看不到又摸不到；所有的日常活动中不注意效率的行为都在使整个国家资源遭受巨大损失，而补救低效能的办法不在于寻求某些出众或是非凡的人，而在于科学的管理。

——泰勒《科学管理原理》

案例分析❶

顺丰的科学管理与人本管理

在快递行业中，当"四通一达"、极兔等快递企业如雨后春笋般涌现时，顺丰速递（以下简称"顺丰"）就已经凭借其响应速度快、服务优良、坏件率低等核心优势"收买"了用户的心，集聚了超高的人气，在市场中处于领先地位。那么，是什么使得顺丰能够在如此激烈的市场环境中独占鳌头呢？

从2002年开始，顺丰就通过组织架构的大变革成立了自己的总部，并在随后的发展中一直坚持直营模式，自建物流网络，公司上下严格遵守"永远比竞争对手快半天"的服务时效准则，共同努力，不断缩短其取送件的时间。在这个过程中，顺丰深知公司内部的快递员是公司直接面对用户的一扇"窗户"，是企业实现高效运作的主力军。那么顺丰如何通过快递员来实现公司的发展和口碑建设呢？关键的措施是开展时间与动作研究，制定一系列制度来规范快递员的行为。

首先对快递员工作时的各种操作开展动作研究，将各种标准化的动作规范贯穿、落实到快递员收、派件的整个流程中的每一个步骤，要求快递员必须按照公司规定的动作规范来精准地完成操作。

从收件开始，每个快递员都配备一个内有3层的背包，用于快件类别的区分，快递员先对快件进行分类，然后将整理好的快件按照后送先装的时间顺序装入背包。其中，文件类快件一律按照运单面朝外的方式斜插进背包内侧夹层；小件包裹类则要求快递员必须把运单面朝内或者正面朝上放置在背包中间夹层，这样的分类和放置方式便于配送过程中的拿取。在拿取过程中，快递员也不是随随便便翻出快件。以文件类快件为例，顺丰严格要求快递员右手托着包裹，左手拇指与食指捏住文件封的短边，其余三指撑开快递封，取出快件，因为根据顺丰对员工工作中操作行为的观察和计算得出,这样的手法可以比其他手法节约几秒。

时间研究贯穿于快递员的动作研究之中,例如开箱验视、码放、递送签字笔等一系列动作都经过一番研究。规定快递员完成动作的具体操作和时间,可以帮助快递员节约时间,提高配送的效率。之前对快递种类、目的地以及派送路线的整理和规划按照标准动作需要花费8秒的时间,但由于这8秒的前期工作,可以在后续派送环节节约近20秒的时间。

顺丰的高效运作就是靠着每一秒时间的节约而实现的。据不完全统计,顺丰标准化操作之后,在快递员可控的时间范围内,上门收取普通包裹每件节约54秒,派件则节约46秒。标准化的操作对收、派大件快递的效率提升更加明显,分别节约134秒和212秒。

除了对动作规范的要求外,顺丰还对动作的力度、快递员在取件、派送过程中的礼貌用语以及说出这些礼貌用语的时机等都作出了明确规定,如整理过程中不得扔快递件超出30cm、与客户对话过程中不得抢话、表现得不耐烦等。正是这些点点滴滴的规范和标准,成就了顺丰高效有序、服务良好的企业形象。

但随着用户个性化、多样化需求的发展,以及其内部员工越来越年轻化的趋势,顺丰在坚持其服务标准化的同时,也逐渐开始向柔性化服务转变,以满足市场多样化的需求和企业员工的要求。

案例思考题

1. 顺丰的管理模式体现了哪种管理思想?请做具体分析。
2. 结合顺丰的管理经验,谈谈提高工作效率应从哪些方面着手。
3. 你认为未来顺丰如何将标准化管理与柔性化管理进行有机结合?可以从哪些方面着手?

案例分析❷

被"控制"的 EBS 员工

"控制"是罗恩·埃登斯最喜欢说的一个词。"这是一个被控制的环境",在提及他的电子银行系统 EBS(electronic banking system)公司时他说。埃登斯先生的公司属于一种小型有偿服务公司,许多公司和慈善机构会把文件工作委托给这类小型有偿服务公司,并通过这类小公司将捐赠项目传递给其他组织,如反对酒后驾车的母亲联合会、多里斯动物保护组织、绿色和平组织,以及国际股女协会等。

在公司里,一排一排的女职员坐在排列整齐的操作台前,裁开信封,进行分类,并填充控制卡,控制卡将记录下打开信封的数量以及操作时间。被关在"笼子"里的人们,每分钟必须完成3个信封的工作,旁边的工人则通过计算机控制着一定的工作节奏,以完成每小时8500次的工作总量。

工作室里十分安静,门窗是关着的,谈话和喝咖啡是被禁止的,操作台上不允许摆放任何宗教或装饰图片。埃登斯在楼上的办公室里,坐在监视器前,监视着布置在工作室里的8台摄像机。"有些操作有些延误"他边说边冷冷地将摄像聚焦到工作台上,"我基本可以看清某些人一天的工作是怎样做的。我们保持大量的控制,控制和规则是这一行业的全部。"

EBS 顺应了当前的趋势,当前这种看似白领工作,而选择余地很小、工资较低的工作日益增多。哈格斯坦城曾在 1970 年前后遭受了工业社会解雇大潮的剧烈冲击,很快地这类工作的出现把城镇变成了一个这类工作的集中地。多数工作是临时性的,而且工资大大低于原有制造业。在 EBS 中,新工人工资最少的只有 4.25 美元/小时,其他多数在 6 美元/小时左右。这类遍布主要城市的工作似乎是历史性的周期循环。在工业革命过程中,农场主的女儿们到城镇的丝织厂工作;今天美国的邮政业中,许多具有一定自制力和技术能力的妇女,成批地加入这种工厂,加工纸张而不是布料。而凑巧的是,EBS 恰恰建立在一个旧服装加工厂里。

"未来的办公室同过去的工厂一样",巴巴拉·佳森说,他曾撰写了《电子剥削工厂》和其他一些关于现代工作场所的书。他说:"现代化工具的应用把 19 世纪的工厂带回到现代的白领工作中。"

弗雷德里克·泰勒的动作时间研究理论就是一例,他缔造了 19 世纪 90 年代用电话、计算机和摄像机这类设备监督工人的方法,并以此严密地监视工人,比领班用计时表控制得更严格。

"工作本身需要严密的监控。EBS 中的工人们经手数以千计的美元现金或支票",埃登斯说,"摄像可以帮助避免可能发生的偷窃行为。严密的保安措施可以使参观的客户大放宽心。如果秩序混乱,顾客会认为管理不善,担心会丢失东西。"1983 年以前,他曾从事国际枪支协会的财务主管工作。

严格的监控同时也帮助 EBS 控制了生产率并剔除不能坚持高效的工人。"这是一举多得的监控"埃登斯提及监督时说。他的桌上摆满了计算机打印出来的、记录着每一个数据录入员输入的精确成本,他还记录员工每天的出错频率。工作室就像一个巨大的考场。工作台整齐地排列,多数管理者们站在前面较高的平台上监督员工,另有些喜欢在员工后面监督。他说:"如果你想观察别人,从后面监督更容易。因为他们不知道你在看着他们。同时,吊在天花板上的、装有摄像机的装置也在进行监视。"

埃登斯没有察觉到他自己有欧威尔士风格倾向,他认为"这不是专制,而是一种冷静的管理态度"。但研究表明,监督会造成一种不利于健康的紧张氛围,令工人感到压抑,易患与压力有关的疾病。同时监控会产生类似惩罚的效果,如组织将其作为解雇的依据,使工人因此产生胁迫感。

在 EBS 建立工会组织失败后,国际劳动关系协会对 EBS 提出书面抗议,集中声讨其对工人构成的威胁、询问和监视。作为庭外协议,EBS 恢复了一个被解雇工人的职位,并且贴出一份通告,表示将在下次工会选举中杜绝非法行为。但是,第二次工会组织建立同样以失败告终。

提及对劳动者的不公平待遇时,埃登斯认为这是"一派胡言"。对于监督造成的压力,他说:"当他们知道工作被监督时,会产生压力感,这是动物本能的表现!我不会为此道歉。"埃登斯对他推行的过于苛刻的工作规则同样不感到愧疚。提及禁止与工作无关的谈话的规定,他说:"我不会向聊天的人付工钱。"对于封闭的窗户,他说:"我不想让他们向窗外张望,会影响工作,会出现差错。"

这些集中管制的确提高了生产率，但使工人感到孤独和不自由。有些人试图效仿学校图书馆里的孩子那样打破周围静寂的环境，"只要你保持你的头不动，低声地喃喃而语，多数情况下，监工们是不会听到的。"一个女职员在午餐休息时说。"工作是你的社会生活，尤其是当你有了孩子以后。"一位27岁的母亲说，"而这里很难有机会了解别人，因为你不能说话。"吃午饭时，工人们在工作室外的停车场上围成一圈，讲个不停，"我们有些人午餐吃得不多，因为你嚼得越多说得就越少。"一个员工说。在午餐前后漫长的工作时间里，没有其他的休息时间，工人们不允许喝咖啡或吃东西。

新技术，分割开来的劳动者，重复的、有如EBS这样的工作，完全抹杀了脑力工作原有的多样化和技能化的特征。牢笼里的工人们一味地开信封，分类；统计部门计算数据；数据录入员录入别人收集的信息。如果他们出现错误，计算机就会用刺耳的声音提醒他们，并将"输入错误"显示在荧光屏上。

"我们不需要员工思考，计算机会帮他们思考"，埃登斯说，"他们无须做决策。"这使工作显得简单乏味。

巴巴拉·安妮·威尔，一个电脑录入员。在输入捐赠者的名字和住址时，她想象这些人的形象，尤其是那些特别的名字，"比如菲特兹小姐"，她笑着说，"她可能是一位非常肥胖，带有很重的口音在马路上大喊大叫的女人。"她又拿起另一份说："道利斯·安吉若斯，她非常老于世故，也许戴着单片眼镜，坐在拥挤的马海毛沙发上喝茶。"威尔女士生活在一个冷淡笼罩着的世界，像EBS中多数的员工一样，她必须迅速地完成低收入工作，以便养育孩子。比如这个星期五，她在晚上4点完成8小时的工作以后，只能回家呆上几小时，然后再回公司上从半夜到次日凌晨的晚班。否则，她就不得不在星期六加班，来完成一星期的工作。"只有这样，我才能在周末照顾孩子们。"也有一些员工发现在工作之后很难从中解脱。在工作间里，史密斯小姐说她丈夫经常埋怨她，因为她时常在半夜里弄醒他。"我在睡觉时手会不自觉地乱动。"她说，这是在做打开信封时的动作。

 案例思考题

1. 根据案例素材分析EBS公司的控制规则。这些规则对提高工作效率有什么作用？
2. 运用人际关系理论分析员工的反抗行为背后的原因或需求。

第三章 计　划

本章学习目的

通过学习决策与计划的过程与方法,提高日常做决策的科学态度与能力,培养个人做计划的良好习惯,做事有目标、有计划、有行动方案,避免盲从。

本章学习目标

1. 了解决策与计划的含义和分类。
2. 掌握决策的基本过程。
3. 理解决策方案结果选择的满意性而非最佳性。
4. 理性决策、有限理性决策与直觉决策的适用前提。
5. 明确群体决策的优缺点。
6. 掌握风险型决策树法和不确定型决策方法。
7. 了解计划的重要性。
8. 掌握计划的编制方法。
9. 懂得目标管理的本质与如何开展目标管理法。

导入案例

"顿顿由你",智启校园新生活

随着互联网技术的快速发展和高校师生对便捷校园生活需求的日益增长,智慧校园建设成为高校发展的重要方向。在这一背景下,2020年5月,DZ大学计算机学院两位本科生杨星浩、王云佳成立了武汉筑梦科技有限公司,并得到了学校老师和校友企业的支持。该公司以其独特的服务理念和创新模式,致力于打造一个服务DZ大学师生智慧校园生活的全生态服务平台——"顿顿由你"平台。该平台提供校园食堂外卖、周边美食外卖、桶装水快速配送、订票领券、跑腿服务等一系列便捷服务。

在创业初期,公司遇到一系列问题:一是因团队组建仓促且未明确未来发展规划,导致团队成员流失严重,影响公司正常发展;二是计算机专业背景的两位创始人缺少管理知识、缺乏管理经验,将精力过度投入于琐碎事务,影响了整体规划和运作;三是食堂及周边商户对大学生创业公司的能力与诚信存在疑虑,导致合作受阻。为解决这些问题,该公司采取了以下对策:首先,为稳定团队,公司重新梳理了团队文化和发展规划,明确了成员的职业发展路径和激励机制,并积极招聘新成员,加强培训和凝聚力建设;第二,创始人利用课余时间系统学习管理知识,明确团队成员职责,建立有效沟通机制和决策流程,提高团队协作效率;第三,公司寻求与 HB 银行合作并在经费上得到银行支持,同时向商户沟通宣传,逐渐赢得商户信任,进而推动业务扩展和壮大。

如今,武汉筑梦科技有限公司已经逐渐步入正轨。团队成员稳定、协作高效;管理团队能力得到提升;商户合作顺利、业务不断拓展。目前,"顿顿由你"平台已经成为该校师生智慧校园生活中不可或缺的一部分,师生可以随时随地一键下单,享受智能便捷的校园生活。

(本案例为原创案例)

计划是管理的四项职能之一,通常先于组织、领导和控制活动,处于管理职能工作的首位。诺贝尔经济学奖获得者西蒙认为,管理就是决策,决策贯穿于管理的全部工作之中,可见决策的重要性。表 3-1 为管理者在日常工作中需要进行的决策。

表 3-1 管理者在四项职能中的决策内容

管理职能	决策内容
计划	・组织的长期目标是什么 ・制定什么样的战略能实现目标 ・组织的短期目标是什么 ・个人目标的实施可能有多大难度
组织	・工作应该如何设计 ・应该让多少员工直接向我汇报 ・组织应该有多大程度的中心化 ・组织应该何时执行不同的结构
领导	・应该如何处理看上去没有动力的员工 ・在既定的环境中最有效的领导风格是什么样的 ・某个特定的变化如何影响员工积极性 ・如何解决员工冲突 ・如何激励有能力却不听话的 Z 时代员工
控制	・组织中的哪些活动需要被控制 ・应该如何控制这些活动 ・绩效偏差怎么纠正 ・组织应该具备什么类型的管理信息系统 ・哪些事需要约法三章

同样,决策渗透于整个计划过程,本章将决策单独作为一部分先于计划内容描述。

第一节 决 策

《孙子兵法》中写道"知己知彼,百战不殆;不知彼而知己,一胜一负;不知彼,不知己,每战必殆",应"以己之长攻敌之短"。而对于企业管理者来说,只有掌握企业外部环境和企业自身两方面的情况,才能减少决策的盲目性,保证决策的顺利实施。"知彼"是管理者能客观分析企业的外部环境,对竞争双方产品的消费者使用情况实施调查,进行谋略和战术安排。"知己"即是对企业内部的能力、核心等有清晰的认知,这是决策的依据。扬长避短,才能实现企业的目标。"夫运筹帷幄之中,决胜千里之外",在竞争和对抗活动中,必须统筹谋划,正确研究对策,以智取胜,而对策的研究和确定过程就是决策。

在任何一个组织中,决策是管理者的基本工作内容。

一、决策与决策分类

(一)决策的定义

关于决策(decision)的定义,不同的学者有不同的看法,目前较为典型的有以下两种。

狭义的观点认为,决策是指为了达到某一特定的目标而从若干个可行方案中选择一个满意方案进行分析判断和选择的过程。该定义较侧重于决策的基本过程,其内涵包括以下4点。

第一,要有明确的目标,这是决策的前提条件。

第二,要有多个可行的备选方案,这是科学决策的根本。从理论上说,达成任何一项目标的途径通常都有若干条,而这若干条途径就是这里所说的备选方案。

第三,决策的重点在于科学地分析、判断与选择,这是决策质量的保证。

第四,决策的结果在于选择满意方案,而非最优方案。为什么没有最优方案,只有满意方案?这是因为我们所处的环境总是不断变化的,今天的最优选择到了明天可能就不是最优选择,而且由于人的能力有限,对外界信息的了解不可能是完全的,因此备选方案也不可能"穷尽"各种可能,那么基于不完全的信息所做出的决策也就谈不上是最优的。

而广义的观点认为,决策是组织或个人为了实现某种目标而对未来一定时期内有关活动的内容、方向和方式的选择与调整过程。该定义较全面地涵盖了决策的类型。其内涵包括以下3点。

第一,要有明确的目标,这是决策的前提。

第二,决策的范围既包括了活动的内容、方向,即明确组织未来一段时期要"干什么"的战略性问题;也包括了活动方式的确定,即明确组织未来一段时期要"怎么干"的战术性问题。

第三,决策的结果可能是全新的零起点方案,也可能是基于原有方案的适当调整,是一种非零起点的追踪决策。

(二)决策的分类

基于上述决策的定义以及其内涵的理解,我们可以根据决策状态的不同,将决策分为若干类型。

1. 按决策的重要性程度分类

按决策的重要性程度,决策分为战略决策、战术决策、业务决策(图 3-1)。

(1)战略决策。

对组织而言,战略决策是最重要的,直接关系到组织的发展,其涉及的大多为全局性、长期性的问题。通俗地说,战略决策最终要解决组织在未来一段时期活动的内容和方向,即回答"干什么",如组织目标的确定、机构的设置与调整、产品的更新换代等。一般来说,由于战略决策所要解决的问题牵涉到的范围较广、内容较复杂、思维较抽象、可借鉴性资料不多,需要管理者有高度的敏感力、抽象思维的能力、创造能力和丰富的经验,因而对管理者的素质要求非常高。这类决策一般由高层管理者做出。

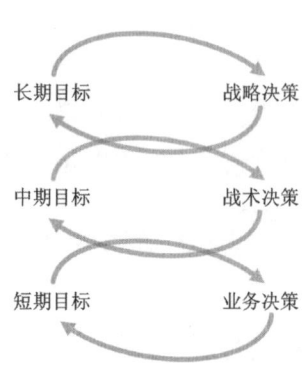

图 3-1 目标与决策类型的关系

(2)战术决策。

战术决策是在战略思想指导下具体方法的选择和运用,要解决如何执行战略决策的问题,即解决"怎么干"的问题。如具体方案的选择、资源的分配、绩效评估、产品的定价、资金的筹措等。一般战术决策涉及的问题比战略决策更具体、更局部化,且多数问题的解决方案可以定量化且有借鉴性资料。这类决策一般由中层管理者做出。

(3)业务决策。

业务决策是在日常的生产和服务活动中为了提高劳动效率所作的决策,如一周生产任务的安排,进度安排,车间班组、科室岗位责任的落实等。一般业务决策要解决的问题非常明确且带有较强的程序化,属于常见的问题,决策者通常也非常清楚决策要达到的具体目标是什么、可以利用的资源有哪些、实现的途径有多少、实施的结果是什么。这类决策一般由基层管理者做出。

2. 按决策的重复性程度分类

按决策的重复性程度,决策分为程序化决策与非程序化决策。组织中的问题可以细分为例行问题与例外问题。例行问题指的是那些重复出现、日常性的管理问题;而例外问题则指的是那些偶然发生、前所未见、性质与结构不明、具有显著影响的问题。程序化决策主要解决例行问题,而非程序化决策则要解决例外问题。

(1)程序化决策(programmed decisions)。

在问题重复发生的情况下,决策者根据书面或不成文的政策、程序或规则,限制或排除行动方案的决策被称为程序化决策。这类决策针对的是经常出现、解决方法例行且固定的具体问题。例如,在组织中已明确规定的员工工资范围内,为新入职员工确定工资水平是一种程序化决策。实际上,许多组织的决策者每天都会面临大量的程序化决策,中、基层管理者的决策通常都是程序化决策。

(2)非程序化决策(nonprogrammed decisions)。

非程序化决策则专注于处理那些不常发生或特殊的非结构化问题。当一个问题因其罕见性而未受到足够关注,或者因其重要性或复杂性而需要特别处理时,它就被视为非程序化决策。事实上,许多决策者面临的重要问题,如资源分配、问题产品处理、社区关系改善等,通常都属于非程序化决策范畴。随着管理者在组织内层级的提升,他们面临的非程序化决策的数量和重要性也逐渐增加,因此进行非程序化决策的能力也变得越来越关键。

3. 按决策问题呈现的状态分类

按决策问题呈现的状态,决策分为确定型决策、风险型决策和不确定型决策。

(1)确定型决策(certainty decisions)。

确定型的决策是指个人完全知道所面对的问题,替代方案也很明确,且每个方案的结果是唯一的且可以预见的。由于各方案的条件、结果均已知,所以只要比较一下各方案,就可做出最终决策。这类方案通常可利用净现值、投资回报率、投资回收期等定量化计算方法来进行决策。例如,企业拟投资 1000 万元,投资方案有 3 个,每个方案的经济效果非常清楚,年投资回报率分别为 15%、12%、10%,在其他条件均不变的情况下,理所当然选择投资回报率为 15%的方案。

(2)风险型决策(risk decisions)。

风险型决策是指对某事件出现的结果不能确定其唯一性,但可能出现的几种状态是可以预见的,且每种状态出现的概率和经济效果是可以估算到的,可以通过比较各方案的期望值来进行决策。但这类决策过程定量化程度不高,决策时需要冒一定的风险。比如,某人拟炒股票,炒股票的结果是一定获利或一定亏损,无法给出结论,因为一旦经济形势发生变化或出现重大事件或政策倾向有所调整,都可能会引起股市的波动。但炒股票的结果只有几种可能性,要么赚钱,要么亏损,要么不盈不亏,且可根据历史资料和对未来股票动向的预测计算出几种可能出现的概率,再计算出每种状态下的期望值,根据 3 种情况下期望值的结果进行分析选择,确定是否值得投资股票。

(3)不确定型决策(uncertainty decisions)。

不确定型决策是指因面对不可预测的外部条件或缺少所需信息而对备选方案或其可能结果难以进行确切估计时所作的决策。这种不确定性的因素主要来自两个方面:一是决策者无法获得关键信息;二是无法对行动方案或其结果做出科学的判断。

决策问题大多是风险型的和不确定型的,面对这些决策问题时,决策者常常处于一种难以取舍的两难困境。管理研究与管理实践中不断发展形成的科学决策方法在很大程度上使风险型和不确定型问题转化成了确定型问题,从而有利于管理者做出科学决策。

4. 按决策参与者的多少分类

按决策参与者的多少,决策分为群体决策和个人决策。

个人决策是指决策由一个人独立作出的决策,群体决策则是指由多人共同参与作出的决策。群体决策和个人决策各有优缺点。

(1)群体决策的优点。第一,有利于集中不同领域专家的智慧,应对日益复杂的决策问题。通过这些专家的广泛参与,专家们可以对决策问题提出建设性意见,有利于在决策方案得以贯彻实施之前,发现存在的问题,提高决策的针对性。所谓"三个臭皮匠胜过一个诸葛亮"正说明了群体决策的优势。第二,能够利用更多的知识优势,借助更多的信息,形成更多的可行性方案。第三,具有不同背景、经验的不同成员在选择收集的信息、要解决问题的类型和解决问题的思路上往往都有很大差异,他们的广泛参与有利于提高决策时考虑问题的全面性。第四,容易得到普遍的认同,有助于决策的顺利实施。由于决策群体的成员具有广泛的代表性,因而有利于得到与决策实施有关的部门或人员的理解和接受,在实施中也容易得到各部门的相互支持与配合。第五,使人们勇于承担风险。有关学者研究表明,在群体决策的情况下,许多人都比个人决策时更敢于承担更大的风险。

(2)群体决策的缺陷。相对于个体决策而言,群体决策也可能存在一些问题:一方面是速度、效率可能低下。群体决策鼓励各个领域的专家、员工的积极参与,力争以民主的方式拟定出最满意的行动方案。但在这个过程中,也可能陷入盲目争论的误区之中,既浪费了时间又降低了速度和决策效率。另一方面是有可能为个人或子群体所左右。群体决策之所以具有科学性,原因之一是群体决策成员在决策中处于同等的地位,可以充分地发表个人见解。但在实际决策中,很可能出现以个人或子群体为主发表意见、进行决策的情况。同时,不可否认,群体决策中也有可能出现更关心个人目标的情况。在实践中,不同部门的管理者可能从不同角度对不同问题进行定义。例如,市场营销经理往往希望较高的库存水平,而把较低的库存水平视为有问题的征兆;财务经理则偏好于较低的库存水平,而把较高的库存水平视为问题发生的信号。因此,如果处理不当,很可能发生决策目标偏离组织目标而偏向个人目标的情况。对群体决策的优势与缺陷的了解,也从另一个角度反映出个人决策的优势与缺陷。

除以上4种决策分类外,还有按问题发生的起始状态,将决策分为初始(零起点)决策与追踪(非零起点)决策;按目标的多少,将决策分为单目标决策与多目标决策等(表3-2)。

表 3-2 决策分类表

分类依据	决策类型
重要性程度	战略决策、战术决策、业务决策
重复性程度	程序化决策、非程序化决策
问题呈现的状态	确定型决策、风险型决策、不确定型决策
参与者的多少	群体决策、个体决策
问题发生的起始状态	初始(零起点)决策、追踪(非零起点)决策
目标的多少	单目标决策、多目标决策

(三)决策的特点

1. 目标性

无论是对决策内涵的狭义理解还是广义理解,都体现出决策的核心首先在于明确目标,这些目标直接反映了组织所期望达到的结果。目标不仅是组织努力的方向,更是评估与检验决策方案有效性的基准。目标的先进性直接关联到组织的竞争力与发展潜力。只有在追求先进目标的过程中,组织才能持续进步,超越竞争对手,实现根本性的变革与发展。

2. 可行性

任何决策方案的实施都需要资源的支撑,并受限于现有条件。因此,决策方案必须与组织的能力和所拥有的资源相匹配,同时与外部环境相协调。过高或过低的决策目标均可能导致计划失效或资源浪费,进而影响组织的整体运作和成员的积极性。

3. 动态性

从权变理论角度看,没有一成不变的、普遍适用的、最好的管理理论和方法,一切应取决于当时的既定情况。决策也是一样,组织的外部环境在不断变化中,决策者应密切监视并研究外部环境及其变化,从中发现问题或找到机会,及时调整组织的活动,以实现组织与环境的动态平衡。组织不是静态的,其内部环境也不断地发生变化,决策的标准和方法不能固定不变。因此,决策要充分分析变化的管理背景和要解决的主要问题,及时调整研究思路和方法,灵活运用基本的管理理论,处理好两难困境,实现不断创新。

4. 满意性

根据西蒙的有限理性决策模式,决策方案的选择只能有满意结果,而无法达到理论上的"最佳"结果。因为所处的环境条件不是最周全的,所能获得的信息是不完全充分的,所提供的备选方案不是全部的,决策者不能做到完全理性决策。因此,基于现有条件从现有的备选方案中选择付诸实施的方案就不可能是最佳方案。所以理性决策是要找到"理论上最佳的结果",而有限理性决策要找到的是"实际上我们能达成的满意结果"。

5. 整体性

整体性有两层含义:一是决策涉及组织全体成员,决策方向和具体方案实施是组织全体成员共同的责任;二是决策内容要兼顾组织各个方面,确保组织各部门和单位彼此在工作上的均衡与协调。决策是一个系统工程,所要处理的每一个问题都是系统中的问题,只有统筹兼顾、综合考虑,才能妥善地处理组织中的每一个问题。

6. 创造性

任何决策都需要不同程度的创造性思维。创造性思维过程通常包括4个相互交叉、相互作用的阶段:一是无意识审视,通常要求对问题集中精力,而这一行为可能是在潜意识下进行的;二是直觉,要求人们找到新的组合并将各种不同的概念和想法综合到一起;三是洞察力,它大多是创造的结果,或豁然开朗的状态;四是验证,需要经过逻辑或实验的测试,并检验创新的效度。

二、决策的外部环境分析

组织是开放的系统,动态地与所处环境发生相互作用。任何企业都处在一个特定的外部环境中,例如特定的区域、特定的行业和特定的时机。企业需要从外部环境中获得所需的输入并实现资源转换,需要在外部环境中实现输出并获得收益。管理者的决策和行为受到环境的限制和约束,组织应该关注和适应环境变化,以保持竞争力和生存能力。对组织而言,外部环境(external environment)是指能够对组织绩效造成潜在影响的外部系统或力量。对组织外部环境的研究热潮始于 20 世纪 60 年代,大量研究探讨组织外部环境中的要素如何影响组织绩效与组织设计。受技术进步和经济全球化的影响,组织所处环境变化的频率、速度和程度日益加剧,管理领域对组织外部环境的关注与日俱增。

组织外部环境分析的主要目的就是使组织在决策过程中能够准确地把握所面临的主要机会和威胁,从而使组织决策不仅能够做到趋利避害,而且具有前瞻性和创新性。为此,管理者必须掌握影响组织生存和发展的各种因素以及各种因素作用和影响组织的方式,还必须掌握外部环境中关键因素的变化趋势及其对组织的影响,以便做出正确的决策。

(一)外部环境的主要特点

当今组织所嵌入的环境正在步入 VUCA(Volatile, Uncertain, Complex, Ambiguous)时代(也被称为"乌卡时代"),即组织环境变化越来越具备动态性(volatility)、不确定性(uncertainty)、复杂性(complexity)和模糊性(ambiguity)的特征。这些环境特征既存在重叠,也各有侧重,基本上反映了当前全球组织所处环境变化的主要特点。

1. 动态性

外部环境的动态性通常指:①经营环境变化的速度、幅度和广度明显提升;②组织之间竞争互动的速度、范围和水平明显提升;③速度和创新成为组织效益增长的主要来源。经营环境变化动态性的提升给组织决策带来了直接挑战,在很大程度上动摇甚至逆转竞争性组织之间的力量对比。受经营环境变化动态性的影响,优势产业和组织的更替也将更加频繁。

2. 不确定性

外部环境的不确定性通常指环境变化的方向、趋势、速度与结果难以预料。即使不考虑组织外部环境变化的动态性,外部环境变化的不确定性增加也会极大地增加管理者预测环境变化趋势的难度。比如在经济全球化的总体趋势影响下,贸易保护主义的倾向随时都有可能出现;在经济快速发展的总体趋势下,全球性或者区域性金融危机时有发生;技术进步日益加快,新技术、新行业、新商业模式层出不穷,组织越来越不确定这些新技术、新行业和新商业模式将在什么时间、以什么方式和在多大程度上影响组织的未来;在经济转型的过程中,改革的进程时快时慢,政府的调控时强时弱。管理者要想准确把握和预测未来 5 年或 10 年外部环境的变化趋势越来越困难。

3. 复杂性

外部环境的复杂性通常指影响组织行为的环境因素越来越多,这些因素之间的关系越来越错综复杂。在经济全球化趋势的影响下,组织决策将同时受到国内和国际两个不同层面外部环境因素的影响。组织所面对的不同层次的外部环境、制度体系、行业规范等存在巨大差异,甚至相互矛盾,将会给组织管理者的战略决策带来巨大的挑战。尤其是,当组织需要在相互冲突的母国和东道国政治世界观和政策之间导航时,复杂的政治局势会显著增加组织的决策难度。比如2018年爆发的中美贸易战,尤其是美国政府对华为等公司的制裁,不仅影响华为公司,而且给华为所有买方和卖方的正常运营甚至生存都带来极大困难,这些企业需要同时应对多种相互对立的制度要求。

4. 模糊性

与外部环境的复杂性高度相关的另一个环境特征就是模糊性。环境的模糊性通常指环境中影响组织行为的各种因素、影响机制和路径越来越难以厘清。环境的模糊性所带来的影响主要表现在以下3个方面:①原来清晰的行业边界、市场边界越来越模糊。②原来清晰的国家或者区域边界正在逐步弱化,以至于管理者越来越难以准确地界定组织"外部"的边界,因为一个国家发生的某种外部环境变化,如一个国家的主权债务危机或者疫情,很有可能迅速地影响到另一个或者多个本来不相关的国家,并且演化为地区性或者全球性的金融危机或公共卫生事件。③原来划分或者界定清楚的外部环境因素越来越难以区分,原本属于文化、经济因素的事件很有可能迅速转变为政治法律事件,反之亦然。

(二)管理与环境

在 VUCA 时代有效分析组织外部环境是一项具有挑战性的工作。在组织决策尤其是重大决策过程中,外部环境分析起到了重要作用。提高企业外部环境分析的有效性和效率是管理者提升管理效率需要解决的问题,要在尽可能短的时间里,以正确的方法对关键外部环境因素进行准确的分析并对关键机会和威胁做出正确的判断。

(1)为了提高组织外部环境分析的有效性和效率,管理者需要深刻了解推动外部环境变化的主要驱动因素,从而准确地预测关键因素的变化趋势,洞察这些变化趋势对组织未来的影响能让组织决策表现出前瞻性和创新性。所谓外部环境变化的主要驱动因素就是指在特定时期,推动组织外部所有环境因素变化的主要和根本的力量,在一种或者几种力量的推动下,组织外部环境中的各种因素呈现出相同的趋势和特点。以中国企业为例,过去和未来推动中国企业外部环境变化的主要驱动因素是全球化和中国经济转型。中国企业管理者对于全球化趋势的认识和分析将有利于把握企业外部环境变化的根本动因和趋势;对于中国经济转型的分析和理解将有利于把握中国企业外部环境的特点,并且做出符合中国市场特征的决策。

(2)为了提高企业外部环境分析的有效性和效率,管理者需要掌握外部环境分析的基本逻辑方法,比如:基于对企业历史的分析,把握过去影响组织发展的外部因素;密切关注当前发生的重大事件对组织外部环境构成因素的影响,尤其是新增外部因素;基于对组织外部利益相关者和内部人员的调查,筛选出外部环境中的关键影响因素,并予以重点关注;对关键外部环境因素的变化趋势进行预测和分析,确定组织未来发展所面临的重大机会和威胁。

(3)为了提高组织外部环境分析的有效性和效率,管理者不仅需要了解组织外部环境的构成及其相互作用,掌握正确的思维逻辑方式,还需要注意另外两个方面的问题:一是组织外部环境分析者要对组织内部环境有充分和客观的了解,因为任何外部的机会与威胁都是相对于组织内部的优势与劣势而言的;二是组织外部环境分析涉及的领域相当广泛,需要使用不同学科的知识和方法,因此开展组织外部环境分析需要整合不同学科领域的人员。

(三)总体环境

组织外部环境可以大致划分为总体环境(general enviroment)和具体环境(specific environment)两个层次。

组织外部环境分析是从总体环境分析开始的。所谓总体环境就是指可以广泛影响特定空间范围内所有市场、行业和组织行为的各种外部因素。总体环境具有先动性、广泛性和复杂性的特点。首先,总体环境具有先动性,往往需要经过一段时间才逐步影响行业、竞争等环境的变化,因此要求管理者在分析过程中必须具有前瞻性和洞察力。其次,总体环境具有广泛性,通常会对处于这个环境中的所有行业及组织产生广泛影响,因此要求管理者在分析总体环境的过程中必须有很强的目的性和针对性。最后,总体环境还具有复杂性,其内部各因素既有很大差异又相互影响,因此要求管理者在分析总体环境的过程中必须善于抓住主要因素,分析主要因素的变化趋势对其他因素的影响。

总体环境主要包括政治(political)、经济(economic)、社会文化(sociol cultural)、技术(technological)、生态(ecological)与法律(legal)六大类因素,简称为PESTEL框架。

1. 政治因素

政治因素源于政府机构,是可以影响组织决策和行为的政治制度和政府政策等。单个组织通常很难影响和改变政治因素,但组织可以利用主观能动性,努力塑造和改变政治因素的影响。比如企业通过运用非市场策略,即通过公共关系、捐款、诉讼等,以有利于他们的方式做到这一点。

2. 经济因素

经济因素主要是指:①基本经济结构和特点,包括经济体制、经济结构、产业结构、生产力布局和对外开放的程度等;②国民经济发展状况,包括国民经济增长、国际贸易增长、居民收入增长、资本市场和通货膨胀的状况等;③政府的经济政策,包括产业政策、财政政策、金融和货币政策、贸易政策、政府预算等;④国际经济形势、经济发展趋势以及经济国际化、市场全球化等状况。政治和法律因素密切相关,因为政治压力往往导致法例及规例的改变。

3. 社会文化因素

社会文化因素是指特定历史时期社会发展的一般状况,包括人们的宗教信仰、社会价值观、文化传统与风俗习惯等。这些因素既源远流长又不断演化,以潜移默化的方式影响组织的各利益相关者,还影响利益相关者对组织的看法和要求,从而对组织经营和发展的各个方面产生非常重要的影响。社会文化因素的变化有可能改变消费者的需求和消费方式,从而给组织带来新的机会或者威胁。

4. 技术因素

技术因素主要是指国家技术进步的整体水平和变化趋势、政府技术进步或者创新战略、国家对技术进步的鼓励和保护政策等。技术环境的变化不仅可以影响总体环境中其他环境因素的变化,而且可以对行业环境以及组织决策产生影响。技术进步速度的加快有可能消除市场和行业的边界,缩短产品生命周期,创造新的产品、顾客和市场需求;有可能降低生产、运输和劳动力的成本,或者提高生产、运输和通信的效率,提高竞争互动的效率;有可能改变行业竞争结构、行业游戏规则和组织商业模式等。

5. 生态因素

生态因素涉及广泛的环境问题,如自然环境、全球变暖、可持续经济增长等。组织和生态环境以一种相互依存的关系共存。以负责任的和可持续的方式管理这些关系直接影响到人类社会和组织的持续存在。管理者不能再把自然和商业分开,它们有着千丝万缕的联系。许多商业组织造成了空气、水和土地的污染以及世界自然资源的枯竭。组织和自然环境之间的关系并非必然对抗,生态因素也可以提供商机。

比如近年比亚迪启动企业碳中和规划研究,以技术创新为驱动,开发光伏、储能、电动汽车、电动叉车、云轨、云巴及LED等绿色技术产品,探索新能源汽车行业碳足迹核算标准,引领中国汽车行业迈入绿色发展新阶段。

6. 法律因素

法律因素包括政治过程的官方结果,如法律、授权、法规和法院判决,它是指引和约束组织和人们行为的法律规范,对社会秩序、公共利益和个人权益起到保护和维护的作用。事实上,监管变化往往会立即影响到整个行业。在过去的几十年里,中国许多行业都放松了管制,包括航空、金融等。政府往往可以运用积极的法律机制来使消费者行为的变化满足预期目标。

(四)具体环境

管理层的大部分注意力通常放在组织的具体环境上,这是环境中与实现组织目标直接相关的部分。具体环境由能够对组织的有效性产生积极或消极影响的关键支持者或利益相关者组成。大多数组织的具体环境包括以下一个或多个方面:供应商、顾客、竞争对手和特殊利益集团。

供应商包括向组织提供劳动力、材料和设备的实体资源。管理层力求以尽可能低的价格确保所需投入的稳定流动,因为这些投入代表着不确定性——资源不可用或配置延迟都会显著降低组织的有效性,所以管理人员通常会尽最大努力来确保稳定可靠的资源流动。

组织的存在就是为了满足顾客的需求,最终接收组织产出的是顾客。人们会通过不同方式表明他们作为顾客的满意程度。顾客显然代表了一个组织的潜在不确定性,因为顾客可能是善变的,消费者购买偏好会发生变化。

几乎所有组织都面临着一个或多个竞争对手,管理者不能忽视竞争。竞争对手在定价、提供的服务、可及性、开发的新产品等方面代表着一种重要的环境力量,管理层必须对其进行跟进，做好应对准备。

管理者必须认识到试图影响组织行动的特殊利益集团。比如2018年"星巴克事件"中"黑人的命也是命"的抗议者。事件起因是两名黑人在位于费城星巴克连锁店，因没有在店内消费而不被允许使用该门店的卫生间。门店经理报警后，警察逮捕了这两位黑人。抗议者们攻击了星巴克，并要求公司改变政策。2020年美国和全球数百个城市的抗议示威者走上街头，支持"黑人的命也是命"并谴责警察暴力执法，在此环境下，星巴克和许多美国大型企业一样，迅速公开宣布支持这项运动，并承诺采取更多行动对抗种族歧视问题。

（五）对环境的管理

组织面临的环境VUCA越高，环境对组织管理者进行管理决策自由度的限制就越大。关于管理者的行为在多大程度上影响组织表现存在两种观点：管理万能论（omnipotent view of management）和管理象征论（symbolic view of management）。前者主张管理者对组织的成败负有直接责任，后者则认为组织的成败很大程度上归因于管理者可控范围之外的因素。

在管理万能论的观点中，当组织表现不佳时，无论原因是什么，往往是管理者来承担责任。当然，当情势好转时，管理者也会得到奖励，即使他们与取得积极成果并无关系。管理万能论与掌权的高管克服种种困难最终实现组织目标的固有印象是一致的，这种观点并不局限于商业组织。它也能用于解释大学教练和专业运动教练的变更，他们同样被认为是团队的"管理者"，赢少输多的教练往往会被解雇。

管理象征论认为管理者影响组织表现的能力受到外部因素的限制。绩效由那些管理者几乎无法控制的因素所影响，例如经济状况、顾客、政府政策、竞争者行为、行业状况和前任管理者决策。根据管理象征论的观点，管理对实质性的组织成果最多只能产生有限的影响，因此管理的影响很大程度上是象征性的。管理者的角色被视为在随机、混乱和模糊的环境中创造意义，管理层为了股东、客户、员工和公众的利益制造了控制的假象。当事情进展顺利时，我们需要有人获得赞美，管理层扮演着这个角色，同样，出了问题，管理层来承担责任。然而，根据管理象征论的观点，管理在成败中发挥的实际作用微乎其微。

在实际工作中管理者既不是万能的，也不是无能的，而是上述两种观点的综合。管理者应该争取能够较好地预测和感知环境的变化，并能够提前对环境的变化做出正确的反应，或者在紧急状态下也能够从容应对，减免负面影响，从而使组织高效地实现目标。

三、决策过程与影响因素

（一）决策的基本过程

决策是一项复杂的活动，需要遵循科学的决策程序。在现实经济活动中，导致决策失败最主要的原因是没有严格按照科学的程序进行决策。一般而言，决策过程（decision-making process）大致包括7个基本的步骤（图3-2），这7个步骤是相互联系、相互反馈、闭环运行的。

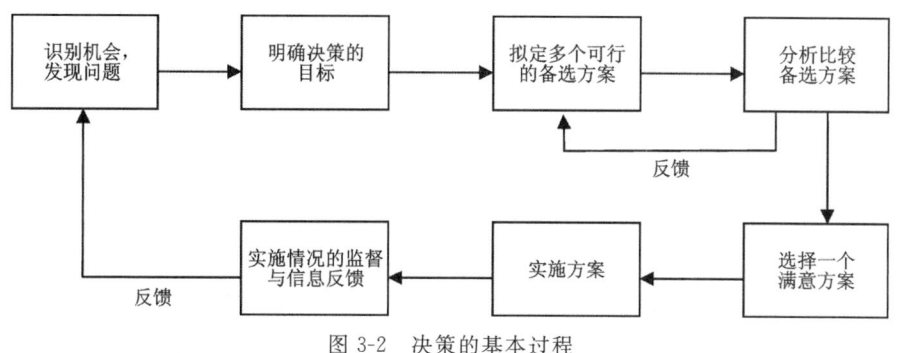

图 3-2 决策的基本过程

1. 识别机会,发现问题

决策是为了解决现实中存在的需要解决的问题或是为了达到想要的目标,所以决策的前提条件一定是对问题的发现,决策的质量取决于对问题了解的准确程度。如果没有问题,则不需要决策;如果问题不明确,则难以做出正确的决策。所以认识并分析问题是最重要也是最困难的环节。

问题通常产生于"应然"与"实然"的差距。所谓"应然",就是理论上说应该达到的状态,"实然"则是实际出现的状态,二者之间没有差别则没有问题,有差别则说明出现了问题。而"实然"与"应然"均来自大量信息的收集,问题一旦出现,则要从两个方面来进一步分析。首先,明确理想中应该出现的目标状态是什么,达到该状态必须具备哪些条件;然后,分析实际工作中出现问题的症状有哪些,为什么会出现这些症状,哪些症状需要解决,哪些是可以容忍的,需要解决的这些症状可不可以解决,哪些是企业自身可以解决的,哪些必须借助于外部才可以解决。理清了这些问题,才会知道下一步该怎么办。

2. 明确决策的目标

决策目标是组织根据找出的所要解决的问题,在进一步明确解决了该问题之后的结果应该是什么的基础上而设定的。目标的明确十分重要,因为同样的问题,目标不同,采取的决策方案可能就会不同。比如,若把目标分为长期目标、中期目标和短期目标,那么长期目标的决策通常采用战略决策方法,中期目标的决策常用战术决策方法,而短期目标的决策则惯用业务决策方法。

3. 拟定多个可行的备选方案

为了解决问题,实现既定的目标,管理者必须积极地寻找各种切实可行的方案。一般而言,找到的备选方案越多,决策的风险越小,决策的质量和正确率就会越高。但是方案一般都不是显而易见的,需要决策者付出大量的努力和劳动才可能获得,而且为了提出更多更好的方案,仅凭决策者个人或少数人的经验与智慧远远不够,要充分调动他人的积极性和创造力,善于征询他人的意见。国外常通过头脑风暴法、德尔菲法、哥顿法等方法集思广益,收集富有创造性的方案。当然还应该牢记的是拟定的方案必须紧紧围绕所要解决的问题和决策的目标。

绿色可持续发展企业管理学

4. 分析比较备选方案

这一步需要对前面拟定的所有方案逐一地进行评价,通常采用定量分析与定性分析相结合的评价方法。为了充分体现决策的科学性,降低经验主义的作用,应提倡运用多种定量化的分析手段,实事求是,尊重数据。当然,定性分析方法在很多情况下也是必要的。

为了做好该步工作,第一,要明确决策准则(decision criteria),体现决策者最关心的是哪些指标,如成本、收益、风险、可行性等;第二,运用一致的分析方法来分析每一个方案,所选择的分析方法要与决策者关心的指标体系相关;第三,比较每个方案的优劣程度,如每个方案满足指标的情况、达成目标的程度、存在的风险、得到的回报大小以及为得到此回报需付出的代价大小等。

5. 选择一个满意方案

在对所有方案的优劣信息都清楚以后,决策者最终要从其中选择一个相对满意方案作为实施方案。这时,往往经验和决策者对待风险的态度会起较大的作用。因为从理论上说通过计算选择一个满意化程度最高的方案是非常简单的,但实践中往往这若干个方案的差别可能不是特别明显,或者说每个方案均有各自的优劣势,这个方案在某一方面较有竞争力,但在另一方面又显得欠缺,而另一方案可能正好相反。因此,到底如何取舍,有时取决于决策者的价值观、风险意识、审时度势的能力等。

当对备选方案分析结果不尽满意时,应及时反馈信息到上一步,重新寻找、拟定可行的备选方案。

6. 实施方案

一旦做出了最终决策,就要付诸实施。实施决策,应当首先制定实施方案,包括在组织内部向全体成员宣布决策、解释决策、分配决策任务等,以取得大家的理解与支持,这是决策得以顺利实施的关键。因为尽管决策由决策者作出,但决策的实施是由广大组织成员共同完成的。

7. 实施情况的监督与信息反馈

决策结果的正确与否是通过实践检验出来的,同时,在实践过程中,随着环境的变化有时需要对决策进行调整。因此建立完善的监督与信息反馈渠道对决策的顺利执行非常必要。通过有效的监督机制,可以保证决策执行的高效率和质量;通过信息反馈,可以及时纠正决策执行中的偏差,同时对已有的决策进行不断地修正和完善。

齐使者如梁,孙膑以刑徒阴见,说齐使。齐使以为奇,窃载与之齐,齐将田忌善而客待之。忌数与齐诸公子驰逐重射,孙子见其马足不甚相远,马有上、中、下辈。于是孙子谓田忌曰:"君第重射,臣能令君胜。"田忌信然之,与王及诸公子逐射千金。及临质,孙子曰:"今以君之下驷与彼上驷,取君上驷与彼中驷,取君中驷与彼下驷。"既驰三辈毕,而田忌一不胜而再胜,卒得王千金。于是忌进孙子于威王。威王问兵法,遂以为师。

——《史记·孙子吴起列传》

"田忌赛马"典故的决策过程对你启发最深的是什么?

(二)决策影响因素

1. 环境的影响

在开放的决策系统中,任何外部环境与内部环境都会对决策者的决策产生影响。环境对决策的影响表现为两个方面:一方面环境本身的不确定性会影响决策者对组织活动的选择,决策者进行决策时必须要首先考虑环境因素并在环境允许的前提下抉择,脱离环境的决策注定实施的结果不可能成功;另一方面决策者对环境的习惯性反应模式也会影响并制约决策。

2. 决策起点的影响

只有当过去的决策在实施过程中出现问题或当环境发生变化后,才需要重新决策。决策者的大部分决策是在过往的决策基础上进行调整、修订、改进或否定,也就是绝大多数决策都是非零起点的追踪决策,零起点决策通常并不常有。那么,现在的决策对过去决策的否定程度常常会受到过去决策的决策者、过去决策已经付诸实施的程度、过去决策投入资源的成本等综合因素影响。若过去决策与现在决策的决策者是同一人或同一批人,那么通常现在的决策对过去决策的否定性程度不会很大;过去决策实施的程度及实施过程中投入的资源、成本越多,对过去决策的否定程度通常也不会太大,因为必须考虑到已投入成本,这部分沉没成本越大,变革的程度越低。但有的时候正是被沉没成本牵制而使得决策者不能痛下决心变革,结果可能会导致更大的错误和更大的成本耗费。

3. 决策者风险偏好的影响

不管是对组织活动方向的选择还是对组织活动方式的选择,都是在对未来的一种预判基础上的选择与抉择,而未来的不确定性使得决策风险不可避免,这种风险可能是决策者本人的经验、智慧、能力欠缺导致,也可能是未来的实施环境与现在的决策环境发生变化而导致的。每个人或组织对待风险的态度不尽相同,风险偏好较强的决策者不惧风险,愿意承担风险,进行不确定方案选择时通常会更倾向于获利高的方案;相反,风险偏好低或偏向保守的决策者通常会选择亏损低的方案。

4. 组织文化的影响

这里的组织文化指员工对组织变革的反应和行为方式。不同组织的企业文化不同,员工接受政策调整的反应不同,如有的企业员工认同,有的企业员工完全不能接受;有的企业员工接受行业景气时高薪水福利,也愿意接受在行业不景气时减薪减福利,但有的企业员工会反应强烈。

5. 决策时间的影响

美国学者威廉·金按照决策需要的时间把决策分为时间敏感型决策和质量敏感型决策。时间敏感型决策是指周围环境发生突变状态下需要快速做出应对措施的决策,如火灾现场指挥救火抢险决策,通常需要在较短时间内做出尽可能正确的处置方案,这种决策对时间的要求很高,但对决策质量的要求不会太苛刻,决策者常常会依照经验和专业能力快速拿出方案,并马上组织实施。而质量敏感型决策相反,对时间的要求不是太高,但对决策方案的质量要求很高。组织中涉及战略调整、人力资源规划、新产品研发方向等重大问题的决策方案不可能一蹴而就，常常需要展开问题研讨、调查访谈、信息收集等若干步骤，提出的方案通常也需要在组织内征求下属部门、员工的意见，反复修订、反馈、讨论、再反馈，直至最终确定，可能需要耗费半年、一年甚至更长时间，但最终形成的结果必须是高质量并能够达成预期目标且得到绝大多数员工认可的。

四、决策模式

(一)完全理性决策(rational decision-making)

"理性"是经济学上的概念，理性决策是指决策者根据自身利益最大化原则，在特定的限制条件下通过缜密的逻辑推理和对全部方案的科学计算而做出的最有利的选择。实现理性决策模式必须具备3个基本的"理性"条件。

第一，决策者理性，即决策者充分了解决策目标，全面掌握信息情报，找到所有的备选方案，始终保证决策的目的是自身利益最大化且不会受其他任何人为因素的影响。

第二，决策程序理性，即决策者具备完全的经验和缜密的逻辑思维能力，整个决策过程完全符合理性决策的全部步骤，这些步骤包括清晰界定问题、明确决策准则、赋予决策权重、提出所有可行方案、正确评估每种方案的损益、确定最能达到其目标的最佳方案。

第三，决策信息理性，即决策者完全掌握相关的信息条件，制定出所有的可行方案及其带来的结果。只有决策信息理性，才能保证决策者理性和决策程序理性，才能保证决策者选择的方案是最佳方案。

理性决策最显著的特点是选择的方案一定要"最佳"，而非"满意"。尽管理性决策旨在排除决策过程中的感情用事和对过去决策的盲从，但该模型在实践中因为过于理想化决策过程，忽略了情感因素的不可避免而受到批评。实际上完全理性的假设在现实经济生活中几乎不存在，因为人都是在不完全信息基础上做出的决策，而且决策者自身的能力也有限，因此当我们面对复杂问题时，保持完全理性是不可能的。所以完全理性决策理论只是一种纯理论探讨，对实际工作指导意义不大。

(二)有限理性决策(bounded rationality decision-making)

最先对理性决策理论进行质疑的是赫伯特·西蒙(Herbert Simon)，他在《管理行为》一书中指出，理性的和经济的标准都无法确切说明管理的决策过程，进而提出"有限理性"假设和"满意"(satisficing)选择原则。因为影响决策者选择的不仅仅是经济因素，以及其他非经济因素，如个人的态度、情感、经验等，以及信息的不充分、资源的限制等复杂因素。有限理性决策的主要论点如下。

第一，决策是在有限理性下达成的。因为在高度不确定和极其复杂的现实环境中，人的知识、时间、经验和能力是有限的，决策时可能会受到社会规范、文化背景、他人行为的影响，这些社会因素会引导决策者偏离纯粹理性的判断与决策，使得实际决策结果与理论结果有差异。

第二,管理者所拥有的信息是不完整且不完美的,能获得的资源也是有限的。基于资源约束条件得到的结果通常都是满意解而非最优解。理论上讲,理性决策是"当 A 存在,那么 B 存在",有限理性决策是"当 A 存在,在 C 的约束下,那么 B 存在,反之,D 存在。而 D 通常小于 B 且 C 的约束在现有环境条件下很常见。"

第三,决策是追求满意解,而非最佳解。有限理性决策理论认为,在绝大多数情况下,当问题被确定以后,决策者会寻找决策准则和替代方案,但所能找到的准则和方案是有限的,而决策者也会只注重那些容易找到和界定的替代方案,且对这些方案的评估也只注重找到一个"够好"的方案,而不是去找一个"最好"的方案。

有限理性决策的观点并不意味着要放弃完全理性,事实上,它只是告诉我们,完全理性是可遇不可求的,决策越接近完全理性,效果会越好。对管理者而言,有限理性给我们的最大启示是:完全理性只是告诉我们决策"应该"怎么去做,有限理性则说明了"实际上"如何去做。

(三)直觉决策(intuitive decision-making)

其实,我们每个人每天都在利用直觉进行日常问题的决策,如大多数人在挑选一件衣服时就常依赖于自己的直觉。在无法用理性决策和有限理性决策模型进行判断时,会依赖于直觉决策。通常当环境突然发生剧烈的震荡,且无经验可以借鉴,选择任何一种方案其成功或失败的概率均不可测时,决策者常常会凭借经验、知识、智慧与胆识,"摸着石头过河"。

直觉不是理性的反义词,更不应是随意的猜测或主观臆测,它应该建立在广泛的实践经验基础之上,是对理性分析的补充,二者相辅相成。常见的几种情况如下。

(1)决策者倾向于基于印象鲜明的信息来作为判断的基础。一般而言,凡是引起强烈情绪波动、深刻印象或新近发生的事件等都会导致我们高估该事件发生的概率。比如,许多人不敢乘飞机,宁愿乘车,就是因为人们高估了飞机失事的概率。因为每次飞机失事留给人们的印象太深刻了。事实上从失事的历史数据来看,火车、汽车的频率远远高于飞机。

(2)决策者倾向于依据相似的信息作为决策的基础。决策者在评估某一事件的发生概率时,常会依据该事件发生的状况与类似事件的相似性程度而定。如某些用人单位对某院校的大学生特别有好感或反感,都是来自先前对该校毕业生的聘用经验。所谓"以貌取人""脸谱化"等都是这种情况的代表。

(3)决策者倾向于以过去的资料作为现在调整决策的基础。决策者在进行评估时,常由某一起始值开始,然后再调整到一定的程度。这个起始值可能是历史事件、问题呈现的方式,也可能是一条随机的信息。比如,公司在雇用新人时的薪水常会受该新人过去薪资的影响,在此基础上再做一定的调整,确定出新人的薪水。事实上,人们都有这种决策倾向,消费者在购买特价商品时,关注的不仅是商品降价之后的价格,还关注原来的价格,根据二者之差来判断该商品是否值得购买。

但由于决策者的知识、能力、经验及性格的影响,直觉决策常会犯一些错误,从而增大决策的风险。比如,股市中的追涨现象,明知随着股票价格的上涨投资的风险会加大,但仍有人追涨。又比如当你倾向于购买某一品牌的商品时,你会对该品牌商品的正面信息更为关注;当你不倾向于购买某品牌的商品时,你会对该商品的负面信息更加关注。

一个优秀的管理者应努力学会正确运用自己的直觉,既不盲目自大,也没必要妄自菲薄,畏缩不前。在普通管理者尚未发觉之前就能感知到问题的存在,在最终决策时能够运用直觉对理性分析的结果进行检查,从而做出正确的抉择。

五、决策方法

(一)群体决策方法

1. 头脑风暴法

头脑风暴法是一种最为常见的群体决策方法,旨在通过无限制的自由联想和讨论,打破个人和群体的思维局限,激发新观念和创新设想。头脑风暴法由美国创造学家亚历克斯·奥斯本在1939年首次提出。

头脑风暴法也被称为专家畅谈会,一般主办方会邀请相关领域的专家、学者、经验丰富的从业者等共聚一堂,在一种轻松自在、不受约束的氛围中讨论问题。头脑风暴法实施的要求有:第一,在举行头脑风暴前,主办方需要对问题进行详细的分析和相关资料的收集,以便参与者对问题有深入的理解;第二,与会者畅所欲言,各抒己见;第三,与会者只发表个人的见解,不得对他人的建议质疑、反对或批评;第四,与会者人人发表意见,不得附和他人的建议或重复他人的建议,但可以在他人建议的基础上补充自己的新的观点。

该方法通过集思广益,可以获得尽可能多的信息以及尽可能多的解决问题的备选方案。但头脑风暴的结果质量好坏依赖于参与者的能力和参与度,以及会议的组织和引导水平。在实践中,有时因组织不当或与会专家的权威性、关系复杂性或参与者缺乏开放性思维而难以达到预期效果。

2. 德尔菲法

德尔菲法由美国兰德公司的赫尔默和戈登在20世纪40年代首创。这种方法以主办方为中心,专家相互之间不见面,背靠背地发表各自的建议。可以避免头脑风暴法可能出现的屈从权威或场面失控等问题。

德尔菲法的具体操作步骤是:召集者明确研究问题和目的,然后组建一个具有相关经验或知识的专家团队,这些专家将参与整个德尔菲过程;制定详细的问卷,合理设计问题以方便收集专家意见,并通过邮件或其他通信方式发送给专家们,启动第一轮调查;统计分析第一轮专家的反馈意见,汇总形成新的方案报告,再反馈回各专家;经过多轮的意见征询和反馈,每一轮都根据前一轮的结果进行调整和精炼,直至达到较高的共识。

德尔菲法特别适用于复杂问题的决策支持,它能够系统地整合专家意见,提高决策的质量。但该方法有时在收集信息的及时性方面不尽如人意,专家信息的反馈速度会因为专家对此事项的关注度、时间方便性等因素而受到影响。

(二)确定型决策

确定型决策方法常用线性规划法、盈亏平衡法、投资回收期法等定量计算方法获得一个

确定的结果值。本章只介绍盈亏平衡法(又称为量-本-利分析法、保本分析法)

盈亏平衡点是指企业的总收入恰好等于总成本时的产量水平,在该产量水平上,既不盈利也不亏损,即盈亏平衡。基本的计算过程如下。

$$销售收入:R = PQ$$

式中:R 表示收入;P 表示单价;Q 表示产量。

$$总成本:C = F + VQ$$

式中:C 表示总成本;F 表示固定成本;V 表示单件产品变动成本。

当盈亏平衡时,销售收入=总成本,即

$$PQ = F + VQ$$

于是,盈亏平衡时的产量为

$$Q = F/(P - V)$$

通过确定盈亏平衡产量水平,有助于企业制定更有效的生产策略、定价策略和市场营销策略。同时,企业还可以通过监控实际销量与盈亏平衡产量的差距来评估经营风险,以便加强风险控制。

(三)风险型决策

在实际工作中,当比较和选择活动方案时,如果未来情况不确定,但知道每种情况发生的概率,则需要用风险型决策方法。由于风险型决策问题大多复杂且凌乱,因此为了避免出错,惯常用一种简明的图示形式来辅助决策,即决策树法。决策树法简便明了,容易掌握,尤其是在方案众多或需要作多级决策的情况下,决策树方法更显出其优点。

决策者根据决策树所构造出来的决策过程的有序图示,不但能纵观决策过程的全局,而且能系统地对决策过程进行合理的分析,从而得到较好的决策结果。决策树由节点和分枝组成,表现为一个树状图示。节点有两种,一种叫决策点,用□表示,从决策点引出的分枝称为方案分枝;另一种叫状态点,用○表示,从状态点引出的分枝叫概率分枝。每一个概率分枝表示一种自然发生的状态,在概率分枝的末端标明相应方案在该状态下的损益值,在概率分枝上注明不同状态可能发生的概率大小,在状态点上注明该方案计算所得的期望值。

例如:某公司拟投资建厂扩大生产规模,现有 3 个互斥的可选方案。

方案一:新建大厂。需一次性投资 1000 万元,据预算,若经济景气,每年可获利 200 万元;若经济不景气,每年会亏损 50 万元。

方案二:新建小厂。需一次性投资 500 万元,若经济景气,每年可获利 120 万元;若经济不景气,每年会亏损 20 万元。

方案三:改建老厂。需一次性投资 200 万元,若经济景气,每年可获利 50 万元;若经济不景气,每年仍可获利 20 万元。

假设经济景气的可能性为 70%,经济不景气的可能性为 30%,资产的使用期为 10 年,在不考虑税收、资金时间价值的情况下,请选择一个可行方案。

首先画出决策树,如图 3-3 所示。

根据决策树图上的数据可以计算出各种方案的期望收益。

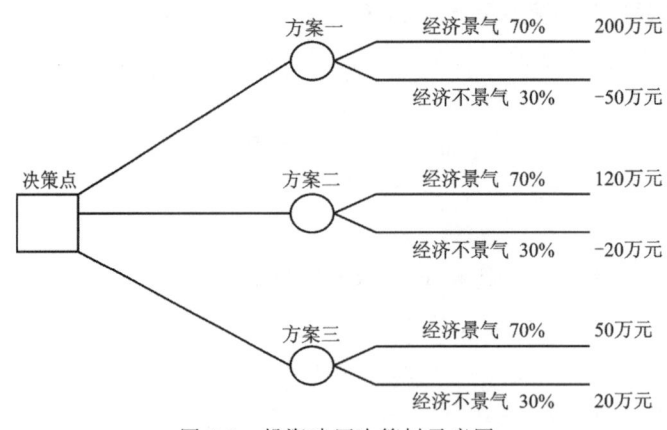

图 3-3　投资建厂决策树示意图

方案一的期望收益：$(200×70\%-50×30\%)×10-1000=250$（万元）
方案二的期望收益：$(120×70\%-20×30\%)×10-500=280$（万元）
方案三的期望收益：$(50×70\%+20×30\%)×10-200=210$（万元）

计算结果表明,方案二的期望收益最大,因此,在不考虑税收、资金时间价值等因素的情况下,会选择方案二作为实施方案。

（四）不确定型决策

当决策者无法预知方案的实施结果会有几种状态,或者虽然知道有几种状态,但无法判断其发生的概率时,可采用不确定型决策方法。如上例中,假设不知道经济景气和经济不景气的概率,那么就无法计算出各方案的期望值,只能用不确定型决策方法来选择满意方案。进行不确定型决策时,决策者的主观因素起很大作用。常见的不确定型决策方法有乐观分析法、悲观分析法、折中分析法、最大后悔值最小分析法。

1. 乐观分析法

采用这种方法的决策者一般富有冒险精神,对未来持乐观态度,看到的是光明的一面,因此,在进行方案选择时,常常会更加关注每个方案盈利状态时的经济效果值,通过对几个方案盈利时经济效果值的比较,选择盈利最大的方案作为最终的决策结果。如上例中,3 个方案在经济形势好的时候的盈利分别是 200 万元、120 万元、50 万元,那么乐观的决策结果将选择方案一作为最终的实施方案。

2. 悲观分析法

采用这种方法的决策者一般比较保守,对未来持谨慎态度,看到的是方案实施后可能带来的亏损结果,因此,在进行方案选择时,常常会更加关注每个方案亏损状态时的经济效果值,会选择几个方案中亏损最小的方案作为实施方案。如上例中,3 个方案在经济不景气时的经济效果情况分别是亏 50 万元、亏 20 万元、盈 20 万元,那么悲观决策的结果将选择方案三作为最终的实施方案。

3. 折中分析法

采用这种方法的决策者遵循中庸之道,既不过于乐观,也不过于悲观,其基本假设是最乐观的状态和最悲观的状态均可能产生,并给最乐观的状态一个乐观系数,给最悲观的状态一个悲观系数,乐观系数与悲观系数之和为1,然后用最好状态下的期望值乘以乐观系数加上最差状态下的期望值与悲观系数的乘积。

4. 最大后悔值最小分析法

管理者在选择了某方案后,如果将来方案的自然状态表明其他方案的收益更大,那么他会为自己当初的选择而后悔不已。最大后悔值最小分析法就是试图使这种后悔值降到最小。首先计算各方案在各自然状态下的后悔值＝该自然状态下的最大收益－该方案在该自然状态下的收益,找到各方案的最大后悔值,然后比较几个方案的最大后悔值,选择最大后悔值最小的方案作为满意方案。如上例中,经济景气时,3个方案的收益值分别是200万元、120万元、50万元,用最大收益200万元去减每个方案在该状态下的收益值,得到的后悔值分别为0、80万元、150万元,再计算经济不景气时3个方案的后悔值分别为70万元、40万元、0,由此得到方案一的最大后悔值为70万元、方案二的最大后悔值为80万元、方案三的最大后悔值为150万元,根据最大后悔值最小的原则,最终选择方案一作为实施方案。

第二节 计 划

古人云"无过在于度数,无困在于预备""凡事预则立,不预则废""兵马未动,粮草先行",这里的预,指预测、预备、预算,也就是计划。亨利·法约尔说:"不会做计划,表示管理者是个无能的人"。德鲁克认为:"并不是有了工作才有目标,而是相反,有了目标才能确定每个人的工作"。哈罗德·孔茨说:"计划工作是一座桥梁,它把我们所处的这岸与我们要去的对岸连接起来,以克服这一天堑。"有效的计划能有效地配置资源;有效的计划有助于及时预见危险,发现机会,早做准备,防患于未然;有效的计划能提高效率,调动积极性;有效的计划是控制工作的基础。

一、计划的概念与类型

(一)计划的概念

广义的计划是对组织未来一段时期内活动的内容、方向以及方式方法的预测与安排处理。而狭义的计划是指管理者为了达成既定的目标而制订行动方针的过程。所以狭义的计划实际上就是计划的制订过程,而广义的计划除了计划的制订以外,还包括计划的执行与控制过程。

当计划以书面的形式出现时,就是我们所说的计划书。一份完整的计划书包括以下5W1H:

目标——明确做什么(What);

目的——回答为什么(Why);

人员——由谁去做更合适(Who);

地点——确定在哪里做(Where);

时间——何时开始做(When);

方式与手段——如何去做(How)。

除此之外,在计划书中还应说明计划有效的前提条件,以便在实施过程中明确在什么情况下需要修改计划;当实际情况与计划条件不符时应采取的措施,以增强计划的适应性。此外,为了便于在情况发生较大变化时能够判断是应该放弃计划还是应该竭尽全力去创造条件完成计划,计划书中还应该说明进行这项工作或实现相应目标的意义或重要性。

计划(plans)的表现形式很多,目标、战略、政策、规章制度、预算、程序、规划等都属于计划的范畴。比如程序是指相互关联的一系列做法的顺序步骤,管理者遵循这些步骤对结构良好的问题进行解决。决策过程中唯一的困难是确认问题,一旦问题确认,其处理过程和方法就是清晰有序的。例如,学校要安排下个学期教师的课程,学校教务处和各个学院教务处都知道有确定的程序来处理这类问题,其过程就是按照一套简单的、程序化的步骤执行而已。规则是一种明确的陈述,它告诉管理者能做什么和不能做什么。规则通常被管理者用于处理结构良好的问题,因为他只需要遵循和确保一致性即可。例如学校对教职员工迟到、缺勤,或者教师出现教学事故的处理规则,出现这样的问题时管理人员只要按照规则执行即可。政策提供了引导管理者沿着特定方向思考的指南。与规则不同,政策试图为管理者确立一些行动方向和参数,而不是具体告诉管理者应该做什么或者不应该做什么。政策通常包含一些模糊的术语,它给管理者的决策留下了解释的余地。规划是一个综合性的计划,包括目标、政策、程序、规则、任务分配、要采取的步骤、要使用的资源以及为完成既定行动步骤所需的其他因素。在通常情况下,规划都要有预算支持。预算是一份用数字表示预期结果的报表,可以称之为一份"数字化"的计划。实际上,财务收支预算常常被称为"盈利计划",它可以用财务术语表示,或者用工时、产品单位或任何其他以数字为计量的术语来表示。预算可能涉及业务活动,如费用预算;也可能反映资本支出,如资本支出预算;或者表示现金流量,如现金预算。

(二)计划的作用

1. 计划是管理者指挥的基石

管理者在计划制订出来之后就可以依据计划进行指挥了。这种指挥包括依据计划向组织中的部门或人员分配任务,进行授权和定责,组织人们开展有计划的行动等。在这一过程中,管理者都是依照计划进行指挥与协调的。

2. 计划是管理者实施控制的标准

管理者在计划的实施过程中必须按照计划规定的时间和要求指标,去对照检查实际活动结果与计划规定目标是否一致,如果存在偏差,管理者就必须采取控制措施去消除差距,从而保证按时、按质、按量地完成计划。没有计划,控制便无从谈起。

3. 计划是降低未来不确定性的手段

未来的情况是不断变化的。尤其是在当今信息时代,世界正处在急剧的变化之中,社会

第三章 计 划

在变革,技术在进步,观念在更新,一切都处在变化之中。而计划就是面向未来的,因此在计划编制过程中,人们就必须对各种变化进行合理预期,以及预测各种变化对组织带来的影响。计划编制者在编制计划时,通常要依据历史和现状信息对未来的变化做出预测与推断,并根据这些预测与推断制订出符合未来发展变化的计划。计划编制中的这些工作能够大大地降低未来不确定性所带来的风险。

4. 计划是提升效率与效益的工具

在计划编制过程中,有一项很重要的工作是进行综合平衡。这项工作的目的是使未来组织活动中的各个部门或个人的工作负荷与资源占有都能够实现均衡或基本均衡。这种综合平衡工作可以消除未来活动中的重复、等待、冲突等各种无效活动,从而消除这些无效活动所带来的浪费。同时,这种综合平衡工作会带来资源的有效配置、活动的合理安排,从而提高组织的工作效率。

5. 计划是激励人员士气的依据

计划通常包含有目标、任务、时间安排、行动方案等。由于计划中的目标具有激励人员士气的作用,所以包含目标在内的计划同样具有激励人员士气的作用,不论是长期计划、中期计划还是短期计划,也不论是年度计划、季度计划还是月度计划,甚至每日、每时的计划都有这种激励作用。例如,有的研究发现,当人们在接近完成任务时会出现一种"终末激发"效应,即在人们已经出现疲劳的情况下,当人们看到计划将要完成时会受到一种激励,使人们的工作效率又重新上升,并一直会坚持到完成计划,达成目标。

(三)计划的分类

依据不同的侧重点,可以将计划进行不同的分类,常见的计划分类方法有以下几种。

1. 按计划完成的时间划分

按计划完成的时间,可将计划分为长期计划、中期计划和短期计划。一般地,把5年以上的计划称为长期计划(long-term plans),1年以内的计划称为短期计划(short-term plans),介于1年与5年之间的计划称为中期计划。长期计划体现了组织在较长时期的发展方向和方针,规定了组织各个部门在较长时期内从事某种活动应达到的目标与要求,绘制了组织长期发展的蓝图。例如,一个企业的长期计划要指出该企业的长远经营目标、经营方针和经营策略等。中期计划来自长期计划,但比长期计划更具体和详细,它主要起协调长期计划和短期计划之间关系的作用。长期计划以问题和目标为中心,中期计划以时间为中心。短期计划比中期计划更为具体与详尽,具体规定了组织的各个部门在目前到未来的各个较短阶段应该从事何种活动,从事该活动应达到何种要求,为组织成员提供了短期内行动的依据与准则,如企业的年度销售计划就是短期计划。

在一个组织中,长期计划与短期计划之间的关系应是"长计划,短安排",即为了实现长期计划中提出的各项目标,必须制订相应的一系列中、短期计划并加以落实,而中、短期计划的制订又必须围绕长期计划中的各项目标展开。

2. 按计划的广度划分

按计划的广度，计划分为战略性计划与战术性计划。战略性计划(strategic plans)是由高层管理者制订的具有全局性、长远性的指导性计划，它描述了组织在未来一段时期内总的战略构想与总的发展目标以及实施的途径，决定了在相当长的时间内组织资源的运动方向，战略性计划涉及组织的方方面面，并在较长时间内对组织有指导作用。而战术性计划(operational plans)是在战略计划规定的方向、方针和政策范围内，为确保战略目标的落实和实现，确保资源的取得与有效运用而形成的具体计划，它主要描述如何实现组织的整体目标，是战略性计划的具体化。战略性计划具有全局性、指导性和长远性特点，战术性计划具有局部性、指令性和一次性特点；战略性计划侧重于确定组织的宗旨、目标，战术性计划侧重于明确落实战略的各种措施和方法；战略性计划的目的是提高效益，战术性计划的目的是提高效率；战略性计划涉及整个组织，战术性计划则局限于特定的部门或活动。

3. 按计划的对象划分

按计划的对象，计划分为综合计划、部门计划和项目计划。综合计划是指具有多个目标和多方面内容的计划，它可能关联到整个组织或组织中的大多数部门，一般年度预算计划是综合计划。部门计划是在综合计划基础上制订的，其内容较为专一，局限于某一特定的部门或某一特定的职能，一般是综合计划的子计划，是为了达到组织的目标而制订的分计划。如企业营销部门制订的年度销售计划，就是根据总生产计划制订的分计划。项目计划是针对组织的特定活动所做出的计划，例如某新产品的开发计划等。

4. 按计划的明确程度划分

按计划的明确程度，计划分为指令性计划与指导性计划。指令性计划(specific plans)是由上级下达的具有行政约束力的计划，它规定了计划执行单位必须执行的各项任务，其规定的各项指标没有讨价还价的余地。指导性计划(directional plans)是由上级给出的一般性指导原则，具体如何执行具有较大的灵活性。现实生活中，指导性计划由于没有明确的要求，因而具有较好的灵活性，而且，由于指导性计划规定了一般性的指导原则，从而使其在多变的环境中具有较好的可控性。指导性计划的灵活性和可控性优点恰恰是指令性计划的局限性所在。

5. 按计划的重复性划分

按计划的重复性，计划分为程序性计划与非程序性计划。西蒙认为，组织的活动可分为两类：一类是例行的重复出现的活动，对这类活动的决策称为程序化决策，与之相对应的计划就是程序性计划或常规计划，包括政策、标准方法和常规作业程序，所有这些都是用来解决常发性问题的；另一类是非例行的不重复出现的活动，对这类活动的决策称为非程序化决策，与之相对应的计划就是非程序性计划或专项计划，包括为特定的情况专门设计的方案、进度表等，它用来处理一次性的而非重复性的问题。

二、目标

正如百米运动员的目标是距离起跑点 100m 处一样，任何一个组织要有效地运用其有限的资源,首先必须明确其目标。没有明确的目标,整个组织的活动就是杂乱无章的,更无从评价管理的效率与效果。因此,目标对各个组织而言都起着非常重要的作用。

(一)目标的概念

所谓目标(goals),是指一个组织在未来一段时期内期望达到的目的,它反映了组织在特定的时期内,在综合考虑内外部环境条件的基础上,希望某一时期内在履行其使命上能够达到的程度或取得的成效。组织的目标与组织的宗旨不同,宗旨表达的是组织的一种追求,不仅比较抽象,而且也许最终也无法完全实现。如医院的宗旨是救死扶伤,学校的宗旨是教书育人。它是组织的一种使命,说明了该组织存在的根本目的或价值。但仅有宗旨显然不够,需要通过目标的具体化才能转化为组织成员具体的行动指南。所以目标是一种行动承诺,比宗旨具体,且可操作、可实现、可检验。

(二)目标的特点

(1)目标的差异性。目标的差异性主要体现在不同性质的组织目标有所不同,比如,服务性组织与有形产品生产组织、企业与事业组织,由于它们的组织宗旨不同,因此其组织目标也不同。企业更加注重营利,事业单位则不以营利为主要目标。即使是相同性质的组织,由于自身资源与外部环境不尽相同,其组织目标也可能会有所不同,如同一行业中的不同企业追求的目标就不完全相同。

(2)目标的多元性。不同的组织会有不同的目标,在同一个组织内部,不同的部门也会有不同性质的多个目标。彼得·德鲁克提出,凡是成功的企业都会在市场、生产力、发明创造、物质和金融资源、人力资源、利润、管理人员的行为、工人的表现和社会责任方面有自己一定的目标(表3-3)。

表3-3 德鲁克提出的经营成功的企业所包括的各种目标

目标性质	目标内容
市场方面	应表明本公司希望达到的市场占有率或在竞争中应占据的地位
技术改进与发展方面	对改进和发展新产品、提供新型服务内容的认识与具体措施
提高生产力方面	有效地提高原材料的利用率,最大限度地提高产品的数量和质量
物质和金融资源方面	获得物资和金融资源的渠道及有效的利用
利润方面	用一个或几个经济指标表明希望达到的利润率
人力资源方面	人力资源的获得、培训和发展,管理人员的培养及个人才能的发挥
职工积极性发挥方面	发挥职工在工作中的积极作用,采取激励和报酬等措施
社会责任方面	注意本公司对社会产生的影响,说明对社会应尽的责任

(3)目标的层次性。从组织的总战略目标到每一个部门、每一个员工的工作目标,组织目标往往要经过逐层的分解与细化。一般地,组织有多少个管理层次,目标就会经过多少层的分解与细化。从最高层的战略目标,经过部门目标,最后形成岗位目标,从而使得抽象的目标

具体化,并成为指导每一个组织成员工作的标准。

(4)目标的先进性。所谓目标的先进性,主要体现在制定的目标要有一定的高度,即起点要高,要求要高,要有一定的难度,如果目标定得太低,员工不需要付出太大的努力就可达到,则不能体现目标的先进性,但目标的先进性要视工作的性质和内容而定,并要充分考虑到员工能否完成;如果目标定得太高,员工们即使付出了最大的努力也无法达到,那么员工唯一能做的就是放弃努力或干脆不干,反而会适得其反。所以先进的目标应该如同挂在树上的苹果,能得到,但必须付出努力,要跳一跳,甚至要借助于其他工具方可得到,不应该是画中的大饼,永远可望而不可及。另外,目标的先进性还体现在目标的量化,特别是越往基层,目标应该越能定量化,这样才便于考核。这里的定量化包括"什么事""什么时间""完成多少"等。

(5)目标的时间性。目标的时间性包含两层含义:一是指要在规定的时间内完成组织目标,所以目标应有完成的时间限制;二是指组织目标应随着时间的变化做出相应的调整,特别是当环境发生较大的变化后,原先制定的目标也应有所变化,体现出目标的弹性,而非目标一旦确定,就永远一成不变。

(三)目标的设定

1. 目标设定应遵循的原则

(1)设定的目标要遵循市场需求的客观经济规律。每个组织要想较好地生存与发展,并取得社会的认同,就必须体现出自身的社会价值,并能满足一定的社会需求。因此,进行目标的设定时,要把分析社会需求、满足社会需求作为制定目标的前提。

(2)设定的目标要充分体现组织的社会责任。因为在整个社会大系统中,每个组织都是社会的一份子,是社会的基本组织单位。因此,每个组织在考虑自身目标的同时,都应考虑到自身的社会角色,自觉地承担起社会的责任与义务。

(3)设定的目标要有利于组织资源的最优化配置。组织所拥有的资源是稀缺的、有限的,因此,组织在设定目标时要注意将有限的资源做最有效的配置,充分体现效益最佳原则。

(4)设定的目标要有利于调动组织成员的积极性和创造性。目标是在未来一段时间内在某一方面要达到的目的,因此,目标值的确定必须切实可行性。在制定目标时要全面分析组织现有的各种资源条件和通过努力能够获得的其他资源条件,并充分考虑各方面可能的创新。既不能脱离实际,凭主观愿望把目标定得太高,失去指引和激励作用,使组织成员失去信心;也不能把目标定得过低,让员工不求上进,满足于现状,这样最终会使组织在竞争中被淘汰。

2. 目标的设定步骤

(1)进行内外部环境与条件分析。全面收集、调查、整理外部环境与内部条件的资料,从而对组织内外环境的现状、发展趋势,对组织的影响程度做出客观的分析和判断,以此作为确定目标的依据。

一般地,组织面临的外部环境包括国家政治体制、经济政策和法规、经济发展水平、人均消费能力等,通过对过去若干年来的发展情况和未来可能的变化趋势分析,明确组织未来发展过程中可以利用的外部资源条件及可能面临的机会与威胁,明确组织可以做什么。

而组织的内部条件分析包括组织自身所拥有的物质资源、资金状况、技术条件、人员素质和管理水平等,通过对这些条件的综合分析,明确组织自身的实力,即组织自身的优劣势,明确组织能够做什么。

(2)明确组织自身的愿景与价值观。即明确管理者的价值观、人生观,组织成员的追求以及组织群体的价值观。也就是要了解组织成员愿意做什么、愿意做到什么程度。这是进行目标设定的人的意识形态体现。

(3)提出总体目标方案。通过外部环境给予我们的"可以做什么"、内部条件提供的"能够做什么",以及组织成员潜意识的"愿意做什么"来进行组织目标的逼近,将三者的选择集合起来,取其三者兼而有之的中间范围作为拟定的目标方案。

(4)评估各可行方案并确定一个满意方案。按照科学决策的过程进行多方案选择,并确定一个最满意方案作为最终目标的抉择。

(5)分解总目标,使其具体化。组织的总体目标确定以后,还应将其分解、细化,层层落实,形成一个完整的目标体系。总体目标的具体化体现在两个方面:一是要根据总目标制定出相应的战略目标与战术目标,即首先要明确为了实现总体目标必须要做些什么,然后再进一步确定该怎么去做;二是要将总体目标分解为部门目标与岗位目标,确定组织中各部门、部门中各成员应当做什么以及相应的权力和承担的责任,做到目标落实到人。

三、目标管理

目标管理(management by objectives,MBO),是1954年由美国著名的管理学家彼得·德鲁克在《管理的实践》一书中提出的。彼得·德鲁克认为,古典管理学派偏重以工作为中心,忽视人性的一面;行为科学又偏重以人为中心,忽视了人同工作相结合;而目标管理则是综合了对工作的兴趣和人的价值,从工作中满足人的社会需求,企业的目标也同时实现了,这样就把工作和人的需要二者统一起来。

彼得·德鲁克认为,企业的目的和任务都必须转化为目标,而企业目标只有通过分解成更小的目标后才能够实现。并不是有了工作才有目标,而是有了目标之后,根据目标确定每个人的工作。但是现实中,经常是组织有一个清晰的战略目标,而对如何实现目标并不清楚,员工更不清楚他们的工作与组织的战略目标有何关系。员工有努力的良好愿望,但是由于没有明确的目标,不知道努力的方向,往往无所适从,抑或终日忙碌而不知所终。解决这种问题的方法在于将目标管理与自我控制结合起来,这也就是彼得·德鲁克所提出的主张。"目标管理和自我控制"最大的优点在于:以目标给人带来的自我控制力取代来自他人的支配式的管理控制方式,从而激发人的最大潜力,把事情办好。

很多学者对目标管理做了不同的定义,尽管目标管理定义的具体形式多种多样,但其基本内容是一致的。所谓目标管理,是一种程序或过程,它使组织中的上下级一起协商,根据组织的使命确定一定时期内组织的总目标,由此决定上下级的责任和分目标,并把这些目标作为组织经营、评估和奖励的标准。麦康尼在分析了近40位权威人士对目标管理的观点之后认为,就目标问题在3方面具有普遍一致的看法:①目标应当具体;②应该根据可衡量的标准来定义目标;③应当将个体目标与组织目标联系起来。

(一)目标管理的实施步骤

目标管理的具体操作分为3个步骤:目标的制定与展开、目标实施与过程管理、成果评价。

1. 目标的制定与展开

作为目标管理的起始阶段,目标的制定与展开阶段的核心任务是上下级协调一致,共同确定各级组织的目标。这一过程包括以下3个关键步骤。

(1)全面调研。组织目标的制定需综合考虑外部与内部影响因素。外部因素调研旨在掌握环境变化的趋势及其对组织可能产生的影响;内部因素调研则侧重于了解组织的历史业绩、发展速度、发展中存在的问题和优势、劣势。在综合分析的基础上,以组织使命为指引,确立组织的整体目标。此过程中,与基层组织和员工的沟通至关重要,以确保目标的制定既符合实际又体现组织的根本利益。

(2)逐层分解目标。目标展开是将组织的总目标逐级细化,直至落实到具体的部门、岗位和个人。上级组织的实施目标往往构成下级组织的目标,形成层级递进的结构。在目标展开过程中,上下级应充分协商,共同确定目标,而非单向的强制分配。这一步骤需要高度的组织协调性,因为个别部门目标的调整可能会影响到整个组织目标的布局。此外,编写目标管理卡(即目标责任书)是这一阶段的重要工作,它详细记载了目标责任人的权限、目标内容、完成期限、所需资源和奖惩办法等信息,是目标管理活动的重要依据。

(3)定责授权。根据目标的大小和难易程度,合理分配权限和资源,确保目标的有效执行。同时,预先设定奖惩标准,明确职责和奖罚条件,为目标的顺利实现提供制度保障。

目标管理卡的编写和保管对于整个目标管理过程至关重要,它不仅是责任书的载体,更是确保目标管理活动有序进行的关键。同时要注意:制定的分目标要尽可能量化,便于考核;分目标既要有挑战性,又要有实现可能;每个员工和部门的分目标要与其他员工或部门的分目标协调一致,支持组织目标的实现。

2. 目标实施与过程管理

目标确定之后,组织的各部门进入实施阶段,此时各部门需围绕各自目标,因地制宜、因时制宜地采取措施,确保目标的顺利实现。在这一阶段,应着重做好以下工作。

(1)提供咨询与指导。尽管上级不对实现目标的具体方法做硬性规定,但管理者仍需积极参与,为下属在人力、物力、财力、技术、信息等方面提供支持,并尽可能指导其提高工作效率。尤其对于经验不足的员工,应给予更多的支持与指导。这种咨询与指导应在尊重下属意愿的基础上进行,避免强制干涉。

(2)实时跟踪与检查。管理者需及时了解目标实施的进度、遇到的困难以及整体组织的运行状况。这既有助于为下属提供更有针对性的咨询指导,也有助于通过组织力量解决普遍性问题。

(3)协调与平衡。在部门之间和岗位之间,可能存在协作关系,但在目标实施过程中,可能出现各自为政、忽视其他部门或岗位目标的现象。管理者需要在人、财、物、工作进度等方面进行必要的协调,以确保各部门、岗位的发展平衡,从而有助于整体组织目标的实现。

3. 成果评价

作为目标管理的最后阶段,成果评价阶段旨在根据预设的目标值,对工作成果进行评价,并实施相应的奖惩措施。此阶段主要工作包括以下3点。

(1)进行公正评价。按照事先设定的目标值,对照实际工作成果进行客观评价。通常采用自我评价与上级评价相结合的方式,共同确认目标完成情况。评价工作的公正性至关重要,它直接关系到奖惩的公正性,进而影响员工的积极性和工作动力。

(2)实施奖惩措施。根据各部门、各成员的目标完成情况和预先规定的奖惩制度,进行相应的奖惩。这一措施旨在激励先进、鞭策后进,为下一期目标管理的顺利进行奠定基础。

(3)总结经验教训。对目标实施过程中的问题和经验进行认真总结,分析原因,吸取教训,为今后的工作提供改进方向和依据。

(二)目标管理的优点

目标管理作为一种行之有效的管理方法,受到国内外许多企业的青睐。其优点如下。

(1)目标管理既可以进行有效的控制,又具有激励员工的作用。目标管理在目标设立的过程中,强调上下级之间的共同讨论和协调,强调下属在目标制定过程中的参与,能够有效调动员工的积极性和主动性,并且有利于解决问题和制定有效的目标。

(2)目标管理是实现目标的行动计划。在实施过程中,主要是自我管理和自我控制,并结合上级的定期检查,及时发现和解决问题,易于形成自我调节和自我完善的机制。

(3)目标管理可以促进更好的管理。目标管理迫使管理人员去考虑计划的效果、完成目标的方法,以及人员、资金和设备等,从而使计划工作落到实处,保证了目标的现实性。

(4)目标管理使得管理人员详细考虑组织的任务和结构,因此,有利于管理人员对组织结构有更加清晰的认识,并根据实际情况进行有力的调整。

(5)目标管理鼓励个人投入,激励员工专心于他们的目标。目标管理强调各级员工参与目标的制定,从而使他们有机会把自己的想法纳入计划之中,这也使得员工对于目标的理解更为透彻,目标实施过程中还可以得到来自上级的帮助。这些都对员工具有激励作用,使他们更热心于工作。

(6)目标管理有助于开展有效的控制工作。控制需要衡量计划执行的结果,采取行动纠正偏差。其主要作用是知道去监控什么,而目标越明确就越具有指导作用,这也正是目标管理的优势。

(三)目标管理的缺点

在实际工作中,目标管理法也存在一些问题,主要表现在以下几点。

(1)目标难以制定。因为目标的影响因素很多,若干个目标之间也难以平衡,而且目标的确定过程耗时耗力,使得组织内的许多目标难以定量化、具体化。因而在实际工作中,有的组织就搞形式主义,草率从事,把目标管理变成了一种数字游戏。

(2)目标管理法是基于对人性的Y假设而言的,但在现实生活中,人是有"机会主义本性的",尤其是在监督不力的情况下,目标管理所要求的承诺、自觉和自主难以达到,从而使得目标管理的效果难以保证。

(3)目标管理强调全体员工的共同参与,强调员工、部门、组织的协调一致;目标管理注重成果的考评,注重结果与奖惩的挂钩。因而容易使部门、个人只关注自身目标的实现,而忽略相互协作与组织总体目标的实现,滋长本位主义和急功近利思想。

(4)不能按目标成果兑现奖惩。目标管理强调最终考核时要以目标的完成情况来对照奖惩协议给予相应的奖励或处罚。但是当完成的结果远远出乎预料时,比如,当员工超额完成目标时,管理者不愿多奖励;或者当员工未达到规定的目标时,碍于人情,惩罚措施也落不到实处。这样就会使目标管理流于形式。

因此,在实行目标管理法时要注意:一是要建立、健全各项规章制度,改进领导作风和工作方法,使目标管理的推行建立在一定的思想基础和科学管理基础上;二是要长期坚持,常抓不懈,不断完善,使目标管理发挥预期的作用;三是要提高员工的职业道德水平,培养合作精神。同时要注意,开始实行目标管理时,目标方案的制定应尽可能完善,以保证事后奖惩的公正性。方案一旦确定,就应该具有严肃性,坚决执行,不能随意更改。

四、制订计划的方法

(一)滚动计划法

滚动计划法是一种适应环境变化的计划修订策略,其核心在于根据计划的执行情况和环境变化的实际情况,定期修订并逐期向前推移未来的计划,使短期计划与中期计划有机结合。由于企业经营面临的经济、政治、文化、技术、产业和顾客等多种变化因素难以准确预测,且随着计划期的延长,这种不确定性逐渐增大。因此,机械地执行长期计划或静态的战略性计划可能导致严重的错误和损失。滚动计划法通过定期修订和滚动更新的方式,有效应对了这种不确定性。

滚动计划法的具体做法是:在制订计划时,同时制订未来若干年的计划,但计划内容粗细不同,越是近期计划,内容越细越具体,越是远期计划,内容越粗越定性。当执行了最近一个周期的计划后,根据该期计划执行的具体情况与预期结果进行差异分析,同时根据当前内部条件和外部环境的变化情况,对原定的下一期计划进行修订,并将整个计划向前滚动一个周期,以后逐年根据同样的原则对计划定期的修订与滚动,如图3-4所示。

滚动计划法的缺点是编制计划的工作量太大。但随着计算机的普及和辅助计算功能的加强,这一难点问题已得到很好的解决。该编制方法的优点十分显著,具体有以下3点。

(1)提高计划的准确性和可操作性。滚动计划法通过定期修订和滚动更新的方式,使计划更加贴近实际环境,提高了计划的准确性和可操作性。这对于长期战略性计划的实施尤为重要,因为长期计划往往面临更多的不确定性和变化因素。滚动计划法能够相对缩短计划时

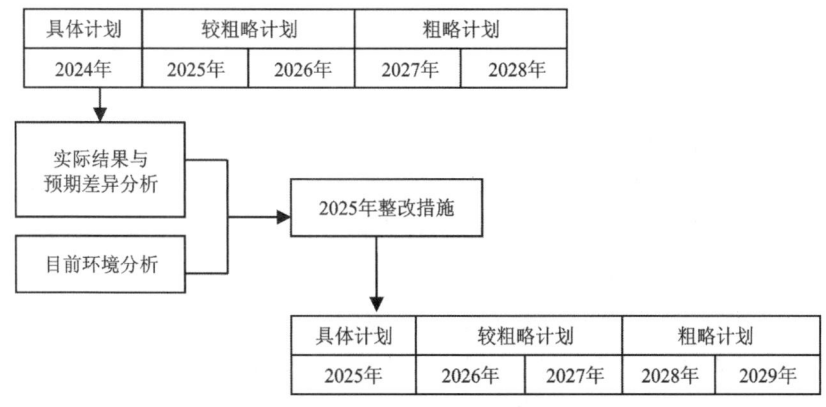

图 3-4 滚动计划法示意图

间,使计划更加具有可操作性和可实现性。

(2)保证计划的连贯性和协调性。滚动计划法使长期计划、中期计划与短期计划相互衔接,短期计划内部各阶段也相互衔接。这种连贯性和协调性保证了即使在环境变化导致某些不平衡问题出现时,也能及时进行调整和平衡,使各期计划基本保持一致。

(3)增强组织的应变能力。滚动计划法大大加强了计划的弹性,使组织能够更好地应对环境变化带来的挑战。在环境剧烈变化的时代,这种应变能力尤为重要。滚动计划法使组织能够根据实际情况及时调整计划,保持组织的灵活性和竞争力。

(二)网络计划技术

网络计划技术于20世纪50年代产生于美国,最初运用于国防导弹工程,后被广泛运用于组织管理活动中。

网络计划技术包括以网络为基础制订计划的各种方法,如关键路线法(critical path method,CPM)、计划评审技术(program evaluation and review technique,PERT)、组合网络法(computer network technology,CNT)等。网络计划技术的基本原理是:把一项工作或项目分解成各种作业,然后根据作业的先后顺序进行排列,通过网络的形式对整个工作进行统筹规划与控制,从而以较少的资源和最短的工期完成规定的工作任务。具体运用步骤包括:运用网络图形式表达一项计划中各种工作(任务、活动、过程、工序)之间的先后次序和相互关系;进行网络分析,计算网络时间,确定关键工序和关键路线;利用时差不断地改善网络计划,求得工期、资源与成本的优化方案,并付诸实施;在计划的执行过程中,通过信息反馈进行监督和控制,以保证预定计划目标的实现。

1. 网络图的绘制

网络图由箭线、结点、虚箭线和路线组成。

(1)箭线。箭线代表一项活动、工作、作业。由箭头和箭尾组成,箭尾表示活动的开始,箭头表示活动的结束。活动(activities)是要消耗资源和时间的,活动时间一般写在箭线的下方,活动的名称除用文字或代号表示外,还可以用箭线起始结点的编号和结束结点的编号来表示,一般写在箭线上面。箭线的长短与活动或作业所需的时间无关,可长可短可弯曲,但不能中断。在网络图上,箭线把各个结点连接起来,以表明各项作业或各道工序之间的先后顺序和相互关系。

(2)结点。结点用圆圈表示,代表某项活动的开始或结束。结点不占用时间,也不消耗资源,只是表示某项活动应当开始或结束的符号。网络图中的第一个结点称为始点,表示一项计划最初作业的开始;网络图中的最后一个结点称为终点,表示整个计划最终作业的结束;介于始点与终点之间的结点称为中间结点,表示中间各项作业的结束和开始。在绘制网络图时,对各个结点要按其先后次序进行统一编号,始点编号可从"0"开始,也可从"1"开始。

(3)虚箭线。虚箭线用带箭头的虚线表示,代表一种作业时间为零但实际上并不存在的作业或工序。它只是一个符号标识,既不占用时间也不消耗资源,它的作用是把两个结点之间的多项作业分开,以明确表示各项作业或各道工序之间的逻辑关系。

(4)路线。路线是指网络图中从始点开始,沿着箭头方向到达网络图终点为止,中间由一系列首尾相连的结点和箭线所组成的一条通道。在同一个网络图上,往往有多条时间长短不一的路线,其中,在路线上的各项作业时间之和最大的路线,称为关键路线(critical path),它直接影响整个计划完成的时间期限。除关键路线外,网络图上的其他路线均为非关键路线。关键路线在网络图中一般用粗线或红线加以标识。

绘制网络图的步骤是:先通过调查研究弄清整个活动过程,并对计划任务进行分析,弄清它的内在联系和要求,然后根据计划任务的内在逻辑关系与要求绘出网络图草图,最后经过修正,作出网络图正图。具体步骤如下。

(1)分析计划任务。弄清各项活动之间的关系,明确计划的各种要求。也就是说,要进行任务分解,把整个计划活动分解为若干道工序或作业,明确各项作业之间的逻辑关系,按照各项作业的先后约束条件,明确哪些作业是前后衔接关系,哪些作业是平行并列关系,并确定各项作业所需时间。一般地,人们常用列表法或网络图法来表示各项作业之间的逻辑关系。

列表法是用表格的形式将各项作业之间的相互关系和作业时间的衔接用文字记录下来。如某工程有8道工序,分别以A、B、C、D、E、F、G、H表示,各工序所需时间分别为4天、2天、6天、8天、4天、4天、10天、4天,各工序之间关系为:A完成后才能开始C、D,B完成后才能开始E,C完成后才能开始F,只有当C、D、E均完成了才能进行G,当F、G完成后才能开始H。用列表的方法表示以上工序的先后顺序,如表3-4所示。

表3-4 列表法

工序代号	A	B	C	D	E	F	G	H
紧前活动			A	A	B	C	C、D、E	F、G
作业时间/天	4	2	6	8	4	4	10	4

网络图法则是根据前面介绍的有关知识,用箭线、圆圈、虚箭线来表示各项作业或工序之间的先后顺序关系。如上例中所述的8道工序之间的先后顺序反映在网络图上,如图3-5所示。

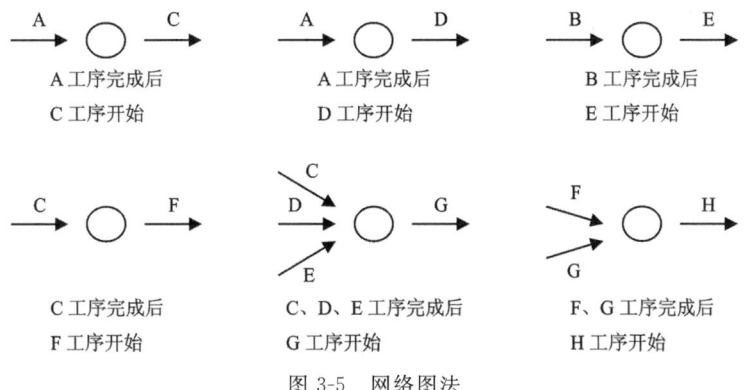

图 3-5　网络图法

(2) 绘草图。根据任务分解、作业时间及先后逻辑关系,用网络图法绘出草图。例如根据表 3-4 画出网络图草图,如图 3-6 所示。

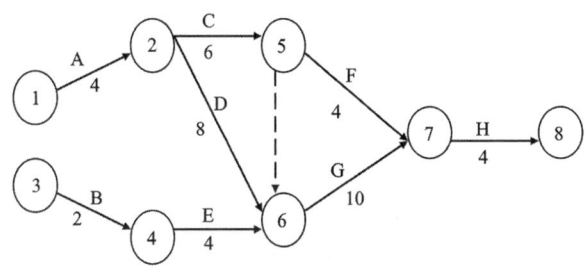

图 3-6　网络图草图

(3) 绘正图。在上述基础上,按照各工序在计划任务中的先后关系,进行规范化,形成正式的网络图。如由图 3-6 草图绘成的正图,如图 3-7 所示。

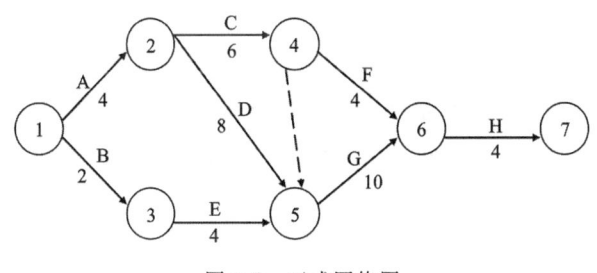

图 3-7　正式网络图

绘制网络图时要注意遵守以下重要规则。

一是各项活动之间的衔接必须按次序进行。只有当所有的紧前活动全部完成之后,后续活动才能开始。即只有当进入某结点的箭线作业全部完成后,从该点出发的箭线活动才能开始。

二是网络图中不能出现封闭的循环线路,否则在使用计算机运算时会因出现死循环而无法得出结果。网络图中箭线的方向只能从左到右,不能反方向,以免形成回路。

三是两个结点之间只能有一条箭线。如果在两个结点之间存在多项平行的作业活动,则除保留一项作业活动的结点外,其余活动要通过增加结点,用虚箭线相连接,如图3-8所示。

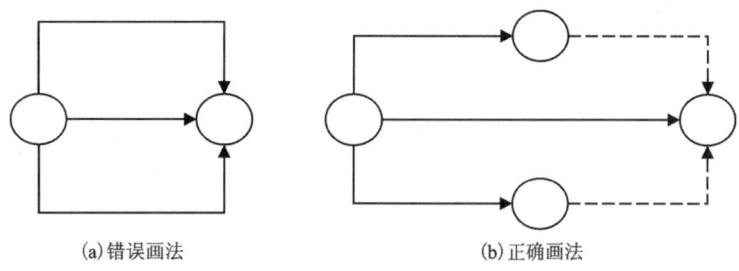

(a)错误画法　　　　　　(b)正确画法

图3-8　结点间平行作业关系的表示

四是一张网络图中只允许有一个始点和一个终点。如果有多项始点活动,可从一个始点引出;如果有多项终点活动,最后也要汇集到一个终点上,中间不允许出现始点或终点。

五是网络图中的所有结点均需按从小到大的原则进行统一编号,以便于识别、检查和计算。编号顺序是从始点到终点,不允许编号重复使用,并且箭头结点的号码必须大于箭尾结点号码。号码数字要写在结点的圆圈内,以免与作业时间相混淆。

2. 网络图的运用

(1)作业时间的确定。网络图中各项作业的时间值是编制计划和安排活动的基础。作业时间是指完成某项作业或某道工序所需的时间,常用符号 T 表示。作业时间的单位视具体情况而定,一般可用月、周、日、时表示。网络计划技术中确定作业时间值的方法一般有单一时间估计法和三点时间估计法。

单一时间估计法是指在估计某项作业时间时,只确定一个时间值。它是以完成该项作业的最大可能时间为标准的,适用于变化因素少或有先例可循的活动。

三点时间估计法是指在估计作业时间时,先预计3种时间值,然后分别计算出完成作业时间的平均值,这3种时间值是:①乐观时间值,指在顺利的情况下完成该项作业所需的最短时间;②正常时间值,指在正常情况下完成该项作业所需的最有可能的时间;③悲观时间值,指在不正常情况下完成该项作业可能需要的最长时间。

根据以上3种时间值,按下列公式计算出作业时间平均值 T

$$T=(a+4m+b)/6$$

式中:a 为乐观时间值;m 为正常时间值;b 为悲观时间值。

(2)作业最早开始时间和结束时间的计算。在网络图上,每一项作业都存在一个最早可能在什么时间开始和最早可能在什么时间结束的问题。作业最早可能开始的时间称为活动的最早开始时间;作业最早可能结束的时间称为活动的最早结束时间。活动的最早开始时间和最早结束时间有密切的关系。最早结束时间等于最早开始时间加上作业时间,即

$$EF_{(i,j)}=ES_{(i,j)}+T_{(i,j)}$$

式中:$EF_{(i,j)}$ 为作业 $i \to j$ 的最早结束时间;$ES_{(i,j)}$ 为作业 $i \to j$ 的最早开始时间;$T_{(i,j)}$ 为作业 $i \to j$ 的作业时间;i 为一项作业的箭尾结点的编号;j 为一项作业的箭头结点的编号;$i \to j$ 为从结点 i 开始到结点 j 结束的作业。

在简单的网络图中,前一项作业的最早结束时间即为后一项作业的最早开始时间。但在实际网络图中,有时有好几项作业汇集到一个结点,或有好几项作业同时从一个结点出发。这时就要计算从该结点开始的各项作业最早可能开始的时间,当从某一个结点开始的作业有好几项时,这几项作业的最早开始时间是相同的,都等于这个结点的最早开始时间。计算网络图上各结点的最早开始时间应从始点开始,自左至右顺序推算,直至终点。始点的最早开始时间为零,终点的最早开始时间和最早结束时间是相同的。

(3) 作业最迟开始时间和结束时间的计算。在网络图中,每一项作业为保证下一项作业的按时开工,又都有一个最迟必须在什么时候开始和最迟必须在什么时候结束的问题。这就要求计算出各项工作的最迟开始时间和最迟结束时间。

设 $LS_{(i,j)}$ 为作业 $i \to j$ 的最迟开始时间,$LF_{(i,j)}$ 为作业 $i \to j$ 的最迟结束时间。

则

$$LS_{(i,j)} = LF_{(i,j)} - T_{(i,j)}$$

即某项作业的最迟开始时间等于其最迟结束时间减去作业时间。

在简单的情况下,下一项作业的最迟开始时间等于前项作业的最迟结束时间。但当若干项作业从同一个结点出发时,则应分别计算从该结点出发的每一项作业的最迟开始时间,然后选择最迟开始时间的最小值,作为前项作业的最迟结束时间。这样,若进入某一结点 j 的作业有好几项时,这几项作业的最迟结束时间是相同的,我们把这个时间称为结点 j 的最迟结束时间。结点 j 的最迟结束时间的计算公式为

$$LF_{(j)} = \min\{LS_{(j,j+k)}\}$$
$$= \min\{LF_{(j+k)} - T_{(j,j+k)}\}$$

式中:$j+k$ 为从结点 j 开始的各项作业箭头结点的编号;$k \geqslant j$;$LS_{(j,j+k)}$ 为作业 $j \to j+k$ 的最迟开始时间;$LF_{(j+k)}$ 为箭头结点 $j+k$ 的最迟结束时间;$T_{(j,j+k)}$ 为作业 $j \to j+k$ 的作业时间。

利用上述公式,就可以计算各结点的最迟结束时间,其方法、程序与计算最早开始时间相反。它是从终点开始,自右至左,逐个用减法进行逆算,直至始点。结点的最迟结束时间等于最迟开始时间,等于整个计划的总工期。

(4) 总时差的计算。所谓总时差(slack time)是指在不影响紧后活动最迟开始时间的条件下,完成某项作业可供机动的总时间。总时差又称机动时间,一般而言,机动时间愈多,生产潜力愈大,应采取措施加以利用,以充分发挥人力、物力的作用。总时差的计算公式为

某作业的总时差 = 该作业最迟开始时间 - 该作业最早开始时间
= 该作业最迟结束时间 - 该作业最早结束时间

即

$$TF_{(i,j)} = LS_{(i,j)} - ES_{(i,j)}$$
$$= LF_{(i,j)} - EF_{(i,j)}$$

(5) 关键路线的确定。在网络图中,若某项作业的总时差为零,即没有机动时间,就称之为关键作业,由关键作业或工序连接而成的路线即为关键路线。关键路线是网络图中费时最长的路线,它决定了项目的最早完工时间或最迟结束时间。凡是在关键路线上的作业,其时差均为零。关键路线一般只有一条,但有时也有可能同时出现几条。

绘制出网络图,估计了各种作业时间,并计算出最早开始和结束时间、最迟开始和结束时间及找出关键路线之后,管理人员就可以据此对该项活动进行计划优化和控制了。

3. 网络计划技术的优点

网络计划技术适用于各行各业,特别是包含较多项作业、需要多家单位配合完成的大型工程项目。因为网络计划技术具有以下几个特点。

(1)系统性。通过箭线关系,能把整个计划中各项工作之间的内在联系和制约关系清晰地表示出来,使管理者对它们各自在计划中所处的地位和作用一目了然,易于对一项复杂的任务有条不紊地进行全面考虑与安排,并可促进相关人员之间的互相了解、协调和配合,有利于发挥各自的作用,处理好局部和整体之间的关系,从而实现系统整体效益的最优化。

(2)动态性。利用网络技术编制的计划是一种灵活性很强的弹性计划,它把计划执行过程看成是一个动态过程,可不断根据计划实际情况的信息反馈,通过调动非关键路线上的人力、物力与财力加强关键作业,确保预定目标的最终实现。通过对工程的时间进度与资源利用实行优化,既可节省资源,又能加快工程进度。

(3)可控性。利用网络技术编制的计划便于组织和控制,特别是对于复杂的大项目,可分成许多子系统来分别控制。由于网络图提供了明确的活动分工以及相应的期限要求,这就为管理人员提供了现实的控制标准。通过对每一道工序或作业的计算与分析,给管理人员指明了计划中的关键工序和关键路线以及控制的重点,并为管理人员采取适当的控制措施指明了方向,有助于提高控制效果。管理人员可事先评价达到目标的可能性,指出实施中可能发生的困难点和这些困难点对整个任务产生的影响,以便准备好相应的措施,以减少完不成任务的风险。

(4)易掌握。网络计划技术把图示和数学方法结合起来,计算简便,直观性强,容易掌握运用,有利于普及推广。进一步地,由于网络图可以通过计算机进行计算,所以采用网络计划技术还有利于实行计算机管理,从而提高管理效率。

本章关键术语

计划 planning
决策 decision
程序化决策 programmed decisions
非程序化决策 nonprogrammed decisions
确定型决策 certainty decisions
风险型决策 risk decisions
不确定型决策 uncertainty decisions
外部环境 external environment
总体环境 general environment
具体环境 specific environment
动态性 volatility environment

不确定性 uncertainty environment
复杂性 complexity environment
模糊性 ambiguity environment
政治 political environment
经济 economi cenvironment
社会文化 sociocultural environment
技术 technological environment
生态 ecological environment
法律 legal environment
管理万能论 omnipotent view of management
管理象征论 symbolic view of management

决策过程 decision-making process
决策准则 decision criteria
完全理性决策 rational decision-making
有限理性决策 bounded rationality decision-making
直觉决策 intuitive decision-making
长期计划 long-term plans

短期计划 short-term plans
战略性计划 strategic plans
战术性计划 operational plans
指令性计划 specific plans
指导性计划 directional plans
目标管理 management by objectives, MBO
关键路线 critical path

讨论题

1. 为什么强调满意决策而非最优决策？
2. 关于决策思想的论述，你还从哪些阅读过的古籍中得到启发？
3. 理性决策、有限理性决策与直觉决策有何不同？
4. 有人说目标管理的本质是强调员工参与，你认可这种说法吗？
5. 结合所学知识，谈谈目标管理法是基于Y人性理论的科学管理的综合体现。
6. 进入大学后你有目标吗？分享你的成功的目标管理经验。
7. 为什么在制定目标时既要强调目标的先进性，又要注意目标的可实现性？
8. 为什么有的时候目标很明确，但常常实现不了？
9. 某厂要决定下个五年计划期间生产某种电子产品的生产批量。根据以往的销售统计资料及市场预测得知，未来市场出现销路好，销路一般和销路差3种情况的概率分别为0.3、0.5和0.2；若该产品按大、中、小3种不同批量投产，则下个五年计划期内在不同的销售状态下的收益值可以估算出来（单位：万元），如表3-5所示。试用决策树法为该公司选择最优方案。

表3-5 不同销售状态下的收益值统计

	概率	大批生产	中批生产	小批生产
销路好	0.3	20	12	8
销路一般	0.5	14	17	10
销路差	0.2	-2	12	10

案例分析❶

钟薛高——从网红爆款到市场冷遇

钟薛高，一家成立于2018年的冰淇淋品牌，凭借其独特的中式风格设计、高端的市场定位以及创新的口味组合，迅速在市场上崭露头角。品牌名字中的"钟、薛、高"分别寓意着"中式、雪糕、高端",这也是其品牌核心价值的体现。在社交媒体上,钟薛高通过精准的营销策略和网红、明星的代言,成功吸引了大量年轻消费者的关注,成为"网红爆款",成立18个月销量突破1500万支,2021年营收超过10亿元。

钟薛高以高价为卖点,旨在通过价格传递品牌的高端定位。其高昂的价格虽然引起了一些争议,但也成功吸引了大量追求品质和体验的消费者。品牌不断推出新口味、新系列,如"丝绒可可""老树北抹茶"等,试图通过产品迭代保持市场热度。每款新品都经过精心研发和测试,以确保其口感和品质。除了线上营销外,钟薛高还通过线下活动、跨界合作等方式扩大品牌影响力,迎合年轻消费者趣味。

然而,随着时间的推移,钟薛高面临的市场环境逐渐发生变化。一方面,消费者对冰淇淋的需求日益多元化,传统口味和低价冰淇淋依然占据较大市场份额;另一方面,随着更多高端冰淇淋品牌的涌现,市场竞争愈发激烈。

面对市场竞争,钟薛高并未调整其高价策略,导致大量网友口诛笔伐,消费者流失严重。虽然品牌持续推出新口味,但缺乏真正能够引领市场潮流的创新产品。另外,随着社交媒体环境的变化,钟薛高的营销策略未能及时适应新的传播趋势,导致品牌影响力下降。

如今,钟薛高已不复当年之勇,市场份额逐年下滑,消费者关注度大幅下降。品牌面临着如何重振市场地位、提升品牌形象的严峻挑战。

案例思考题

1. 钟薛高在哪些关键阶段作出了错误的决策?这些决策是如何影响品牌发展的?
2. 如果你作为钟薛高的决策者,你会如何调整品牌策略以应对市场竞争?
3. 在制订计划时,如何平衡市场需求、企业资源和长期发展目标?

案例分析❷

巨人的崩塌

还记得20世纪90年代一段广受大众欢迎与喜乐的电视广告——一对动画人物(老爷爷老奶奶)边跳舞边说"今年过年不收礼,要收就收脑黄金"吗?

1996年底曾获"中国改革开放十大风云人物"的史玉柱掌管下的巨人集团轰然倒塌,产品产量全面萎缩,员工工资发不出,大批业务骨干跳槽离开,公司彻底陷入困境。而此时距离巨人集团的诞生仅5年时间,公司成立之初,史玉柱曾宣布:巨人要成为中国的IBM,东方的巨人。

拖垮公司的直接原因是巨人大厦的建设施工,从起初决策预算的18层增加到70层,投资也从2亿元增至12亿元,以致要挪用其他业务板块资金,回血不及时,最终导致公司无力回生。但实际上,无论是公司管理还是战略决策机制等早就出现了问题,这些才是压垮公司的真正因素。

首先,公司从发展之初到多元化发展规模阶段,公司的管理未能同步跟上。巨人集团从1989年创业到1992年的腾飞,是靠创业精神与创业激情支撑发展起来的。在企业迅速发展的过程中,没有建立起完善的企业制度和科学的管理体系。随着资产规模的急剧膨胀,巨人集团管理上的隐患也日益暴露,整个集团的管理浮躁而混乱。史玉柱曾有一个形象的比喻,一个运动员接受超极限的训练必然伤痕累累。实际上在推行电脑、生物工程、房地产等产业多元化初期,史玉柱就意识到了公司的管理隐患。他在公司1994年元旦献词中说,我们创业时的管理方式如果只维持几十人状态,不会有问题,但现在的管理系统不可能运作规模更大的公司,巨人集团正向大众大企业迈进,管理必须首先上台阶,并直截了当地指出集团当时存在的问题是创业激情基本消失,出现大锅饭机制,管理水平低下,产品和产业单一,以及市场开发能力停滞。但是仅仅意识到问题,而不能发现问题之症结所在,并从根本上找到解决问题的办法,企业仍然会向危险的境地继续滑坡下去。巨人集团在规模迅速膨胀的同时,内部管理虚弱,原本就薄弱的管理基础,再加上管理体制、决策机制、企业组织、财务控制、员工管理等诸多方面都不能够适应集团发展的需要,企业陷入困境是早晚的事。

其次,缺乏统筹规划与科学决策体系。1993年随着西方国家向中国出口计算机权限的开放,以IBM、INTEL、MICROSOFT为代表的外国计算机大举进入中国市场,中国电脑业进入低谷期。巨人集团也受到重创。巨人集团制定了必须寻找新的产品支柱的战略决策。此时恰逢全国房地产热,史玉柱决心抓住机遇,于是进入了房地产行业。巨人大厦的建设原本规划设计的是18层办公室,后来一改再改,从18层加到38层,从38层到54层,又加到64层,直至70层,欲建成珠海市标志性建筑,当时也是全国最高的大厦。而令人啼笑的是从64层加到70层的原因竟然是因为集团的几个负责人认为64这个数字不吉利,于是只是打了个电话向香港设计单位咨询,对方只说技术上可行,投资额由原来的2亿元增加到12亿元。但由于地质勘测工作未做好,大厦建在断裂带上,出现了地质灾害问题,仅地基建设就投入了1个亿,还延误了工期。

第三,财务管理不善导致财务危机,而又缺乏危机风险管理。房地产业必须有坚实的金融资本做后盾,但令人瞠目结舌的是大厦从1994年2月动工到1996年7月,未申请过一分钱的银行贷款,全凭自有资金和卖楼的钱支持。到1996年下半年,资金紧张时,由于缺乏与银行的信贷联系,加上正赶上国家宏观调控政策的影响,陷入全面金融危机。而将银行搁置一旁的理由是以为可以依靠生物工程方面源源不断地销售回款来支持大厦的建设及建设资金,认为账上的钱花都花不完。1996年下半年巨人大厦急需资金,史玉柱作出了抽调生物工程的流动资金去支撑巨人大厦建设资金的决定,把生产和广告促销的资金全部投入大厦的建设,结果生物工程一度停产。

第四,缺乏权力约束机制,盲从主观决策。史玉柱曾经成功地将知识转化成商品,又变成资本,但他却没有把巨人变成一个现代企业。1994年初,巨人集团发生管理危机,史玉柱曾宣布从管理第一线上退下来,请北大方正集团总裁楼滨龙出任巨人集团总裁,公司实行总裁负责制。但实际上企业决策体系并没有从根本上改变,陷入危机之后,种种矛盾全部集聚于史玉柱一身。史玉柱后来反思没有及早进行股份化,直接的损失是最优秀的人才流失,更严重的后果是在决策时没人能制约我,以致形成家长制的绝对权威,导致我的一系列重大决策失误。巨人集团也有董事会,但形同虚设。史玉柱手下的几位副总都没有股份,在集团讨论重大决策时,他们很少坚持自己的意见,也无权干预史玉柱的错误决策,因此在集团的高层没有一种权力制约,实行的是一个人说了算的机制。对于巨人集团的危机,史玉柱承认两点:一是决策失误,摊子铺得太大;二是管理不善、经营失控。

案例思考题

1. 巨人大厦建设的楼层与投资预算一改再改,从科学决策程序来看,反映了决策的什么问题?
2. 结合本案例谈谈决策的影响因素有哪些?
3. 结合案例谈谈直觉决策的局限性。
4. 谈谈个体决策与群体决策各自的优缺点。

第四章 组　织

学会如何对组织进行分工安排、部门划分、组织结构选择,如何授权,如何培训员工,以达成组织的目标。

本章学习目标

1. 掌握组织设计应遵循的基本原则。
2. 掌握组织结构设计的关键要素。
3. 明确主要的结构形式及适用条件。
4. 掌握授权相关内容。
5. 了解人员配备的基本内容。
6. 了解组织结构变革与组织创新的主要动因及方式,理解组织结构的类型权变因素。
7. 了解组织文化的特征及对组织运行的作用。
8. 了解组织的伦理道德内容及规范。

小米史上最大规模的组织变革:数字化时代的变革之路

在数字化时代的浪潮中,企业组织的变革成为保持竞争力和适应市场需求的必然选择。小米公司作为中国科技行业的翘楚进行了一次规模空前的组织调整,引发了广泛的关注和热议。这是小米上市之后的首次重大调整,也是小米成立以来最大的组织变革。

组织业务重组与战略规划

小米公司创始人雷军在内部邮件中指出,经过8年的发展,小米已经成为了营收过千亿、员工近两万人的大型上市公司,为了保障公司可持续的发展,必须将组织管理和战略规划置于头等重要的位置。在加强组织建设方面,小米新设立了集团组织部和集团参谋部,以进一步强化总部的管理职能,同时进行一系列人事调整以重视内部组织建设和管理。在业务方面,小米进行了大刀阔斧的改革,原先的4个业务部被重组成了10个新的业务部,其中包括4个互联网业务部、4个硬件产品部、1个技术平台部和1个消费升级的电商部。这种重组将使得各个业务部门更加专注、灵活,并且直接向CEO汇报,以加速决策和执行的效率。

数字人才储备与激励

随着数字化时代的发展,企业需要更多具备数字化思维和技能的人才。小米公司此次组织变革的一个显著特点就是对年轻人才的重视和培养。雷军在内部邮件中强调,年轻一代的管理者将成为公司未来发展的中流砥柱,为公司持续的数字化转型提供强大的人才支持。这次组织调整的背后,既有对干部队伍年轻化的追求,也有对互联网业务和智能硬件加强的期待。在干部年轻化方面,小米希望通过提拔一大批年轻的管理干部,构建更具活力、更有进取心的管理团队,为公司的可持续发展奠定坚实基础。在业务层面,小米明确了加强互联网业务和智能硬件的战略方向,以抢占市场先机,提升盈利能力。

小米此次组织变革虽然规模空前,但并非出于危机,而是对未来发展的积极应对。随着数字化时代的不断演进,企业需要不断调整和优化组织结构以适应市场的变化和挑战。小米公司此次的变革,不仅体现了其对未来的战略规划和布局,也为行业内其他企业提供了可借鉴的经验和启示。

(本案例改编自:https://www.36kr.com/p/1722829881345)

第一节 组织与组织设计的原则

一、组织内涵

(一)组织的概念

组织(organization)是由两个或两个以上的个体,为了实现共同的目标,按照特定原则和组织设计形成的行动一致的社会体。作为一种社会存在的基本形式组织广泛存在于社会生活的各个领域和各个层次。从实体角度看,组织是由人构成的实体,旨在实现特定目标。通过分工、合作和权责制度,组织规划成员、任务和资源配置,以有效完成共同任务。一般泛指各种各样的社会组织或事业单位,如企业、机关、学校、医院、工会等。从过程角度看,组织是为了有效实现共同目标和任务,在特定环境条件下确定组织成员、任务及各项活动之间关系,对组织资源进行合理配置的过程。

(二)组织的特点

1. 目标的一致性

组织的共同目标是其存在和发展的基础,也是管理人员驱动成员努力的核心。共同目标确保了组织的一致性,体现在目标价值、层级目标和阶段目标的一致性上。目标价值的一致性体现在不同组织或同一组织的多种目标价值取向中都有着一项主导价值取向,其他取向则与之保持统一。层级目标的一致性体现在组织整体目标、部门目标和个人目标之间的统一,

第四章 组 织

尽管具体内容有所不同,但相对于整体目标,它们却保持了一致性。阶段目标的一致性则在于近期目标是中长期目标的实现途径,必须与中长期目标保持本质上的一致性。

2. 资源要素整合性

组织动员和整合各种资源要素,如人力、财力、物资、权力和信息等,以实现共同的目标。在组织内部,以职位设定为中心,将这些资源要素有机结合并合理分配,形成资源要素集合的力量,从而共同汇聚为组织的整体力量,协同实现组织的目标。

3. 结构的系统性

为了完成组织任务,在组织内部需要进行分工与合作,明确不同层次的权力分配与责任制度,从而形成一个系统化的有机结构。组织结构的系统具有确定的边界,既包括组织与外部系统的边界,也包括内部系统之间的边界。这种系统化使得组织整体系统功能大于各部分系统的功能之和,从而提高了组织的效率和协同性。

(三)组织的类型

1. 按组织形成的方式分类:正式组织与非正式组织

正式组织是按照一定程序建立起来,具有明确职责和等级系列的组织形式。正式组织的活动以成本和效率为主要标准,要求成员确保形式上的合作,并通过物质与精神的奖励或惩罚来引导行为,维系主要基于理性原则。

非正式组织是在共同活动中自发形成的群体,以共同的兴趣和爱好为基础。非正式组织的活动主要以感情上的融洽关系为标准,要求成员遵守共同的行为规范,维系主要基于感情因素,通过赞许、欢迎或孤立、排斥等手段来影响成员行为。

2. 按营利性质分类:营利性组织与非营利性组织

营利性组织是指以获取利润为主要目标的企业组织。虽然现代企业要承担相应的社会责任,但如果没有利润目标,企业也就失去了承担相应社会责任的能力,甚至无法生存。所以,从某种意义上说,不应单纯视企业追求利润的动机为组织自私的动机。

非营利性组织是指向社会公众提供服务,不以营利为目的,不为任何个人谋取私利的组织。这些组织往往为社会提供教育、医疗、安全、环保等服务。虽然非营利性组织在提供服务时也常常收取一定的费用,享受免税优惠,但这些费用主要是用于维持与发展组织。

3. 按组织性质分类:经济组织、政治组织、文化组织、群众组织和宗教组织

经济组织致力于为人们提供物质生活资料,担负着社会经济职能。经济组织包括生产组织、商业组织、金融组织、交通运输组织、建筑组织、服务组织等,是人类社会最基本的社会组织之一。

政治组织代表不同阶级的利益和意志,制定方针政策,为本阶级确立奋斗目标。典型的政治组织包括政党组织和国家政权组织,是社会中权力和决策的重要源泉。

文化组织旨在满足人们的文化生活需求,是以文化活动为基本内容的社会团体。学校、图书馆、影剧院、艺术团体等都属于文化组织,推动着文化的传承与发展。

群众组织致力于团结各阶层、各领域的成员,开展有益的活动,推动社会进步。如工会、共青团等是典型的群众组织,代表着不同群体的利益。

宗教组织以某种宗教信仰为宗旨而形成的,协助贯彻执行宗教信仰自由政策,组织正常的宗教活动。

二、组织设计原则

(一)目标一致原则

组织活动是围绕一定目标进行的,因此组织设计需要以组织的整体目标为引领,部门设置、沟通协调、冲突解决都要为这一目标服务,这就是目标一致原则,即组织设计要有明确的、统一的目标,部门、成员的目标需要与组织保持一致。

(二)统一指挥原则

组织需要有明确的指挥链(demand chain),确保信息的准确传递,明确各级管理人员的责任。统一指挥原则从两个方面体现:一是保持命令的统一性,不可以政出多门,一个下属只能直接受命于一个上级,否则会出现"上头千条线,下面一根针",让下属无所适从,不知道该接受谁的指挥;二是不可以越级指挥,在正式沟通中,无论上级对下级传达命令还是下级向上级反馈信息,都应该遵循逐级传达或逐级反馈的直线关系原则,越级就意味着跳过中间管理层,会有损中间管理层的权威性,也会造成很多人为因素导致的复杂人际关系。

昔者韩昭侯醉而寝,典冠者见君之寒也,故加衣于君之上,觉寝而说,问左右曰:"谁加衣者?"左右对曰:"典冠。"君因兼罪典衣与典冠。其罪典衣,以为失其事也;其罪典冠,以为越其职也。非不恶寒也,以为侵官之害甚于寒。故明主之畜臣,臣不得越官而有功,不得陈言而不当。越官则死,不当则罪。守业其官,所言者贞也,则群臣不得朋党相为矣。

——引自《韩非子·二柄第七》

该典故体现了越权行事可能会产生的不良风气与后果。

(三)分工与协作原则

分工与协作原则是指组织结构能够反映出实现目标所需的工作分解和相互协调,在专业分工的基础上实现部门间、人员间的协作与配合,保证组织活动的顺利开展,从而实现组织的整体目标。

(四)适应创新原则

组织结构设计应综合考虑公司的内外部环境、组织的理念与文化价值观、组织当前以及未来的发展战略、组织使用的技术等以适应组织的现实状况。并且,随着组织的成长与发展,组织结构应有一定的拓展空间。

（五）责权利对等原则

责任、权力、利益是组织管理中不可或缺的三要素，它们之间必须实现协调、平衡和统一。权力是责任的基础，拥有权力的人应承担相应的责任。责任则是权力的约束，拥有责任的人在行使权力时必须考虑可能产生的后果，避免滥用权力。利益的大小决定了管理者是否愿意承担责任以及接受权力的程度，而对于大多数人来说，只有利益足够大的情况下才会愿意接受权力并承担责任。因此，责任、权力、利益三者之间密不可分，必须协调一致。

（六）有效管理幅度原则

有效管理幅度原则是组织设计中的重要考量因素，它与组织规模和管理层次密切相关。管理幅度指的是一个管理人员直接有效地指挥下属人员的数量。在组织规模一定的情况下，管理幅度越大，则管理层次越少。因此，设计有效的管理幅度能够最大程度地减少管理层次，实现精简编制，促进信息流通。

（七）系统运作原则

组织运作的整体效率是一个系统性过程，组织设计应简化流程，有利于信息畅通，决策迅速，部门协调，并充分考虑交叉业务活动的统一协调和过程管理的整体性。

三、组织设计的影响因素

（一）环境

管理活动发生在多样的环境中，包括一般环境和任务环境。一般环境是指政治、经济、社会和文化等因素，对组织活动有间接影响。例如，企业在跨国经营时需要考虑不同国家的政治稳定性、经济状况、文化背景等，以便合理应对经营风险。而任务环境则直接关联到组织的日常运作，包括政府、行业协会、合作伙伴、供应商、客户和竞争对手等。这些因素决定了组织在市场中的地位、资源获取、竞争策略等。

外部环境的复杂性和不确定性影响着组织的内部结构。复杂的环境需要组织建立更多的部门和岗位来应对多样的挑战，例如，跨国公司可能需要设立专门的国际部门来处理跨国业务。环境的不确定性则要求组织保持灵活性，能够快速适应变化。在不确定性较低的环境中，组织可能更倾向于采用机械型结构，侧重于规范化和集权化，以提高运行效率；而在不确定性较高的环境中，则更可能采用有机型结构，侧重于灵活性和快速响应能力，以适应环境变化。

因此，组织在面对不同环境特征时需要灵活调整内部结构，以确保能够有效地应对外部挑战并实现组织目标。在复杂和不确定的环境中，组织需要建立起一种适应性强、反应迅速的结构，以保持竞争优势和持续发展。

(二)战略

美国企业史学家钱德勒通过研究杜邦、通用汽车、西尔斯、标准石油等美国企业的发展史,发现这些企业无一例外地在不同发展阶段采用了不同的发展战略,并进行了相应的组织结构变革,由此提出一个重要命题:结构服从战略。战略的发展阶段和战略类型对于组织设计具有重要影响。

钱德勒认为,战略发展有4个不同的阶段,即数量扩大阶段、地区开拓阶段、纵向联合开拓阶段和产品多样化阶段,每个阶段都应有与之相适应的组织结构。

(1)数量扩大阶段。许多组织开始建立时,往往只是一个单一的工厂,只有生产、销售等职能。因此,数量扩大阶段的组织结构相对简单,只需要少量职能部门就能解决问题。

(2)地区开拓阶段。随着生产规模的扩大,组织需要向其他地区拓展业务。业务范围的扩大带来了协调、标准化和专业化等问题,组织需要建立职能部门对分布在不同地区的业务进行有机整合。

(3)纵向联合开拓阶段。组织在同一行业发展的基础上,自然而然地会向其他领域扩展,如销售服装的商店可能拓展饰品、日用品、家具、电器等业务,这就要求组织建立与纵向联合开拓阶段相适应的组织结构。

(4)产品多样化阶段。随着竞争者的加入,组织面临的竞争态势发生变化,原有产品或服务的主要市场开始衰退。组织为了应对这种变化,有必要利用现有技术、设备和人员等资源开拓新的产品和服务,于是形成了产品多样化的局面。这一阶段,组织不得不重新考虑资源分配、部门划分、新老业务之间的协调等问题,组织结构也会随之变化。

钱德勒发现,成功企业的组织结构是与其战略相适应的。如果保持在单一领域、单一行业内发展,组织则偏向于采用集权的职能结构;如果企业进行多元化经营,则多采用分权的事业部结构。组织结构需要根据战略的变化及时进行调整,以提高组织的自适应性。

(三)技术

技术是把原材料等资源转化为产品或服务的机械力和智力。技术的变化不仅能够改变生产工艺和流程,而且会影响人与人之间的沟通与协作。因此,组织设计必须考虑技术因素。

伍德沃德根据生产技术的复杂程度将生产技术分为3类:单件小批量生产(unit production)技术,适用于定制服装、大型发电机组等单件或小批量产品的生产;大批量生产(mass production)技术,适用于成衣、汽车以及其他标准产品的制造,可以通过专业流水线实现规模经济;流程生产(process production)技术,适用于炼油厂、发电厂、化工厂等连续不断地生产,比前两种技术更为复杂。采用不同生产技术的组织在管理层级、管理幅度、管理人员与一般人员比例、技术人员比例、规范化程度、集权化程度、复杂化程度等方面存在以下差异。

(1)从单件小批量生产技术到流程生产技术,随着技术复杂性的提高,企业组织结构复杂程度相应提高,管理层级增多,高层管理人员的管理幅度、管理人员与一般人员比例也有所提高。然而,基层管理人员的管理幅度呈现非线性变化,即大批量生产技术最高,单件小批量生产技术次之,流程生产技术最低。

(2)大批量生产组织通过严格的规范化管理可以有效地提高效率,而集权化、规范化管理对于小批量生产、流程生产并不适用。

(3)有效管理取决于如何分析环境需求、围绕需求构建组织结构、通过管理行为实现组织目标。如缩短指令传达路径、增强沟通的管理模式最适合中小批量产品的生产,而不适合大批量产品的生产。

(4)创建组织时,技术因素和人际关系因素同样重要。企业选择的组织结构形式如果能够实现二者的有机结合,组织效率将是最高的。

(四)规模

一般来说,小规模的组织结构简单,组织层级少,集权化程度高,复杂性低,协调比较容易,而大规模组织正好相反。因此,规模因素是影响组织设计的一个重要变量。大型组织和小型组织在组织结构上的区别主要表现在以下 4 个方面。

1. 规范程度不同

规范程度是指组织依靠工作程序、规章制度引导员工行为的程度。工作程序、规章制度既包括以文字形式表述的各种制度、条例,指示员工可以做什么和不可以做什么,也包括以非文字形式存在的传统、组织文化、企业伦理、行为准则等。一个组织的规章、条例越多,其组织结构的规范性就越高,组织就越正规。

2. 集权程度不同

集权程度是指组织决策正式权力在组织层级中的集中或分散程度。通常,小型组织的决策事务较少,高层管理者对组织拥有更大的控制权,因此集权化程度较高。然而,在大型官僚制或科层组织中,决策往往是由那些具有控制权的管理者做出的,组织的集权化程度同样高。与小型组织不同的是,大型组织往往通过授权的形式将决策权分散给不同层级的管理者,既可以减轻高层管理者的负担,又有利于及时沟通,对环境变化能做出快速反应。

3. 复杂程度不同

复杂程度是指组织内部结构的分化程度。每一个组织在专业化分工程度、组织层级、管理幅度、人员之间、部门之间存在巨大差异,组织的分工越细、层级越多、管理幅度越大,组织的复杂性就越高;组织的部门越多,地理分布越广,协调人员及其活动也就越困难。

4. 人员结构不同

英国的帕金森在观察了军队、政府和商业官僚机构的基础上,提出了著名的"帕金森定律"。一个有趣的现象是:随着组织规模扩大,管理人员的增速要高于普通员工的增速,而当组织进入衰退阶段时,管理人员的减幅却明显低于普通员工的减幅。也就是说,管理人员是最先被聘用而最后被解雇的。也有一种观点认为,随着组织规模扩大,管理人员的比例是下降的。虽然两种观点在结论上存在明显对立,但组织规模影响人员结构是一个不可否认的事实。

(五)发展阶段

同其他有机体一样,组织的发展同样有着自身的规律。1950年,美国经济学家鲍尔丁首次提出了"组织生命周期"这一概念,之后涌现出大量研究成果。20世纪七八十年代,组织生命周期研究迎来鼎盛时期,学者们一致认为:组织存在生命周期,每个发展阶段具有不同特征,同时面临着不同风险,需要调整战略以适应发展的需要,并适时调整组织结构。

一般来说,组织的发展会经历生成、成长、成熟、衰退和再生5个阶段。组织设计需要根据不同阶段的特点来进行。

1. 生成阶段

组织的生成阶段也被称作创业阶段。由于规模较小,组织往往采用比较简单、机械的组织结构,权力集中在以创始人为代表的高层管理者手中。这一阶段,组织成长的动力在于创始人或团队的创造性(creation),活动复杂性较低,对分权的需求、对管理规范性的要求也不高,但面临着领导力风险(leadership crisis)。也就是说,由于决策权集中在高层,需要管理者通晓企业的内部事务,一旦出现决策失误,组织将陷入巨大危机。

2. 成长阶段

组织在成长阶段,一般发展速度较快。这一阶段,组织成长的关键在于决策的方向(direction)。随着规模的迅速扩大,原有机械式组织结构已经不能满足组织发展的需求,需要形成一种有机的组织结构,向中层、基层管理者授予更多决策权,组织的规范性提高。与此同时,容易出现沟通不畅、部门之间争权夺利的现象,组织面临各自为政的风险(autonomy crisis),因此需要对组织结构进行必要的调整。

3. 成熟阶段

经过快速发展之后,组织进入成熟阶段。这一阶段,组织成长的动力在于授权(delegation),组织结构呈现出规范化的特征:层级关系更加清晰,职能逐渐健全,内部沟通越来越正式化,规章制度更加完善。此时,组织需要在提高内部稳定性的同时,通过创新来扩大市场,通常采用的方法是单独成立研发部门。但在官僚制组织结构中,创新的范围受到限制,组织面临着控制风险(control crisis),即管理者需要通过授权来调动各部门的积极性,但又不能失去控制。

4. 衰退阶段

授权、规范化固然能够使组织的成长,但同样会产生负面影响。主要表现在:机构臃肿、人浮于事;沟通路径过长导致决策迟缓;过于强调程序和规范,形式主义蔓延;明知组织运行效率低,却无法推进改革。这种现象就是"大企业病",如果不能有效地加以应对,组织就会进入衰退阶段。这一阶段,组织成长的动力在于协调(coordination),但同时面临着"繁文缛节风险"(red tape crisis)。

5. 再生阶段

组织进入衰退阶段后,如果不能适时调整组织结构、进行大刀阔斧的改革,可能面临灭亡的命运。然而,多数情况下组织会努力地生存,寻求可持续发展,这就要求进行大胆变革;通过再集权排除阻力、推进改革;通过流程再造对原来过细的分工进行重新整合;有选择地退出部分业务,降低运行成本;通过扁平化,减少组织层级;采用矩阵制组织结构,提高沟通效率;加强与其他组织的合作,谋求共同发展等。这一阶段,组织成长的动力在于合作(collaboration),而面临的风险是人才枯竭(exhaustion of members)。

第二节 组织设计内容

组织设计是一个动态的工作过程,包含了众多的工作内容。组织设计是一个涉及 6 项关键要素的决策过程:工作专门化、部门化、指挥链、管理幅度、集权和分权、正规化。

一、工作专门化

工作专门化(work specialization)是组织设计中的一个核心概念,它指的是将复杂的工作活动细分为若干简单的、专业化的任务单元,每个员工负责完成其中一部分而非整个活动,以优化工作产出和提高效率。在构建组织结构时,工作专门化应充分反映组织目标的各项任务需求,以及这些任务间的分工和协作关系。合理的工作专门化要求分工明确、协作顺畅。分工过细可能导致机构臃肿、协作困难,而分工过粗则可能降低专业化水平。因此,组织设计时需根据实际需求与可能性,科学合理地确定分工的细致程度。这包括管理层次的分工、部门间的分工、职权的划分,以及各项分工间的协调机制,都是工作专门化的具体体现。

亚当·斯密在 19 世纪后期提出了劳动分工的思想,并指出分工有助于提高工作效率。亨利·福特则将这一思想应用于汽车生产,通过生产线作业管理,使每个员工专注于特定、具有重复性的工作,极大地提高了生产效率。工作专门化通过细化工作步骤,使每项操作更加标准化、专业化,从而提高了整体绩效。然而,随着管理实践的发展,工作专门化的负面效应也逐渐显现。过度的专门化可能导致员工产生厌烦情绪、疲劳感、压力感,进而影响工作质量和生产效率。特别是在某些领域,当专门化带来的非经济性超过经济性优势时,便出现了拐点。

因此,工作专门化虽然对于提升组织效率和促进专业发展具有重要意义,但也需要适度控制。在组织设计中,应根据组织的特点、目标以及员工的特性,合理确定工作专门化的程度,确保分工与协作的和谐统一,以实现组织长期稳定的发展。

二、部门化

(一)部门化的定义

部门化是组织设计中不可或缺的核心要素,它将组织中的活动按照一定的逻辑安排,划分为若干个管理单位,即部门。部门是指组织中管理人员为完成规定的任务有权管辖的一个特定领域。部门化的目的在于明确组织中各项任务的分配以及责任的归属,以确保分工合理、职责分明,从而高效达到组织的目标。

(二)部门划分的方法

部门划分的标准多种多样,包括职能、产品、顾客、地区、人数、时间、过程、设备、销售渠道、工艺等。以下是最主要的几种部门化形式。

1. 职能部门化

基于工作或任务的性质进行划分,是组织中最普遍采用的方法。它有利于专业人员的归口管理,也易于对专业人员进行监督和指导,从而提高工作效率。然而,这种部门化方式也容易出现部门本位主义、决策缓慢等问题。

2. 产品部门化

按组织提供的产品来划分部门。这种方式可提高决策效率,便于部门内协作,从而保证产品质量和核算。但这种方式可能导致部门化倾向和行政管理人员过多。

3. 地区部门化

依据地理位置划分部门,如跨国公司依照其经营地区划分出各个分公司。这种划分方式能迅速响应地区环境变化,便于区域性协调,且有利于管理人员的培养。然而,与总部之间的管理职责划分可能较为困难。

4. 过程部门化

按完成任务的过程阶段划分,如机械制造企业的不同车间。这种方式能取得经济优势、充分利用专业技术和技能,并简化培训,但部门间的协作可能较为困难。

5. 顾客部门化

按组织服务的对象类型划分部门。这种方式能更加针对性地满足顾客需求,但只有当顾客达到一定规模时才比较经济。

此外,还有按人数、时间、设备、流程等划分的部门化方式,但在实际工作中,组织很少仅根据一个标准来划分部门,而是经常采用两个或两个以上的部门化方式,形成综合式的组织结构。

(三)部门划分的原则

部门划分应遵循的总原则是分工与协作原则。具体原则包括:尽量减少部门数量,维持最少部门;组织结构应具有弹性,以适应变化;确保组织目标的实现,各部门任务分配应平衡,避免忙闲不均;检查职务和业务部门应分设,检查人员不应隶属于受检查的业务部门。

劳动分工虽然创造了专业化人员及其活动,但也对协调提出了要求。将同类专业化人员及其活动归并到一个部门,在一个管理者指导下工作,可以促进协调。部门化的实质就是将组织中的工作活动按一定的逻辑安排,归并为若干个管理单位或部门,确保各部门间的任务分配合理、职责明确,以实现组织的高效运作。

三、指挥链

指挥链是组织设计中至关重要的组成部分,它代表了职权从组织的最高层管理者连续、明确地传递到最基层员工的路径。这条路径不仅明确了组织成员之间的层级关系,还清晰地界定了谁向谁报告工作的问题。

(一)职权、职责和统一指挥

为了深入理解指挥链的运作机制,首先需要了解与指挥链紧密相关的3个核心概念:职权、职责和统一指挥。

1. 职权

职权作为组织内部的正式权力来源,是管理者为完成管理任务而被赋予的正式权力。这种权力仅与特定的组织职位相关联,旨在确保管理者能够有效地指挥和控制下属,推动组织目标的实现。职权通常分为直线职权和参谋职权两种形式。直线职权赋予管理者直接指挥下属的权力,它从组织的最高层一直延伸到最底层,构成了指挥链的主体部分。参谋职权则为直线管理者提供咨询、建议和辅助性支持,帮助直线管理者解决时间、精力和技能上的不足。

2. 职责

与职权相对应的是职责,它是指管理者在完成工作任务时应承担的义务和责任。管理者在享有职权的同时,也需要承担相应的职责,以确保权力的行使能够符合组织的期望和要求。职责的履行是管理工作的核心,它要求管理者不仅要具备相应的能力和素质,还要具备高度的责任感和使命感。

3. 统一指挥

统一指挥是指挥链中的另一个重要原则,它强调每一个下属应当而且只能向一个上司汇报工作。这一原则有助于确保组织内部信息流的清晰和一致,避免多头领导和冲突命令的产生。在统一指挥的框架下,每个员工都能明确自己的上级是谁,从而更加高效地执行任务并达成目标。

综上所述,指挥链是组织设计中的关键要素之一,它通过明确的职权、职责和统一指挥原则,确保了组织内部信息的顺畅传递和高效运作。在构建和维护指挥链时,需要关注这3个核心概念的平衡和协调,以确保组织目标的实现和员工的成长。

(二)职权划分

在组织内部,最基本的信息沟通是通过职权关系来实现的。一般存在3种不同性质的职权关系:直线职权关系、参谋职权关系和职能职权关系。

直线职权(line authority)是指某个职位、某个部门所拥有的包括发布命令、执行决策等的权力,也就是通常所指的指挥权。直线职权是组织中上级指挥下级工作的权力,表现为上下级之间的命令权力关系。直线职权与等级链相联系,在组织等级链上的管理者一般都拥有直线职权,即他们既接受上级指挥,又指挥下级。如校长对系主任拥有直线职权,系主任对教研室主任拥有直线职权。

参谋职权(staff authority)是指某个职位、某个部门所拥有的包括提供咨询、建议等辅助性的权力,也即指导权。参谋人员是直线人员的咨询人,协助直线人员执行职责。

直线人员与参谋人员之间的界线是模糊的。作为一个管理人员,他既可以是直线人员,也可以是参谋人员,这取决于他行使的职权。如某部门主管对其下属发号施令时,他行使的是直线职权,此时他是直线人员;而他就某方面事务向上级提出建议时,他行使的是参谋职权,此时他便是参谋人员。可见,直线与参谋的概念不应该按部门或其所从事的工作来划分,而应按权力关系来理解。

职能职权(functional authority)是指某个职位、某个部门所拥有的原属直线主管的那部分权力。随着管理活动的日益复杂,主管人员不可能通晓所有的专业知识,为了提高管理效率,主管人员可能将职权关系做某些变动,把一部分本属自己的直线职权授予参谋人员或某个部门的主管人员,这便产生了职能职权。职能职权介于直线职权和参谋职权之间,是一种有限的权力,只有在被授权的职能范围内才有效。

直线人员、参谋人员和职能人员的相互关系,本质上是一种职权关系。在管理工作中,应处理好三者的关系:参谋职权无限扩大,容易削弱直线人员的职权和威信;职能职权无限扩大,则容易造成多头领导,导致管理混乱、效率低下。为此,要注意发挥参谋职权的作用,同时适当限制职能职权的使用。

从直线人员与参谋人员的关系来看,直线人员掌握的是命令和指挥的职权,而参谋人员拥有的则是协助和顾问的职权。参谋人员的职责是建议而不是指挥,他只是为直线主管提供信息,出谋划策,配合直线人员工作的。由此可知,二者之间是"参谋建议、直线命令"的关系。因此,发挥参谋作用时应注意,参谋应独立地提出建议,而直线人员应不为参谋所左右。

适当限制职能职权的使用,这就要求限制使用范围,职能职权的使用将限于解决如何做、何时做等方面的问题,再扩大就会取消直线人员的工作;再者限制使用级别,下一级职能职权不应越过上一级直线职权,如人事处长的职能职权不应越过副总经理这一级。

四、管理幅度

(一)管理幅度的定义

管理幅度,也被称为管理宽度,它指的是一名领导者直接领导或管理的下属人员数。这个数量受到多种因素的影响,如领导者的能力、下属的素质、工作的性质、沟通渠道的效率等。管理幅度的大小直接反映了管理者的工作负荷、管理效率以及组织的灵活性和适应能力。

(二)管理幅度大小的优缺点

1. 宽管理幅度优点

(1)提高工作效率。由于管理者可以管理更多的下属,因此可以减少中间层级,使得信息流通更加迅速,决策更加迅速。

(2)降低管理成本。减少了管理层次,从而降低了管理成本。

(3)提高组织灵活性。由于层级较少,组织可以更加快速地应对外部环境的变化。

2. 宽管理幅度的缺点

(1)管理者负担加重。管理者需要同时处理更多的信息和任务,可能导致工作压力过大。

(2)沟通难度增加。由于下属众多,管理者可能难以与每个下属进行充分的沟通和指导。

(3)决策风险增大。由于信息来源广泛,管理者可能难以准确判断信息的重要性和真实性,决策风险增大。

3. 窄管理幅度的优点

(1)提高管理质量。管理者可以更加深入地了解每个下属的工作情况,提供更为具体和有效的指导。

(2)沟通更为顺畅。由于下属数量较少,管理者可以更加容易地与每个下属进行充分的沟通。

(3)决策更为准确。管理者可以更加准确地掌握下属的工作情况和问题,从而做出更为准确的决策。

4. 窄管理幅度的缺点

(1)管理层次增加。由于每个管理者管理的下属数量较少,因此需要增加管理层级来确保组织的正常运行。

(2)管理成本增加。管理层级的增加会导致管理成本的增加。

(3)组织灵活性降低。由于层级较多,组织在应对外部环境变化时可能会显得较为缓慢。

(三)管理幅度的影响因素

管理幅度的大小受到多种因素的影响,主要包括以下几个方面。

1. 工作能力

一方面,管理者的综合能力是影响管理者把握问题和部署任务的关键影响因素,管理者工作能力强就可以迅速把握问题的关键,就下属的请示给出恰当的指导,并让下属明确理解,从而缩短与每一位下属接触的时间,管理幅度宜适当放宽,反之则宜窄。另一方面,被管理者的工作能力影响管理者的决策和指导,被管理者工作能力强,素质和能力越高,其独立性就越强,可严格执行管理者的任务,管理者的关注可以适当降低,管理幅度宜适当放宽,反之则宜窄。

2. 工作性质

如果工作性质复杂多变,需要更多的监管和协调,那么管理幅度就需要缩小;反之,如果工作性质简单明了,则可以适当扩大管理幅度。同理,主管人员涉及的问题复杂、困难或涉及方向性、战略性问题,其管理幅度宜窄;下属工作的相似性越大,则管理幅度宜适当加大。

3. 沟通渠道

如果沟通渠道畅通无阻,信息传递效率高,那么管理幅度就可以适当扩大;反之,则需要缩小管理幅度以确保信息的有效传递。

4. 组织文化

组织文化的凝聚力和向心力也会影响管理幅度的选择。如果组织文化强调团队合作和共享信息,那么可以适当扩大管理幅度;反之,则需要缩小管理幅度以避免信息失真和沟通障碍。

综上所述,管理幅度是组织设计中一个重要的概念,其大小需要根据组织的实际情况进行选择和调整。在确定管理幅度时,需要综合考虑多种因素以确保组织的高效运作和持续发展。

(四)管理幅度的确定方法

管理幅度可以根据格拉丘纳斯的上下级关系理论确定。法国管理顾问格拉丘纳斯在1933年首次发表的论文中,提出了分析上下级关系的数学模型。

$$C = N(2^{N-1} + N - 1)$$

式中:C 为各种可能存在的联系总数,即关系数;N 为一个管理者直接控制的下属人数,即管理幅度。

当 $N=1$ 时,$C=1$;当 $N=2$ 时,$C=6$;当 $N=3$ 时,$C=18$;当 $N=10$ 时,$C=5210$。

可见,随着管理幅度的增加,上下级之间的相互关系数在按几何级数增加。这说明管理较多下属的复杂性,因此主管人员要确定合理的管理幅度。需要指出的是,格拉丘纳斯的上下级关系数计算公式没有涉及上下级关系发生的频数和密度,这使其适用性受到限制。总之,管理幅度受多方面因素的影响,这也决定了管理幅度具有很大的弹性。

五、集权和分权

(一)集权和分权的定义

在组织设计中,集权和分权是决策权分配的核心议题。这一结构设计决定了"决策是在哪个组织层级制定的?"这一管理工作中需回答的关键问题。集权与分权并不是非此即彼的概念,而是关于权力下放程度的相对概念。绝对的集权意味着没有下级组织结构,所有事务均由高层管理者决策;而绝对的分权则意味着没有高层管理者,决策权完全下放至基层。实际上,任何组织都倾向于在这两者之间找到一种平衡。

集权(centralization)是指决策权在组织系统中较高层级上一定程度的集中。这意味着权力主要集中在组织的顶层,高层管理者掌握着主要的决策权,下级部门需按照上级的指示执行。集权制度在历史上被证明在某种程度上是有效的,特别是在组织规模较小、外部环境稳定时,它有助于确保决策的一致性和执行力。

然而,随着组织规模的扩大和外部环境的快速变化,分权(decentralization)成为了一种明显的趋势。分权是指决策权在组织系统中向较低层级一定程度地分散,使得下级部门能够在其职责和权限范围内自主决策。这种趋势有助于提高组织的灵活性和响应速度,使组织能够更好地适应环境变化。

(二)影响集权与分权的主要因素

(1)组织的规模。大型组织需要决策的问题多,沟通协调复杂,宜于分权;小型组织则更易于集中决策。

(2)决策的重要性。关键和重大决策需要由高层集权;日常和次要决策可分权至下级。

(3)组织文化。强调团队合作和自主性的组织文化倾向于分权,而强调层级控制和统一指挥的文化则倾向于集权。

(4)下级管理人员的素质。下级管理人员能力强、数量充足时,倾向于分权;反之,则倾向于集权。

(5)控制技术的发展程度。先进的控制技术和手段能够加强组织的权力分配倾向,即集权的更集权,分权的更分权。

(6)环境的影响。外部因素如政治、经济等常促使组织集权。

此外,组织的生命周期、决策代价、控制的可能性等因素也会影响集权与分权的程度。随着组织从成立初期逐渐发展壮大,管理方式往往由集权逐渐过渡为分权。在决策过程中,高层主管需要考虑决策失误的代价,以及分权后能否保持对下属的有效控制。

在今天的组织环境中,分权化已经成为一种明显的趋势。这种趋势有助于提高组织的灵活性和主动性,使组织能够更快速地响应环境变化。基层管理人员由于更贴近生产实际,对问题的了解更为深入,因此他们对自己管辖范围内问题的反应速度和处理方式往往优于高层管理者。然而,组织最终采用何种程度的集权或是分权,仍取决于如何能更好地进行决策和实现组织目标。

六、正规化

正规化(formalization)是组织设计中的一个核心要素,它关乎组织中各项工作的标准化程度以及员工行为受正式规则和程序约束的程度。正规化水平的提高意味着组织内部具有更为明确的职位说明、规则条例以及工作程序,从而限制了员工在执行任务时的自主权。相反,低正规化的组织则赋予员工更大的工作自主权,使其能够灵活应对各种情况。

在现实中,不同组织的正规化程度存在显著差别,即使在同一组织内部,由于部门、职能或项目的不同,正规化程度也可能有所差异。高正规化的组织通过制定严格的职务说明和组织规则,确保员工行为的一致性和可控性,这对于提高组织效率和减少错误具有积极作用。然而,过度的正规化也可能导致员工缺乏创新精神和灵活性,影响组织的适应能力。

在当今的组织管理实践中,许多组织倾向于减少对员工的严格规则和标准约束,以激发员工的创造力和主动性。这种趋势并不意味着可以抛弃组织中的所有规则,而是要在保证组织基本运行秩序的前提下,为员工创造更为宽松和自主的工作环境。因此,在进行组织设计时,应根据组织的具体情况和战略目标,权衡正规化的利弊,选择适当的正规化程度,以实现组织的长期稳定发展。

第三节　组织结构类型

一、直线型组织结构

直线型组织结构(line organization structure)是上级领导者直接而全面地管理下属组织的一种组织形式(图4-1),是一种最简单的组织结构形式。组织中所有职位都实行从上到下的垂直领导,下级部门只接受一个上级的指令,各级负责人对其下属的一切问题负责。

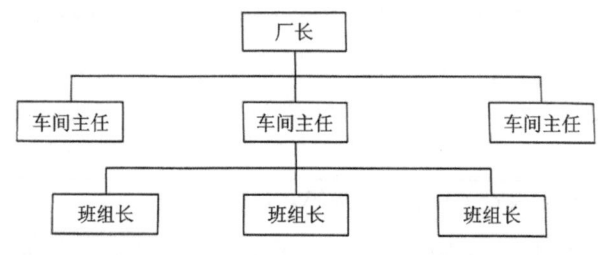

图 4-1　直线型组织结构图

1. 直线型组织结构的优点

(1)设置机构简单。组织不设专门的职能部门,各级领导执行全部职能。只要确定管理幅度,组织就可以根据规模确定管理所需要的层级,不需要设计复杂的职能部门和参谋。

(2)权责关系明确。上级只分管几个部门,下属只接受一名上级的领导,每一个层级管理者的职责、权力非常清晰。

(3)有利于组织的有序运行。上下级之间是垂直的关系,信息传递便捷、决策迅速,便于统一指挥和集中管理。

2. 直线型组织结构的缺点

(1)缺乏横向协调关系。强调纵向联系,缺少横向沟通渠道,导致沟通路径长,缺乏横向沟通渠道,难以协调不同部门之间的工作。

(2)专业化水平低。各层领导机构无专业分工,每个管理者需要全面负责本部门的工作,难以提高专业管理水平。

(3)管理人员要求高。管理者需要全方位负责本部门的工作,要求每个管理者通晓部门的所有事务,导致管理人员培养成本高,难以找到合适的人。

随着组织规模扩大、人员数量增加以及管理工作日益复杂,直线型组织结构的局限性变得更加明显,不能够满足组织发展的需要。因此,初创期的组织倾向于选择直线型组织结构,但随着组织发展需要考虑更为灵活和适应性强的组织结构。

二、职能型组织结构

职能型组织结构(functional organization structure),又称为分职型或分部型组织结构,是一种按专业分工设置管理职能部门的组织形式(图 4-2)。在此结构下,各职能部门在其业务范围内有权力向下级发布命令和指示,下级需同时听从领导者和上级职能部门的指挥。与直线制组织相比,职能制组织将相应职能的管理职责和权力交给职能机构,由多个管理者包括参谋在内对下属的工作进行指挥。

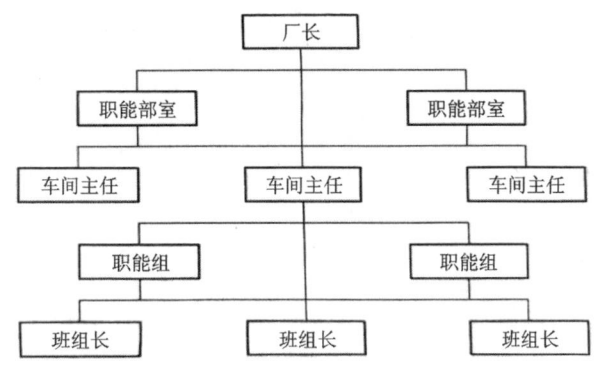

图 4-2　职能型组织结构图

1. 职能型组织结构的优点

(1)专业化程度高。参谋的设置有利于发挥专家作用,充分发挥职能机构专业管理的作用和专业管理人员的专长,提高管理的专业化水平,适应大生产分工协作的要求。

(2)减轻管理人员压力。参谋能够从不同角度为管理者提供决策依据,使其专注于处理最重要的决策工作,从而减轻管理人员的压力。

(3)降低管理成本。减少了设备和职能人员的重复性,有利于降低管理成本。

2. 职能型组织结构的缺点

每一级部门需要同时接受直线部门和职能部门的指挥,容易形成多头领导,违背了组织设计的统一指挥原则,不利于明确划分各行政直线部门和职能部门的权责,影响工作的正常运行,企业一般不采用职能型组织结构。

三、直线职能型组织结构

直线职能型组织结构(line and staff organization structure)是基于直线制和职能制组织结构的优缺点,取长补短而形成的一种组织形式(图 4-3)。它在直线型组织结构的基础上增设职能部门,使得管理既具有统一指挥的优势,又能兼顾专业化管理的特点。

1. 直线职能型组织结构的优点

(1)统一指挥与专业化管理相结合。直线职能型组织结构融合了直线型和职能型组织结构的优势,既保持了统一指挥的优势,又具备了专业化管理的特点。

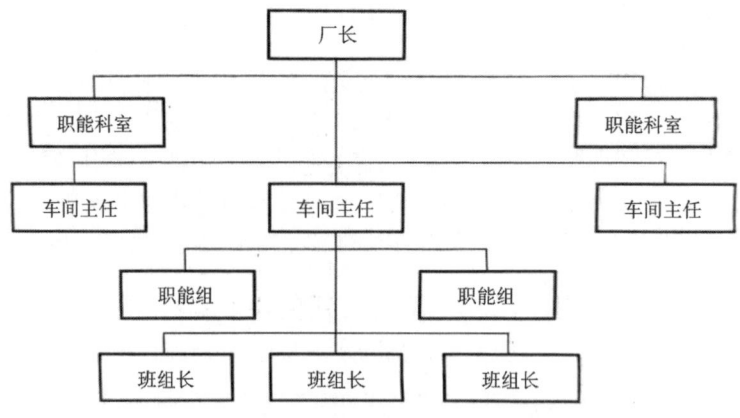

图 4-3　直线职能型组织结构图

（2）减轻管理者负担。通过设置职能部门，不再要求管理者成为通才，能够有效地减轻管理者的负担，避免了职能型组织的多头指挥问题。

2. 直线职能型组织结构的缺点

（1）协调难度加大。直线部门与职能部门存在目标不一致的情况，可能导致职能部门越权，增加组织内部冲突，协调难度加大。

（2）损害下属的自主性。增加管理者数量往往伴随着权力集中的趋势，形成高度集权的管理结构。在这样的组织中，决策通常由少数高层管理者集中制定，而下属则往往较少地参与决策过程，限制了他们的自主性。

（3）降低对环境的适应能力。结构缺乏弹性，对环境变化的适应能力降低，难以有效地应对外部环境的挑战。

（4）降低决策效率。部门增多导致沟通路径加长，信息传递不畅，进而降低了决策效率。

虽然存在一些缺点，但直线职能型组织结构在实践中仍被广泛采用。通常情况下，它适用于规模不大、产品种类不多、内外部环境比较稳定的中小型企业。

四、事业部型组织结构

事业部型组织结构（divisional organization structure）是一种分权式管理体系，将组织按产品、地区或市场划分为独立的事业部，每个事业部拥有自主权和独立经营权，可以实行自负盈亏和独立核算，同时总部保留对重要事项的决策权和监督职能（图 4-4）。

1. 事业部型组织结构的优点

（1）管理灵活和适应性强。事业部在产品、地区或市场的划分下，能够更灵活地应对不同的市场需求和竞争环境，提高了组织的适应性。

（2）培养通才型管理人员。事业部经理需要全面负责事业部的经营管理，有助于培养管理人员的多方面技能和全局意识，从而形成通才型管理人才队伍。

（3）提高环境适应能力。事业部独立经营，能够灵活应对市场变化，同时多个事业部的存在增加了组织对环境变化的应对能力，有利于降低组织面临的风险。

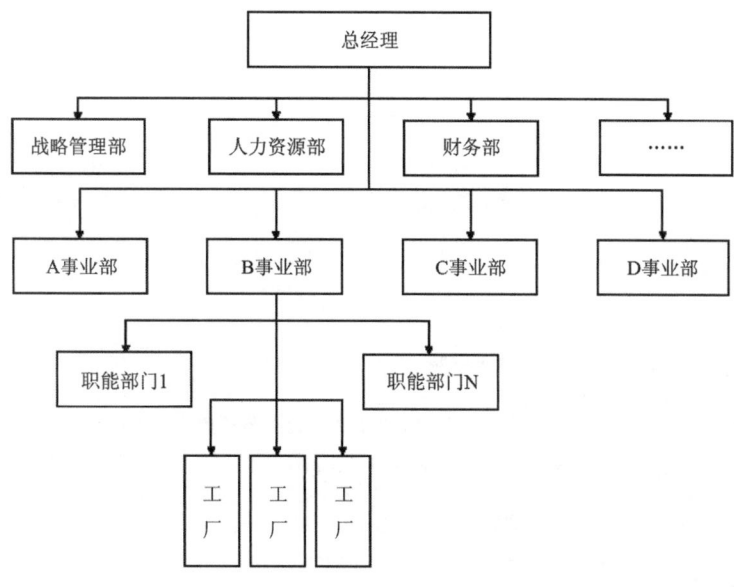

图 4-4 事业部型组织结构图

（4）分散决策权。决策权下放到各个事业部，使得决策更加接近实际情况，能够更快地做出灵活的应对措施。

2. 事业部型组织结构的缺点

（1）管理成本增加。总部和各事业部均需要设立完备的职能机构，导致管理人员数量增加，管理成本上升。

（2）本位主义滋生。各事业部之间可能会出现本位主义，只关注本部门利益而忽视整体利益，导致协调困难和资源浪费。

（3）决策困难。事业部之间的独立经营可能导致资源分配不均衡和重复投资，使得总部难以进行整体规划和协调。

（4）管理层重叠。每个事业部都需要设立相应的管理机构，可能导致管理层次重叠，增加了组织的复杂性和管理难度。

事业部型组织结构适用于规模较大、产品种类较多、生产工艺差异较大、市场分布广泛且变化较快的大型组织，能够有效地应对复杂多变的市场环境，提高组织的竞争力和适应性。

五、矩阵型组织结构

矩阵型组织结构（matrix organization structure）是一种同时具有垂直和水平领导关系的管理体系，以项目为单位进行组织，每个成员同时接受来自职能部门和项目组的领导，适用于需要横向协作的攻关项目（图 4-5）。

1. 矩阵型组织结构的优点

（1）机动性强。矩阵型组织结构能够快速组合和解散项目组，成员来自不同部门，具有很好的机动性，有利于灵活应对项目需求。

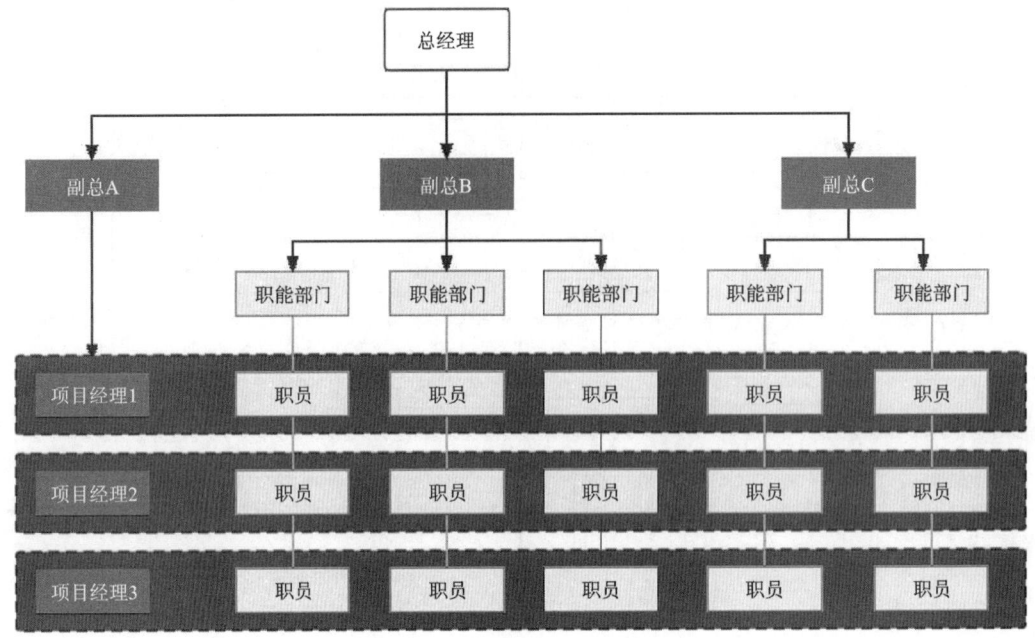

图 4-5　矩阵型组织结构图

(2)目标明确、人员结构合理。项目目标明确,每个项目组成员来自相关部门,确保人员结构合理,有利于项目的高效执行。

(3)异质组合促进创新。来自不同部门的成员具有不同的专长和经验,能够相互启发,促进创新,使得团队更具活力和创造力。

(4)沟通顺畅。成员同时接受来自职能部门和项目组的领导,形成了网络状的信息传递通道,有利于内部沟通和协作。

2. 矩阵型组织结构的缺点

(1)稳定性差。成员被抽调影响原部门工作,项目完成后岗位安排可能存在问题,影响组织稳定性。

(2)多头指挥。每个成员同时接受来自职能部门和项目组的领导,容易导致多头指挥,影响工作效率和目标的实现。

(3)权力不对等。项目组负责人责任大于权力,可能影响其积极性,导致项目执行效率不高。

矩阵型组织结构适用于临时性的、需要多个部门密切配合的项目,如重大工程项目、新产品研发或管理改革任务。矩阵型组织结构的灵活性和协作性能够有效应对复杂多变的项目需求。

六、网络型组织结构

网络型组织结构(network organization structure)是由多个独立的个人、部门和企业组成的联合体,通过密集的多边联系、互利和交互式的合作来共同完成任务,不依赖传统的层级控制,而是在定义成员角色和任务的基础上进行协作(图 4-6)。

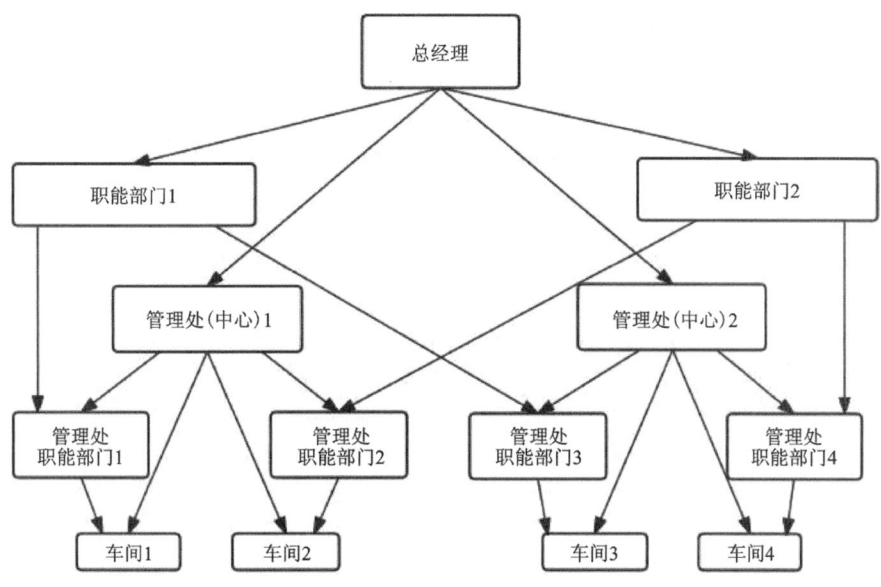

图 4-6 网络型组织结构图

1. 网络型组织结构的优点

(1) 全球竞争能力。网络组织可以全球化运作,即使规模较小,也能够利用全球资源,实现最优品质和价格,并在全球范围内提供产品和服务。

(2) 灵活性和挑战性。灵活性体现在可以按需购买所需服务,随后在几个月内进行更改,而不受工厂、设备和设施的约束。挑战性来自更大的工作变动和在精干组织中工作的满足感。

(3) 精干结构。网络型组织需要的管理者较少,不需要大量的参谋和管理人员,可能只有2～3层层级结构,相比传统组织的层级结构要简洁、高效。

2. 网络型组织结构的缺点

(1) 缺乏实际控制。经理不直接控制所有操作,而必须依赖合同、合作、谈判和电子信息来运作一切,这可能导致不确定性增加,而且可能会损失组织的某些利益。

(2) 员工忠诚度低。员工可能觉得自己可以被外包服务所取代,难以培养出有凝聚力的企业文化,人员流动频繁,员工和公司之间的情感联系较弱。

(3) 风险管理困难。由于必要的服务不在直接的管理控制之下,面临风险时,组织可能难以应对,一旦出现承包商失误、退出或工厂破坏等情况,总部组织可能会受到较大干扰。

网络型组织结构适用于需要灵活应对市场变化、利用全球资源的情况下,但也需要注意管理风险和维护员工忠诚度。

七、团队型组织结构

团队型组织结构(team-based organizational structure)是一种员工广泛参与企业管理的组织形式,其中跨职能团队由来自不同职能部门、可相互信赖的员工组成,共同解决问题并共同工作。团队成员向其职能部门和团队报告,具有灵活性和高度的合作性。

1. 团队型组织结构的优点

(1)克服组织缺点。团队型组织能够克服传统的职能式、自上而下的组织结构的缺点。它保持了一些职能结构的优势,如规模经济和深层次的培训,同时从团队合作中受益。

(2)快速适应性。团队概念使组织能够快速适应客户需求和环境变化,决策速度加快,不需要经过高层同意,有利于及时响应市场变化和客户需求。

(3)提高士气。在团队型组织中,员工参与大项目而不仅仅是完成部门任务,工作变得更加丰富,责权得到下放,管理层次减少,有利于提高员工士气和参与度。

2. 团队型组织结构的缺点

(1)冲突和双重忠诚问题。跨职能团队和部门经理对员工提出的要求可能存在差异,参与多个团队的员工需要解决冲突和双重忠诚问题,可能会花费大量时间在会议上,增加磨合时间。

(2)生产效率损失。如果团队型组织没有真正需要团队来应对复杂项目或适应环境的情况下,可能会造成生产效率的损失。此外,团队型组织可能使权力过度分散,部门经理可能感到被忽视,员工可能做出对团队有利但对公司整体不利的决策。

团队型组织结构适用于需要灵活、高度合作和快速响应市场变化的情况,但需要注意解决冲突和维护组织整体利益。

八、平台型组织结构

平台的概念最初起源于产品设计与开发领域,随后逐渐扩展到技术、产业和跨产业交易等多个领域。平台被定义为一系列可共享的资产集合,这些资产可以是实体形式的基本组件,也可以是非实体形式的知识、人才、关系网等。平台型组织的兴起,是随着信息技术的发展和市场竞争的加剧,企业为寻求更高效、更灵活的组织形式而做出的积极探索。

平台型组织是一种基于平台理念构建的新型组织形态,它打破了传统科层制组织的边界,通过连接双边或多边(人才、资源、市场机会等)实现价值创造。平台型组织强调开放、共享、合作、共赢的价值逻辑,致力于构建一个生态系统,促进平台参与者之间的交互和协同。

1. 平台型组织结构的特性

(1)开放性。平台型组织具有高度的开放性,能够吸引和整合来自不同领域、不同背景的资源和人才,形成多元化的生态系统。

(2)共享性。平台型组织注重资源的共享和复用,通过提供共享平台和服务,降低参与者的成本和风险,提高整个生态系统的效率和竞争力。

(3)协作性。平台型组织强调参与者之间的协作和互动,通过构建协作网络和机制,促进知识的共享和创新的产生,实现价值的共创和共享。

(4)创新性。平台型组织鼓励创新,通过提供创新的工具和环境,激发参与者的创造力和想象力,推动整个生态系统的持续发展和进化。

2. 平台型组织结构的优势

(1)网络效应。平台型组织通过连接双边或多边参与者,形成一个庞大的网络,这个网络中的参与者可以相互协作、共享资源、创造价值,形成强大的网络效应。当一个平台型组织所能吸引的资源(服务提供者)越多,消费者的需求就越能得到满足,呈现螺旋上升的正向循环趋势。

(2)演化能力。平台型组织具有强大的演化能力。在不断变化的市场环境中,平台型组织能够迅速适应新的需求和挑战,通过调整规则、优化机制、引入新的参与者等方式,推动整个生态系统的演化和升级。

海尔集团是传统制造业向平台型组织转型的典型代表,是中国企业界组织平台化的最佳实践者。海尔从传统家电制造商到构建平台型组织的转型之路,是一个典型的平台型组织构建的案例。在转型过程中,海尔首先打破了传统的科层制结构,通过构建超模块平台组织,将资源、技术、市场等要素重新整合,形成了一个灵活、高效的创新生态系统。在这个平台上,海尔鼓励员工和合作伙伴进行客制化创业,利用自身的专业知识和市场洞察力,开发符合消费者需求的新产品和服务。同时,海尔积极构建开放共享的生态系统,吸引各方利益相关者共同参与,形成合力创造价值。在转型过程中,海尔不断优化平台功能,创新激励机制,提升用户体验,确保平台的持续吸引力和竞争力。通过这一系列的战略举措,海尔成功转型为平台型组织,实现了组织内外的顺畅沟通与高效协同,推动企业的持续发展。

第四节 人员配备

一、人员配备的原则和程序

(一)人员配备的原则

1. 任人唯贤原则

这一原则强调了在选用人才时应该以能力和素质为唯一标准,而不受其他因素的影响。无论是在招聘、晋升还是选拔人才方面,都应该坚持公平公正、实事求是的原则,确保真正有才干的人得到应有的机会和待遇。

2. 因需择人原则

它强调在人员选拔和配备过程中,首先要根据工作岗位的实际需求,选择具备相关知识和技能的人员,确保其能够胜任工作任务。同时,也要考虑到每个人的个体差异和特长,合理安排其工作岗位,以最大程度地发挥其潜能和优势。这一原则全面地考虑了工作需求与个人能力之间的平衡,有助于实现人与事的优化组合,提高工作效率和员工满意度。

3. 程序化、规范化原则

为了确保人员选聘的公平和透明,必须遵循一定的程序和标准。这包括制订明确的选拔标准和流程、公开招聘的职位信息,以及建立完善的评价机制。只有这样,才能保证选拔到真正适合组织的人才,为组织的发展壮大提供坚实的人才基础。

4. 人事动态平衡原则

由于组织和个人都是在不断发展变化的,因此人员配备也需要进行动态调整。这意味着不仅要根据组织的发展需要调整人员的分配和配置,还要根据个人的成长和发展调整其工作任务和职责。只有保持人与事的动态平衡,才能确保组织的长期稳定和可持续发展。

(二)人员配备的程序

1. 确定组织人员需要量

确定组织人员需要量的主要依据是组织设计出的岗位职务类型和岗位职务数量。这一步骤是人员配备过程的起点,它要求对组织结构和职责进行全面分析,通过确定组织的岗位职务类型和数量,可以确保每个职务都有专门的人员来负责。例如,区分管理人员和生产操作人员,以及不同层次的管理人员,能够为人员配备提供清晰的方向。在现有组织进行人员调整时,需要检查现有人力资源情况,并与设计的职务进行比对,从而确定需要从外部招聘的人员类型和数量。

2. 选配合适人员

这一步骤涉及从内部和外部选择适合岗位要求的人员。在选聘过程中,需要进行全面的评估,包括候选人的技能、经验、资历和文化适应性等方面。针对外部候选人,评估其实际工作能力可能存在困难,而对内部候选人的评估则需要在过去工作表现的基础上考虑其是否适合新的岗位要求。因此,这一步骤需要谨慎、细致地进行,以确保最佳人选的选择。

3. 制订和实施人员培训计划

人员培训是人员配备过程中的关键环节,它有助于确保组织成员具备完成工作所需的技能和知识。培训计划应该根据组织的具体情况来制订,包括成员的特点、技术需求、环境等因素。培训不仅仅是为了适应技术变革和规模扩大的需要,也是为了个人的成长和发展。特别是针对未来的管理人员,培训应该更加有针对性,以提高他们对组织的忠诚度并展示其在组织中的发展前景。

二、人员选聘

(一)管理人员需要量的确定

管理人员的配备应首先确定管理人员需求总量,确定的依据主要包括:①组织现有的规模、机构和岗位。根据管理职位的数量和种类来确定每年企业平均需要的管理人员数量。②管理人员的流动率。根据各管理岗位上管理人员的流动率,每年有计划地对人员减员的数量进行补充。③组织发展的需要。根据预测和评估组织未来发展的要求来确定现有管理人员的规模和将来的需求计划。

第四章 组 织

(二)人员的来源

1. 内部人员来源

内部人员是组织首选的晋升或调动的对象,通过内部选拔和提升来填补职位空缺。这种方式的优势在于能够提高组织的选聘效率,因为组织已经对内部成员有一定了解,可以更准确地评估其适合性和能力。此外,内部提拔和调动也会激发员工的士气和工作积极性,因为他们看到自己有机会在组织内部发展和晋升。这种方式还有利于组织保持稳定性,因为员工对组织已经有了一定的认同感和归属感。

内部选聘也存在一些缺点。首先,可能缺乏新鲜血液和新思维,因为内部成员可能受到组织文化和惯例的影响,难以带来全新的观点和想法。其次,过度依赖内部人员可能会导致内部人员的技能局限于现有技能,难以应对新的挑战和变化。此外,如果内部选拔和提拔机制不够公平透明,可能会引起其他员工的不满,动摇他们对组织的信任。因此,在对内部人员进行晋升或调动时,组织需要确保选拔和提拔过程公平、公正,注重激励和培养内部成员的潜力,同时也要开放心态,欢迎新思维和新人才的加入,以保持组织的活力和竞争力。

2. 外部人员来源

外部招聘是指从组织外部引进新的人才。外部招聘可以带来新观念、新技术和新方法,为组织注入新鲜的血液。外部人员没有内部成员的历史包袱,有利于缓和内部竞争,但可能需要较长时间适应组织环境和工作。外部人员的具体来源主要有内部人员介绍推荐、上门求职者、劳务中介机构、教育机构、网络招聘等。

外部招聘也有其不足之处:一是适应周期长,外部人员可能需要一段时间才能适应组织文化和工作方式,导致上岗周期较长;二是可能引起内部不满,外部招聘可能降低内部员工的晋升机会,导致内部员工不满和流失;三是存在选错人风险,外部招聘可能面临选错人的风险,因为对候选人的了解程度有限,可能无法准确评估其适应性和工作表现。

(三)人员选聘的标准

在人力资源招聘中,能岗匹配被视为黄金法则,也是确保招聘成功的核心标准。这意味着组织应该尽量确保招聘到的员工能力与岗位要求相匹配。实现能岗匹配的目标包括以下3个方面。

(1)人员的技能应与岗位的职责相匹配。这意味着应聘者需要具备完成岗位工作所需的基本技能。为了达到这一目标,组织需要进行充分的工作分析,明确岗位职责,然后将这些要求编制成职位说明书,以便应聘者了解岗位的要求并进行自我筛选。

(2)人员的个性应与岗位的特点相匹配。个性是由遗传和后天学习形成的心理特质,不同的个性会使人在解决问题、自主性、学习能力和人际关系技能等方面表现出不同的特点。因此,招聘过程中需要将应聘者的个性特征与岗位要求有机结合起来,以确保人员的个性与岗位特点相匹配。

(3)人员的价值观应与组织的价值观相匹配。价值观影响着个体对事物的认识和行为,

绿色可持续发展企业管理学

因此,组织成员个体的价值观与组织的价值观的契合程度将影响其对组织的忠诚度。组织应该向应聘者清楚地介绍组织的价值观和文化,让应聘者能够权衡选择,以提高组织成员的稳定性和忠诚度。

(四)人员录用

人员录用是依据选拔的结果做出录用决策并进行安置的活动,其中关键的内容是做好录用决策。录用决策是依照人员录用的原则,避免主观武断和不正之风的干扰,把选拔阶段多种考评和测验结果组合起来,进行综合评价,从中择优确定录用名单。

1. 人员录用原则

作为选拔过程的关键环节,应遵循以下原则进行:全面衡量原则,组织应根据实际需要,综合考量应聘者的各项能力素质,包括专业技能、工作经验、团队合作能力等,权衡各项能力的重要性,并根据权重进行评分;减少决策人员数量原则,在决定录用人选时,应避免涉及过多人员,以免出现争论和浪费时间的情况;避免苛求原则,在录用决策时,应注重主要问题的评估,不应过于苛求,应将重点放在应聘者是否能够胜任工作岗位上,而不是过分关注个人的细枝末节。

2. 人员录用流程

人员录用流程是组织管理者根据组织特色制订的一套录用计划和执行步骤,主要包括以下几个阶段:①录用准备,在此阶段,组织应根据人力资源规划及岗位工作分析,制订录用计划,并选择适当的招聘渠道发布信息,吸引符合条件的应聘者;②录用甄选,在甄选阶段,组织应通过简历筛选和组织考评,确定符合条件的应聘者进行进一步的面试和测试;③录用实施,在实施阶段,组织通过综合评价所有应试者,根据录用标准和计划确定录用名单,并办理录用手续,包括洽谈工资、福利待遇等问题,签订劳动合同,确立与新员工之间的雇佣关系;④录用评估,组织应对录用活动进行总结和评估,包括成本核算和录用质量评估,以及将有关资料整理归档,为后续的人才管理工作提供参考。

三、人事考评

人事考评是指针对主管人员进行的工作绩效评价,进行绩效评估对企业经营和员工个人发展都具有重要的作用和意义。首先,绩效评估为晋升和培训提供了可靠的依据。通过对主管人员的工作绩效进行评价,企业可以判断应该对哪些人员进行晋升,或者哪些人员需要接受进一步的培训,以提高其工作能力和素质。其次,绩效评估的结果为调整组织结构和管理人员职位提供依据。绩效评估是完善组织工作和调整主管人员职位的必要手段。绩效评估所提供的信息有助于企业判断应该做出何种晋升或工资方面的决策。评估结果可以作为制订晋升计划、调整薪酬体系等人事决策的重要参考依据。通过考评,企业可以调整主管职位上的各级管理人员,淘汰不称职的员工,选拔和聘用具有真正才能的员工,从而优化组织的人才结构和管理团队。对员工而言,绩效评估与奖惩制度紧密结合,可以提升员工积极性,激励员工为组织目标做出更大的贡献。与此同时,绩效的有效评估能够促进员工个人发展。通过定期的绩效评估,管理人员可以了解自己在工作中的优势和不足,从而有针对性地制订个人发展计划,并通过培训等方式提升自己的工作能力,实现个人成长和职业发展。

(一)人事考评的内容

在人事考评中,考评内容指的是对员工在特定时期内的绩效、能力、行为和贡献等方面进行全面、客观评价的具体范围和项目。考评内容的确定应基于组织的战略目标、岗位职责和员工的职业发展需要,以确保考评结果能够真实反映员工的综合表现,并为员工的职业发展提供有针对性的指导。考评内容通常包括以下几个方面。

(1)绩效考评。主要关注员工在特定时期内完成工作任务的情况,包括工作数量、工作质量、工作效率和工作效果等方面。绩效考评是人事考评的核心内容,直接反映员工对组织目标的贡献程度。

(2)能力考评。评估员工在工作中所表现出的各项能力,如决策能力、领导能力、沟通能力、团队协作能力、创新能力等。能力考评有助于了解员工在现有岗位上的胜任情况,以及是否具备担任更重要工作的潜力。

(3)行为考评。关注员工在工作中的行为表现,如工作态度、工作纪律、职业道德等方面。行为考评有助于了解员工的职业素养和团队合作精神,对于塑造良好的企业文化具有重要意义。

(4)贡献考评。评估员工在特定时期内对企业整体发展所做出的贡献,如创新成果、成本节约、客户满意度提升等方面。贡献考评有助于激发员工的积极性和创造力,推动企业目标的实现。

在确定考评内容时,应充分考虑组织的特点和员工的实际情况,确保考评内容具有针对性、可操作性和可比性。同时,考评内容也应与组织的战略目标紧密相连,以确保考评结果能够为组织的决策提供有力支持。

(二)人事考评的方式与方法

1. 考评方式

在进行人事考评时,为了全面、客观地评价主管人员的绩效,常采用自我考评、上级考评和群众考评等多种方式。自我考评是主管人员按照组织要求定期对自己的工作进行评价,通常通过述职报告等方式来进行。这种方式有助于主管人员自我反省,提升自己的政治素养、业务水平和管理能力。但缺点是,对过度注重成绩的人来说,可能会存在不诚实行为或者忽视不足之处等情况。上级考评是上级对下级的绩效进行评价。一般情况下,直接上级考评的结果相对真实客观,因为直接上级对下属的工作表现有更深入的了解。群众考评则涉及除上级主管以外的所有人,例如同级主管、下属以及主管人员自己。这种方式的优点在于评价者之间相互接触较多,了解更全面,因此评价相对客观可信。缺点是主管人员的人际关系可能会对评价产生影响。

2. 考评方法

(1)考试法。考试法分口试与笔试两种。笔试是通过书面形式进行考核,主要考察主管人员的知识掌握程度和理论水平。主管人员需要回答一系列问题或者完成一些任务。口试是通过面对面的交流方式进行考评。口试可以分为"问题式口试""漫谈式口试"和"适应性口试"3种。"问题式口试"指主管人员被要求回答一系列问题，以考查其知识水平和理论水平；"漫谈式口试"指考官和主管人员进行自由对话，以评估其潜在能力和思维方式；"适应性口试"指通过提出一些极端或者挑战性的问题，来考查主管人员的应变能力和处理问题的能力。

考试法的优点在于相对简便易行，能够比较客观地考核主管人员的知识水平。但考试法也存在很难全面评估主管人员的实际才能、创造力和应变能力等局限性。

(2) 成绩记录法。成绩记录法基于主管人员的工作成绩记录来评估其绩效，通常与目标管理相结合。主管人员的工作表现会被详细地记录下来，包括工作完成情况、工作质量、创新能力、团队合作等方面的表现。记录可能涵盖日常工作、项目完成情况、客户反馈等信息。这种方法的优点在于能够客观地反映主管人员的工作表现，便于直观地了解其在工作中的优点和不足。同时，成绩记录法也有助于监督和指导主管人员的日常工作，促使其在工作中更加努力和有效率。

(3) 关键事件法。关键事件法是一种常用的绩效评估方法，通过记录主管人员在工作活动中表现出的最佳行为或不良行为，并在一段时间后根据这些记录来评价其工作绩效。关键事件法的优点在于，评估结果有事实作为评价依据，能够全面客观地反映主管人员在工作中的表现。此外，通过记录关键事件，还可以帮助主管人员更清晰地认识到自己的工作优势和不足之处，从而有针对性地改进和提升工作表现。

(4) 目标管理法。目标管理法的核心思想是通过与员工共同制定明确的工作目标，并定期评估员工的工作表现与目标完成情况来进行绩效评估。该方法通常包括目标制定、目标达成度评估、绩效反馈、绩效考核等步骤。优点在于，它能够促使员工明确工作目标、提高工作效率，并通过定期反馈和评估帮助员工不断改进和提升工作表现。此外，该方法还能够加强员工与主管之间的沟通和合作，增强员工的责任感和归属感，有利于组织整体目标的达成。

(5) 等级评估法。等级评估法是将员工的工作表现按照一定的等级进行评定，以确定其绩效水平和绩效等级。在进行等级评估之前，需要明确评估的内容和标准。评估人员会根据事先确定的评分标准，为每个评估项目设定不同的等级。在评估周期结束时，评估人员会根据员工的工作表现，对每个评估项目进行评定，给予相应的评分等级，并对员工在各项评估项目中所获得的分数进行汇总和计算，得出总分数。根据总分数的高低，确定员工的绩效等级和绩效评定结果。通常情况下，绩效评定结果会以文字描述的形式进行说明，指出员工的绩效水平和存在的问题，并提出改进建议和发展计划。

等级评估法的优点在于，它能够简化绩效评估的过程，使评估结果更加直观和易于理解。此外，等级评估法还能够促使员工在工作中不断提高，激发其工作积极性和创造力，有利于实现组织和员工共同发展的目标。等级评估法也存在一些局限性，例如评分标准可能存在主观性和不确定性，评估结果可能受到评估人员个人偏见的影响等。

(三) 人事考评的注意事项

为了使考评结果更具客观性和可操作性，主管人员在考评过程中应注意以下几点。

（1）明确工作绩效评价标准。缺乏明确的标准会导致主观印象或感觉成为主导，难以得到客观的评价结果。

（2）确保标准的可操作性和客观性。评价标准应建立在对工作的深入分析之上，评价标准应与实际工作密切相关。

（3）提高评价标准的可衡量性。绩效评价标准应包括数量和质量两方面的标准，以便验证和比较实际绩效的进展程度或完成情况。

四、人员的培训与发展

（一）人员培训

1. 人员培训的定义

人员培训是组织为提升其员工在知识、技能、态度等方面的能力，以适应组织发展需求，提高组织整体效能而采取的一系列有计划、有目的的培养和训练活动。通过培训，员工能够更好地胜任本职工作，或承担更高级别的职务，进而为组织的长期发展做出贡献。

2. 人员培训的分类

（1）入职培训。入职培训是新员工进入组织后，由组织安排的一系列培训活动。这些活动旨在帮助新员工了解组织文化、规章制度、工作环境、岗位职责等，使其能够快速融入组织，并顺利开展工作。

（2）在职培训。在职培训是针对在职员工进行的培训活动，旨在提高员工的专业技能、管理能力和团队协作能力等。在职培训的内容根据员工的岗位需求和个人发展规划而定，可能包括新技术学习、专业知识更新、管理技能培训等。

（3）管理培训。管理培训是针对管理者或潜在管理者进行的培训活动，旨在提高管理者的领导力、决策能力、战略规划能力等。管理培训的内容通常包括团队管理、沟通技巧、决策分析、战略规划等。

3. 人员培训的基本步骤

（1）培训需求分析。培训需求分析通过与员工面对面沟通、发放问卷调查、现场观察分析等多种方法来深入了解员工的岗位需求、现有技能与所需技能之间的差距，以及他们的个人职业发展规划。这是确定培训内容和目标的基础，确保培训能够针对员工的实际需求进行，从而提高培训的有效性和针对性。

（2）培训计划制订。培训计划应明确培训的内容、方式、时间、预算等关键要素。内容需紧密围绕员工的岗位需求和个人发展目标，根据内容选择最适宜的培训方法，如课堂教学、实践操作、在线学习等。同时，计划还需考虑组织的目标和资源，确保培训计划既符合员工需求，又有助于实现组织目标。

（3）培训实施。在培训过程中，应注重与员工的互动和反馈，确保培训内容的有效传递。可以采用多种教学方法和手段，如案例分析、小组讨论、角色扮演等，以提高员工的参与度和学习兴趣。同时，还需关注员工的学习进度和效果，及时调整培训策略，确保培训效果达到预期目标。

(4)培训效果评估。可以通过多种方式对培训效果进行评估,如问卷调查、员工反馈、绩效评估等。评估的目的是了解员工在培训中的学习情况和培训后的应用情况,以及培训对提升员工能力和组织绩效的贡献程度。评估结果不仅可以作为改进未来培训计划的依据,还可以为组织提供关于人才培养和聘用的宝贵信息。

4. 人员培训的目标

(1)提高员工的知识水平。人员培训的首要目标是确保员工掌握完成工作所需的基本知识和专业技能。通过系统的培训,员工能够更新和扩展自己的知识领域,了解行业最新动态和技术发展趋势。这不仅有助于员工在工作中更加得心应手,还能提升工作质量和效率,使组织整体表现更为出色。

(2)提升员工的工作技能。除了知识水平,人员培训还致力于提升员工的工作技能。通过实践操作、案例分析、模拟演练等方式,员工能够熟练掌握工作所需的各项技能,并在实际工作中灵活运用。这不仅提高了员工的工作效率,还降低了错误率,确保了工作成果的准确性和可靠性。

(3)改善员工的工作态度。人员培训不仅关注员工的知识和技能,还注重改善员工的工作态度。通过组织文化培训、团队协作训练、沟通技巧提升等活动,员工能够更加认同组织的价值观和使命,增强团队协作意识和精神。这种积极的工作态度能够激发员工的工作热情,提高工作积极性和满意度,从而推动组织的整体发展。

(4)促进组织发展。人员培训的最终目标是促进组织的持续发展。通过提升员工的能力和素质,组织能够更好地应对市场变化和竞争挑战,实现组织目标。同时,培训也为组织培养了更多优秀人才,为组织的未来发展奠定了坚实基础。这些人才将成为组织的中坚力量,推动组织不断创新和进步。

(二)人员发展的概念与策略

1. 人员发展的概念

人员发展是指通过一系列的活动和策略,帮助员工在职业生涯中实现个人成长和进步,提升职业能力和素质,从而满足员工个人职业发展的需要,同时促进组织的持续发展和成功。人员发展不仅关注员工的当前技能和能力,更强调员工未来的潜力和可能性。

人员发展与人员培训密切相关,但也有所区别。培训主要关注员工当前所需的知识和技能的提升,而发展则更侧重于员工长期的职业规划、能力拓展和领导力培养。

2. 人员发展的策略

(1)职业规划。与员工共同制订个人职业发展规划,明确职业目标和发展路径。提供职业咨询和指导,帮助员工了解自身优势和兴趣,选择适合的职业方向。

(2)继任计划。识别关键岗位和潜在继任者,制订继任计划,确保组织在关键人才流失时能够迅速找到合适的人选。为继任者提供必要的培训和发展机会,确保其具备胜任关键岗位所需的能力和素质。

(3) 绩效管理。建立科学的绩效管理体系,通过定期评估和反馈,了解员工的工作表现和潜力。根据绩效评估结果,为员工提供个性化的发展计划和资源支持,促进员工的职业发展。

(4) 领导力培养。识别具有领导潜力的员工,为其提供领导力培训和实践机会。通过导师制度、领导力项目等方式,培养员工的领导能力和影响力,为组织培养未来的领导者。

(5) 多元化发展。鼓励员工参与不同领域和岗位的工作,拓宽视野和经验。提供跨部门、跨领域的培训和发展机会,促进员工全面发展。

人员培训与发展的目的是构建一个充满活力、高效协作、持续创新的组织。通过短期的技能提升和态度改善,为组织的日常运营提供坚实保障;通过长期的领导力培养、团队建设和组织文化塑造,为组织的未来发展奠定坚实基础。这一举措不仅有利于员工的个人成长和职业发展,也有利于组织的持续发展和竞争力提升。因此,人员培训与发展是组织管理中不可或缺的一部分,需要得到充分的重视和投入。

第五节 组织变革与创新

一、组织变革的内涵与动因

(一) 组织变革的内涵

组织变革是指组织根据内外部环境的变化,及时对组织中的各种要素进行调整、改进和革新的过程。在《公司再造》一书中,"3C"力量(顾客、竞争、变革)被视为影响市场竞争最重要的 3 种力量之一,并认为变革是其中最重要的因素。变革不仅是无处不在的,而且是持续不断的,这已成为组织发展的常态。因此,组织变革的目的在于适应未来组织发展的要求,增强组织的活力,实现组织的目标,并最终实现组织的可持续发展。从另一个角度来看,组织变革是各类组织对于管理理念、组织结构、技术与设备、组织文化等多方面进行调整、改进和革新的过程。

(二) 组织变革的动因

促使组织变革的动因可以分为外部动因和内部动因两个方面,有时引起组织变革的因素主要来源于组织外部,如经济、技术、市场等,有时推动变革的力量主要来源于组织内部。多数情况下,内外部因素共同驱动组织变革的发生。

1. 外部动因

(1) 经济环境。在经济繁荣期间,企业通常会采取扩张策略,如投资新项目、拓展市场等,以实现更大规模的增长和利润;相反,在经济衰退时,企业可能会受到销售下滑和成本上升的双重压力,迫使它们采取紧缩措施,如裁员、削减支出等,以保持生存和盈利能力。因此,经济环境的不断变化将不可避免地推动组织进行内部调整和变革。

(2) 技术环境。随着科技的不断创新和应用,新技术的涌现为组织带来了巨大的机遇和挑战。例如,互联网和数字化技术的普及促进了电子商务的兴起,改变了传统零售业的经营模式。同时,自动化、智能化技术的广泛应用也推动了组织内部业务流程的优化和效率提升。因此,组织需要不断更新技术设备,提升员工技能,以适应科技发展的潮流,保持竞争力。

(3)市场环境。市场环境的不断变化和竞争格局的加剧使得企业面临着日益激烈的市场竞争压力。为了在竞争中立于不败之地,企业必须不断调整战略,提升产品和服务的品质,拓展市场份额。例如,通过产品创新、市场定位和品牌建设等方式来获取竞争优势,或者通过合并收购、战略联盟等方式来扩大规模和影响力。因此,市场竞争的变化将不断推动企业进行组织变革,以适应市场需求和保持竞争优势。

2. 内部动因

(1)组织结构调整。外部环境的变化,例如市场竞争的加剧,常常会导致组织结构的不适应。为了应对这些挑战,组织需要重新评估自身的结构,并做出相应的调整,以提高组织的灵活性和适应性。这种调整可能涉及部门重组、流程优化、决策权限的重新分配等方面,从而确保组织能够更好地应对变化的外部环境。组织内部的缺陷和问题,如机构臃肿、效率低下、决策缓慢等问题常常会影响到组织的运作效率和执行力,因此需要通过变革来解决。

(2)人员与管理特征。劳动力市场的变化和技能要求的提升要求组织采取更有效的人力资源管理措施,以确保拥有合适的人才来应对挑战。这包括对员工进行培训和发展,以提升其技能水平和适应能力;同时也需要建立良好的绩效评估和激励机制,以激发员工的工作动力和创造力。

(3)组织人员情况。员工思想和行为的变化也会推动组织变革的发生。随着员工对工作价值观的变化和对个人发展的追求,组织需要不断调整自身文化和价值观,以满足员工的需求和期望。建立积极向上的工作氛围和团队合作精神,对于组织的长期发展至关重要,因此组织需要不断调整管理方式和沟通机制,以促进员工之间的合作和协作。

二、组织变革的内容

组织变革是组织为了适应内外部环境的变化,通过调整自身结构、文化、战略等各个方面,以达到提高组织效率、增强竞争力、实现可持续发展的目的。以下将从技术、产品和服务、战略与结构、组织文化与人员4个方面详细阐述组织变革的内容。

(一)技术

技术变革与组织的生产工艺紧密相关,关系到组织如何完成其工作。技术变革的目标是提高产品或服务的生产效率。技术变革包括重新设计、修正和组合作业流程与方法,这可能涉及更换设备、采用新工艺和新技术等。由于行业竞争的加剧和科技的不断进步,管理者需要与信息革命紧密联系,在流程再造中采用最先进的计算机技术进行技术改造。同时,组织还需要重新组合各部门或层级的工作任务,例如丰富工作内容和扩大工作范围。

一个松散、灵活和分权的组织结构能为员工提供推动持续变革的自由和机会,而僵化、集权和标准化的结构则会抑制技术创新。管理者应当鼓励生产流程中各领域的专家提升技术变革的水平。自下而上的技术变革通常更有效,因为高层管理者远离生产过程,缺乏技术开发的实践经验。高层强制实施的技术变革往往产生较少的创新,真正的创意往往来自接触技术的员工。因此,技术变革不仅需要组织引入新技术和更新设备,还需要组织加强员工培训,使员工具备与新技术相匹配的技能。为此,组织需要建立完善的培训体系,不断提升员工的技能水平和适应能力。

(二)产品和服务

产品和服务变革是指组织通过创新和改进,改变其产品或服务的输出,以更好地满足市场需求并保持竞争优势。这种变革不仅涵盖新产品的开发和现有产品的升级,还包括服务流程的优化和新服务模式的引入。产品和服务变革的核心特征包括市场导向、高风险性、技术驱动、协同合作以及客户参与。市场导向意味着变革始终以满足客户需求为目标,通过深入了解客户需求来驱动创新。产品开发和服务创新具有高风险性,成功的关键在于深入的市场洞察、有效的技术应用以及跨部门的通力合作。技术的发展和应用是推动产品和服务变革的重要动力,组织需要紧跟科技进步,将最新的技术应用到产品和服务的创新中。协同合作也是成功创新的关键,尤其是在关键部门如市场部、研发和制造部之间的紧密合作。此外,日益成熟的客户在产品开发和市场营销中占有重要地位,客户的反馈和参与贯穿于整个变革过程中。

在实践中,产品和服务变革表现为新产品的开发、现有产品的改进、新服务模式的引入以及快速交付产品和服务。例如,惠普公司将新型打印机的开发周期从 4.5 年缩短到 22 个月,这种快速将新产品推向市场的能力,得益于市场部人员对客户需求的深刻理解、技术专家对最新技术的掌握以及研发、制造和市场部之间的密切合作。成功的组织通常具备这些特征,能够通过协同合作实现高效的产品开发和服务创新。产品和服务变革是组织在激烈竞争环境中保持活力和竞争力的重要手段,通过市场导向、技术驱动和协同合作,组织能够不断推出新产品和服务,优化现有产品和服务流程,从而更好地满足客户需求,提高市场竞争力。

(三)战略与结构

战略变革指组织对其长期发展战略或使命进行调整,以应对外部环境的变化。组织的战略需要随着市场、技术、政策等外部因素的变化而不断更新,以确保其在竞争中的优势地位。战略变革通常涉及对组织愿景、目标、竞争策略等方面的重新定位和调整,需要组织上下的一致理解和支持。结构变革是指组织根据环境的变化对内部结构进行调整,包括改变职权关系、协调机制、集权程度、职务与工作再设计等结构参数。结构变革的目标是优化组织内部的资源配置和工作流程,以提升组织的灵活性和响应速度,一般由高层管理者主导,通过调整权力分配、部门设置和工作流程来优化组织的内部运作。

在实际应用中,战略变革通常表现为调整组织的愿景和使命、重新定位市场和客户群体、优化竞争策略。例如,一家公司可能会从传统制造业转型为科技驱动型企业,以应对市场变化。结构变革则表现为改变职权关系和协调机制、调整集权与分权程度以及重新设计职务和工作流程。

（四）组织文化与人员

组织文化是组织的灵魂和核心竞争力之一，人员是组织变革的执行者和推动者。组织文化与人员变革主要涉及文化塑造、人员培训和构建机制等。

组织需要塑造积极向上的组织文化，提高员工的凝聚力和归属感，增强组织的凝聚力和竞争力。加强对员工的培训和教育能够提高员工的技能水平和适应能力，为组织变革提供有力支持。对人员的变革强调在员工态度、技能、期望、认知和行为上的改变。组织发展虽然包括各种变革，但是人是最主要的因素，人既可能是推动变革的力量也可能是反对变革的力量。变革的主要任务是组织成员之间在权力和利益等资源方面的重新分配。要想顺利实现这种分配，组织必须注重员工的参与，注重改善人际关系并提高实际沟通的质量。而合理的激励机制能够激发员工的工作积极性和创造力，提高员工的工作效率和质量。

三、数字时代的组织变革

（一）数字时代的组织变革理论

数字时代的组织变革具有多种特征，反映了数字化技术对组织结构、运营方式和文化的深刻影响。首先，数字时代的组织变革具有全面性和持续性。这意味着变革不仅仅局限于某一方面，而是涵盖了组织的各个层面，包括战略、流程、技术、人员和文化等。此外，数字时代的组织变革通常是持续进行的，随着技术和市场的变化，组织需要不断调整和适应，以保持竞争优势。

在组织变革层面，相关的理论主要包括传统的组织变革理论、信息技术驱动的组织变革（IT-enabled organizational transformation，ITOT）和数字化转型理论等。传统的组织变革理论强调变革的阶段性和过程性，例如 Lewin 的变革模型和 Mintzberg 的生命周期理论。这些理论提供了对组织变革动态的深入理解，有助于组织规划和实施变革策略。ITOT 理论则着重探讨数字化技术对组织变革的推动作用，强调了数字技术在变革过程中的重要性，例如在提升效率、创新产品和服务、改善客户体验等方面的作用。通过 ITOT 理论，组织可以更好地理解数字技术对其业务和运营的影响，从而更有效地规划和管理变革。数字化转型理论则是针对数字时代特有的组织变革现象提出的，强调了数字技术的全面应用和组织文化的重塑。数字化转型理论将组织变革视为一种全面的、深刻的变革过程，涉及组织结构、业务模式、文化和价值观的重塑。通过数字化转型理论，组织可以更好地理解数字时代的变革趋势和挑战，从而更好地应对变革带来的影响。

（二）数字时代的组织变革类型

1. 数字化转型

数字化转型的核心在于利用数字技术来改变组织的业务模式、流程和文化，以适应数字化时代的发展趋势和市场需求。数字化转型的战略和实践对组织变革提供了关键的指导和启示。

第四章　组　织

在数字化转型的战略中,重视客户体验是至关重要的。数字化技术为组织提供了改善客户体验的机会,通过个性化服务、实时反馈和多渠道互动等方式,可以提升客户对产品和服务的满意度与忠诚度。因此,将客户体验置于转型的核心位置,并积极采用数字技术和工具来优化客户接触点和互动过程,对于提升市场竞争力具有重要意义。

另一个重要的数字化转型策略是推动业务流程的优化和创新。数字化技术可以帮助组织实现业务流程的自动化和智能化,从而提高工作效率和质量。引入云计算、大数据分析、人工智能等技术,可以优化现有业务流程,简化决策流程,加快产品上市速度,从而实现更快的市场响应和更高的生产效率。

除了技术层面的改变外,数字化转型还需要重视组织文化和人才培养。数字化转型不仅仅是技术的问题,更涉及组织文化和人才素养的提升。组织需要建立开放、创新的文化氛围,鼓励员工积极采用新的数字技术和工具,不断探索和实践。同时,组织也需要加强对员工的培训和发展,提升其数字技术和创新能力,以适应数字化转型的发展需求和挑战。

2. 平台化转型

平台化转型是指组织利用数字平台和技术,重塑业务模式、流程和文化,以适应数字化时代的发展趋势和市场需求。在平台化转型中,组织通常会建立或利用数字平台,提供服务、产品或连接各方,并通过数字化技术实现创新、协作和价值创造。

平台化转型的特征包括数字化平台建设、生态系统建设、数据驱动决策与持续创新和迭代过程。在平台化转型中,组织通常会投入大量资源和精力来构建数字化平台,这个平台可以是一个在线市场、社交媒体平台、数据分析平台,或者是一个整合了多种服务和功能的综合性平台。通过建设数字化平台,组织能够更好地整合内外部资源,提供更丰富的服务和产品,实现数字化业务的扩展和升级。平台化转型不仅仅是组织内部的变革,更涉及建立开放、共享的生态系统。这个生态系统包括了各种参与者,如客户、合作伙伴、开发者等,共同参与到平台的建设、运营和创新中来。通过建立生态系统,组织能够扩大影响力、降低创新成本、提升市场反应速度,实现可持续的发展。数据驱动决策强调数据被视为一种重要的资产和资源,组织通过收集、分析和应用数据,能够更好地理解用户需求、市场趋势和竞争态势,从而做出更准确、更及时的决策。数据驱动决策不仅能够帮助组织优化产品和服务,还能够发现新的商机和增长点。在数字时代,技术和市场环境都在不断变化,组织需要及时调整策略、更新产品、优化服务,以适应新的挑战和机遇,因此,持续创新和迭代是平台化转型成功的关键。

四、组织创新

(一)组织创新的内容

组织创新的内容不仅涵盖了结构、流程、文化等内部要素,还涉及技术、战略等外部因素,这些创新内容的相互作用,共同推动着组织的变革和发展。通过归类和整合,可以将组织创新的内容概括为以下 5 种。

1. 理念文化

在组织创新中,理念文化扮演着至关重要的角色。它不仅包括了企业的哲学、价值观念和行为准则,还涵盖了组织内部的社会目标和精神现象。理念文化是组织创新的精神基础,它塑造了组织成员的思想观念和行为准则,引领着组织的发展方向和目标追求。在实践中,组织需要不断弘扬和践行积极向上的企业精神和价值观念,激励员工的创新意识和团队合作精神。通过建立健全的企业文化,促进员工的归属感和认同感,提高组织的凝聚力和战斗力,为组织创新提供坚实的文化支撑。

2. 管理体制

管理体制是组织内部权力、责任、利益关系的规范体系,对于组织的创新和发展至关重要。在管理体制的设计中,需要正确设置各层次的经济责任中心,消除管理过死或失控的问题,实现管理的灵活性和高效性。此外,还需要重视一线地位的强化,充分发挥基层管理中心的作用,推动责权结构的调整和优化。通过建立健全的管理体制,可以有效地激发员工的创新活力,提高组织的适应能力和竞争力。

3. 运行机制

组织的运行机制是确保组织运转的重要保障。建立有效的"价值链"可以实现上下游工序的无缝衔接和资源的充分利用,提高组织的生产效率和产品质量。同时,"价值链"也是组织创新和改革的考核标准和制度,通过对价值链的不断优化和改进,可以推动组织内部流程的优化和效率的提升,促进组织向更高水平发展。

4. 职能结构

职能结构的创新是组织创新的重要方面之一。强化核心业务与能力,加强生产前各环节的管理,实现要素创新和组合方法创新,都是推动组织向前发展的关键。通过对职能结构的优化和调整,可以提高组织的适应能力和创新能力,推动组织向更高水平迈进。

5. 机构设置

机构设置是组织内部部门、岗位和职务的设置与规划。在组织创新中,合理的机构设置可以促进组织内部协作和协调,提高组织运作的效率和灵活性。通过推行机构综合化和领导单职制,可以实现管理方式的连贯性和管理渠道的畅通性,为组织创新提供坚实的组织保障。

(二)组织创新的模式

组织创新的模式多种多样,不同的模式适用于不同的情境和条件。了解并掌握这些创新模式,对于指导组织的创新实践具有重要意义。

1. 战略导向型模式

战略导向型模式是组织创新的主要动力来源,具有内源性特点。在这种模式下,管理者需要时刻关注外部环境变化,结合组织内部实际情况进行战略规划和调整。这一模式的核心在于组织文化和结构的创新。组织文化创新通过新的行为规范和观念转变,调整组织的人际关系;组织结构创新则通过责权体系和结构的重新配置,使组织更好地适应新的战略需求。这种模式对管理者要求较高,需具备长远的战略眼光、超强的决策能力和创造性的学习与借鉴能力。

2. 技术诱致型模式

技术诱致型模式的主要动力来源于新技术的发展。这种模式常引发一系列的连锁反应，从组织产品变化到部门设置、资源配置和责权结构的调整，即组织结构创新。同时，在新的组织结构下，组织的价值观念和行为规范也会逐渐改变，推动组织文化的创新。技术诱致型模式通常是渐进式的，需要较长时间来实现整体变革，适用于从产品单一化向多元化转变的组织，在实施过程中需注意新旧产品之间的关系，以避免资源浪费和机构重叠。

3. 市场驱动型模式

市场驱动型模式的主要动力来源于市场竞争压力。面对市场竞争，组织必须通过各种方式提升自身竞争力，进行技术、结构、文化和战略的创新。市场驱动型创新有一定的逻辑顺序，通常从技术、文化创新开始，引发战略创新，再通过结构创新实现整体创新。这种模式分为渐进式和激进式，组织需根据具体的内外部环境选择合适的方式。选择这种模式的组织需具备市场竞争意识和创新勇气，同时要熟悉市场变化，以快速适应市场需求。

（三）组织创新的管理

1. 组织创新管理的概念

组织创新管理涵盖了在企业内部引入新的管理要素或方式，以提升整体管理水平和效率的一系列活动。芮明杰教授在《超越一流的智慧——现代企业管理的创新》一书中将其定义为创造一种新的、更有效的资源整合范式。这种范式可以涉及发展思路、组织机构、管理方法、管理模式和制度等多个方面。从这个角度来看，组织创新管理旨在通过引入新的理念、制度或方法，以应对不断变化的市场和竞争环境，从而实现企业的持续发展和竞争优势。

此外，组织创新管理还强调了企业内部创新文化和氛围的培育。它不仅仅是一种管理方法，更是一种组织文化的塑造和推动力量。在组织创新管理的实践中，企业需要不断激发员工的创新意识和潜力，营造积极向上的工作氛围，促进各个层面创新活动的展开。因此，组织创新管理不仅仅是为了应对外部环境的挑战，更是为了激发企业内部的创新动力，实现组织的持续增长和发展。

2. 组织创新管理的基本条件

要实现有效的组织创新管理，企业需要具备一系列基本条件。首先，创新主体，包括企业家、管理者和员工，必须具备良好的心智模式。这种心智模式包括远见卓识、较好的文化素质和价值观等，为创新活动提供思想上的支持和引领。其次，创新主体必须具备较强的能力结构，包括创新能力、转化能力、管理能力等。这些能力为创新管理的实施和推动提供了有力保障。此外，企业还需要具备良好的基础管理条件，包括基础数据的获取、信息的收集和整理等。良好的基础管理为创新活动提供了必要的信息和支持。同时，企业还需要营造一个良好的创新氛围，激发员工的创新意识和积极性。最后，创新管理必须结合本企业的特点和需求，制定切实可行的创新目标和策略，以确保创新活动与企业发展目标一致，有利于提升企业的竞争力和核心价值。

3. 组织创新管理的理论依据

组织创新管理的实践需要依据一系列理论来指导和支撑。首先,企业本性论认为企业是现代社会的经济主体,其根本目的是追求利润最大化,因此,组织创新管理的首要目标是为了实现企业的长期发展和利润增长。其次,管理本性论指出科学的管理是实现企业生存目标的关键,强调了科学管理在组织创新中的重要性。再次,员工本性论认为员工是企业的活力源泉和管理的主体,组织创新需要结合员工的特点和要求,激发其创新意识和积极性。这些理论依据为组织创新管理提供了基本的理论支持和指导,有助于企业更加深入地理解和实践创新管理。

4. 组织创新管理的过程

组织创新管理是一个系统性而理性化的过程,它需要通过有序的组织和良好的管理来促进创新的实现。组织创新管理过程可以从计划、组织、领导、控制4个步骤来看。

(1)创新的计划。创新计划应由组织高层主持制订,作为组织战略规划的一部分,以确保创新与战略目标的一致性。具体而言,需要制订整体的创新策略和目标,并由相关部门制订具体的实施计划,以确保创新计划的具体化和顺利实施,避免各部门对创新工作造成阻碍。

(2)创新的组织。创新的组织工作包括建立合理的保障计划,建立和完善创新制度,调配组织资源以保证创新管理的投入,开展创新思维与能力提升的培训,成立创新小组专注于创新活动。这些工作有助于营造良好的创新环境,提高创新的有效性。

(3)创新的领导。管理者在组织创新中扮演着关键角色,他们应建立良好的创新环境并激励员工参与创新活动。授权型的领导风格有助于创新活动的开展,因此管理者应给予员工更多的自主权,鼓励他们参与决策,从而激发其创新的潜力。

(4)创新的控制。组织需要将创新工作纳入控制范围,进行经常性的检查和监督,以确保创新活动的可持续性。一方面,通过塑造创新导向的组织文化来从思维上进行引导;另一方面,建立完善的创新方案与创新过程的控制和评价体系,以及时调整创新活动的方向和策略。

五、数字时代的组织创新

(一)数字创新

数字创新是一种基于数字技术的创新模式,它正在深刻地改变着商业和社会的面貌。在Nambisan等(2017)的研究中,数字创新被定义为利用数字技术和数字化平台来创造新的商业模式、产品和服务的过程。本书将从数字创新的定义、特征、优势以及管理方法等方面进行介绍,以全面理解数字创新对组织和行业的影响。

数字创新的特征在于其基于数字技术和数字化平台,具有高度的灵活性和可扩展性。数字化技术的快速发展为创新提供了更多的可能性,企业可以通过数字化平台快速实践,推出新的产品和服务。与传统的创新模式相比,数字创新更加开放和易于协作,可以借助于数字生态系统中的各种资源和合作伙伴,加速创新的过程和推广的速度。

数字创新的优势主要体现在以下几个方面。首先,数字创新可以带来更快的市场响应和更低的成本。通过数字化平台,企业可以更快地了解市场需求和趋势,快速推出新产品和服务,以满足消费者的需求。其次,数字创新可以提高产品与服务的质量和个性化程度。数字技术的应用可以实现定制化生产和个性化服务,使产品和服务更加适应消费者的需求和偏好。

在数字创新管理方面,需要采取一系列策略和方法来促进和支持数字创新的发展。首先,企业需要建立开放的创新文化和组织结构,鼓励员工和合作伙伴共享创新想法和资源。其次,企业应该加强数字技术的应用和创新能力,通过培训和招聘数字人才,提高组织对数字技术的理解和应用水平。另外,企业还应该积极参与数字生态系统,与其他企业、学术机构和政府部门合作,共同推动数字创新的发展和应用。

(二)开放式创新

开放式创新是一种突破传统边界的创新模式,它强调企业与外部合作伙伴共享知识、技术和创新成果。在先前学者的研究中,开放式创新被定义为企业不是依赖内部资源和能力,而是积极与外部利益相关者合作的创新策略。这种创新模式的核心特征是开放性和合作性,通过与外部合作伙伴的联动,企业可以共同推动创新的发展。

开放式创新的优势在于加速了创新的过程并提高了创新的效果。通过与外部合作伙伴共享资源和知识,企业可以加速创新的步伐,降低研发成本和风险。这种合作还可以提高创新的质量和市场适应性,因为外部合作伙伴可能拥有丰富的经验和专业知识,能够为创新提供宝贵的见解和建议。此外,开放式创新也扩大了创新的范围,使企业能够跨越传统的界限,获得更广泛的创新思路和资源,从而提高创新的可能性和效果。

在研究过程方面,学者们提出了多个方向,以进一步推动开放式创新的理论和实践。首先,需要深入了解开放式创新的动机和机制,探讨企业为什么选择开放式创新,以及如何有效地实施。其次,应该探索开放式创新的不同组织形式,包括开放式创新平台、联盟和生态系统等,以及它们的优势和局限性。最后,还需要研究开放式创新的具体工具和方法,如知识共享平台、创新竞赛和开放式创新网络,以促进开放式创新的实践和应用。这些研究方向将为企业在实践中更好地应用开放式创新提供指导和支持,推动创新活动的持续发展。

第六节 组织文化与企业伦理

组织文化是组织中员工共同遵守的核心价值观和行为准则,它能够影响员工的态度、行为和绩效,进而影响整个组织的运作和发展。企业伦理则是企业在商业活动中所遵循的道德原则和规范,它有助于建立企业诚信和声誉,为可持续经营打下基础。

本节将探究组织文化和企业伦理的定义、特征,以及它们对企业的影响和重要性。讨论如何实践和管理组织文化,建立健康的企业伦理。

一、组织文化

组织文化(organizational culture)对组织行为和绩效有着重要的影响。一个积极健康的组织文化可以激励员工,提升组织成员的工作质量和满意度,促进团队合作和创新,从而提高组织绩效。相反,负面的组织文化可能导致员工不满、缺乏归属感、减弱组织凝聚力,最终影响组织的表现和绩效。

(一)组织文化的内涵

广义的组织文化是指企业在建设和发展中形成的物质文明和精神文明的总和。组织文化可分为外显文化和内隐文化两部分。狭义的组织文化是组织在长期的生存和发展中所形成的为组织所特有的、且为组织多数成员共同遵循的最高目标价值标准、基本信念和行为规范等的总和。

(二)组织文化的要点和实现途径

1. 组织文化的要点

(1)创新。当前我们面临的市场环境充满了挑战,我们不能再固守于按部就班的工作方式,要鼓励创新,鼓励竞争,鼓励开拓,开发新的市场,开拓新的业务领域。

(2)协作。任何一项工作都是由一个系统,而不是个人完成的,因此协作精神对企业来讲就显得更加重要。协作的文化就是要求企业与企业之间、员工与员工之间创造一种合作、协调、沟通、互助的氛围,通过团队精神的开发和利用,充分发挥企业人、财、物的网络资源优势,达到"1+1>2"的目的。

(3)严谨。企业的工作看似简单,但任何一项细微的差错都会造成无法补救的过失。所以在企业文化中要提倡一种严谨的工作作风,这里牵涉到质量,而质量管理的一个重要方面就是员工严谨的工作方式。

(4)忠诚。企业的可持续发展需要有一支有能力、有实力、稳定可靠的员工队伍,尤其是一支对企业忠诚的队伍。

(5)诚信。诚信是忠诚的另一面,这里的诚信主要是针对客户的。信用经济时代对企业诚信提出了越来越高的要求,也使诚信成为了企业发展中不可或缺的资源。

(6)温情。员工之间的人际关系、企业的客户关系、企业的信誉和形象以及企业对员工的关系上都应该体现温情。

2. 组织文化实现途径

(1)创始人影响。创始人的价值观和行为对组织文化的形成具有重要的影响,他们的领导风格和决策会被组织成员传承和模仿。

(2)社会化过程。新员工在组织的社会化过程中,通过观察、学习和模仿的方式逐渐接纳并内化组织文化的价值观、行为规范和期望。

(3)共享经验。组织成员在共同的工作经历中建立起共同的认同和价值体系,从而形成特定的组织文化。

(三)组织文化的特征

1. 组织文化的意识性

大多数情况下,组织文化是一种抽象的意识范畴,它作为组织内部的一种资源,应属于组织的无形资产之列。它是组织内一种群体的意识现象,是一种意念性的行为取向和精神观念,但这种文化的意识性特征总是可以被概括性地表述出来。

2. 组织文化的系统性

组织文化由共享价值观、团队精神、行为规范等一系列内容构成,各要素之间相互依存、相互联系。因此,组织文化具有系统性。同时,组织文化总是以一定的社会环境为基础的,是社会文化影响渗透的结果,并随社会文化的进步和发展而不断地调整。

3. 组织文化的凝聚性

组织文化可以向人们展示某种信仰与态度,它影响着组织成员的处世哲学和世界观,也影响着人们的思维方式。因此,在某一特定的组织内,人们总是为自己所信奉的哲学所驱使,它起到了"黏合剂"的作用。良好的组织文化同时意味着良好的组织气氛,它能够激发组织成员的士气,有助于增强群体凝聚力。

4. 组织文化的导向性

组织文化的深层含义是,它规定了人们行为的准则与价值取向。它对人们行为的产生有着最持久、最深刻的影响力。因此,组织文化具有导向性。英雄人物往往是组织价值观的人格化和组织力量的集中表现,它可以昭示组织内提倡什么样的行为,反对什么样的行为,让组织成员的行为与组织目标的要求相互匹配。

5. 组织文化的可塑性

某一组织,其组织文化并不是生来具有的,而是在组织生存和发展过程中逐渐总结、培育与积累形成的。组织文化是可以通过人为的后天努力加以培育和塑造的,对于已形成的组织文化也并非一成不变,是会随组织内外环境的变化而加以调整的。

6. 组织文化的长期性

组织文化的长期性指组织文化的塑造和重塑的过程需要相当长的时间,而且是一个极其复杂的过程,组织的共享价值观、共同精神取向和群体意识的形成不可能在短期内完成,在这个创造过程中,涉及调节组织与其外界环境相适应的问题,也需要在组织内部的各个成员之间达成共识。

(四)组织文化的结构

组织文化的结构划分有多种观点,组织文化可划分为 4 个层次,即物质层、行为层、制度层和精神层。

(1)物质层(artefacts of organizational culture),是组织文化的表层部分,它是组织创造

的物质文化,是一种以物质形态为主要研究对象的表层组织文化,是形成组织文化精神层和制度层的条件。优秀的组织文化是通过重视产品的开发、服务的质量、产品的信誉和组织生产环境、生活环境、文化设施等物质现象来体现的。

(2)行为层,即组织行为文化,它是组织员工在生产经营、学习娱乐中产生的活动文化。包括组织经营活动、公共关系活动、人际关系活动、文娱体育活动中产生的文化现象。组织行为文化是组织经营作风、精神风貌、人际关系的动态体现,也是组织精神、核心价值观的折射。

(3)制度层,是组织文化的中间层次,把组织物质文化和组织精神文化有机地结合成一个整体。制度层主要是指对组织和成员的行为产生规范性、约束性影响的部分,是具有组织特色的各种规章制度、道德规范和员工行为准则的总和。它集中体现了组织文化的物质层和精神层对成员和组织行为的要求。制度层规定了组织成员在共同的生产经营活动中应当遵守的行为准则,主要包括组织领导体制、组织机构和组织管理制度3个方面。

(4)精神层,即组织精神文化,它是组织在长期实践中所形成的员工群体心理定势和价值取向,是组织的道德观、价值观即组织哲学的综合体现和高度概括,反映全体员工的共同追求和共同认识。组织精神文化是组织价值观的核心,是组织优良传统的结晶,是维系组织生存发展的精神支柱,主要是指组织的领导和成员共同信守的基本信念、价值标准、职业道德和精神风貌。精神层是组织文化的核心和灵魂。

(五)组织文化的类型

根据不同的标准和不同的用途,理论界目前对组织文化有着不同的划分方法,其中,最常见的划分方法有以下几种。

1. 按照组织文化的内在特征分类

艾莫瑞大学的杰弗里·桑南菲尔德(Jeffrey Sonnenfeld)提出了一套标签理论,它有助于我们认识组织文化之间的差异,认识到个体与文化合理匹配的重要性。通过对组织文化的研究,杰弗里·桑南菲尔德确认了4种文化类型。

(1)学院型组织文化。学院型组织是为那些想全面掌握每一种新工作的人而准备的地方,在这里他们能不断地成长、进步。这种组织喜欢雇用年轻的大学毕业生,并专门为他们提供大量的培训,然后指导他们在特定的职能领域内从事各种专业化工作。杰弗里·桑南菲尔德认为,学院型组织的例子有IBM公司、可口可乐公司、宝洁公司等。

(2)俱乐部型组织文化。俱乐部型公司非常重视适应、忠诚和承诺。在俱乐部型组织中,资历是关键因素,年龄和经验都至关重要。与学院型组织相反,它们把管理人员培养成通才。俱乐部型组织的例子有联合包裹服务公司、德尔塔航空公司、贝尔公司、政府机构和军队等。

(3)棒球队型组织文化。棒球队型组织鼓励冒险和革新。招聘时,从各种年龄和经验层次的人中寻求有才能的人,薪酬制度以员工绩效水平为标准。由于这种组织对工作出色的员工给予巨额奖酬和较大的自由度,员工一般都拼命工作。在会计、法律、投资银行、咨询公司、广告机构、软件开发、生物研究领域,这种组织比较普遍。

第四章　组　织

(4)堡垒型组织文化。棒球队型组织重视创造发明,而堡垒型组织则着眼于公司的生存。这类公司以前多数是学院型、俱乐部型或棒球队型的,但在困难时期衰落了,现在尽力来保证企业的生存。这类组织工作安全保障不足,但对于喜欢流动性、挑战的人来说,具有一定的吸引力。堡垒型组织包括大型零售店、林业产品公司、天然气探测公司等。

2. 按照组织文化对其成员影响力的大小分类

哈佛商学院的两位著名教授约翰·科特(John Kotter)和詹姆斯·赫斯科特(James Heskett)于1987年8月至1991年1月,先后进行了4个项目的研究,依据组织文化与组织长期经营之间的关系,将组织文化分为3类。

(1)强力型组织文化。在具有强力型组织文化的公司中,员工们方向明确、步调一致,组织成员有共同的价值观念和行为方式,他们愿意为企业自愿工作或献身,而这种心态又使得员工们更加努力。强力型组织文化提供了必要的企业组织机构和管理机制,从而避免了组织对那些常见的、窒息组织活力和改革思想的官僚们的依赖。因此,强力型组织文化促进了组织业绩的提升。

(2)策略合理型组织文化。具有这种组织文化的企业,不存在抽象的、好的组织文化内涵,也不存在任何放之四海而皆准、适合所有企业的"克敌制胜"的组织文化。只有当组织文化与企业环境相"适应"时,这种文化才是好的、有效的文化。不同的组织需要不同的组织文化,只有文化适应于组织,才能发挥组织文化的最大功能,改善企业经营状况。

(3)灵活适应型组织文化。市场适应度高的组织文化必须具有同时在公司员工个人生活和公司企业生活中都提倡信心和信赖感、不畏风险、注重行为方式等,员工之间相互支持,勇于发现问题、解决问题,员工有高度的工作热情,愿意为组织牺牲一切。

3. 按照组织文化所涵盖的范围分类

组织作为一个系统,是由各种子系统构成的,各个子系统又是由单个的具有文化创造力的个体组成的。在一个组织中,除了整个组织作为一个整体外,各种正式的、有严格划分的子系统,或非正式群体,相对于组织来说也能够作为一个小整体。从这个角度来说,组织文化又可以分化为两类。

(1)主文化。主文化(dominant culture)体现的是一种核心价值观,它被组织大多数成员所认可。当我们说组织文化时,一般就是指组织的主文化。正是这种宏观角度的文化,使组织具有独特的个性。

(2)亚文化。亚文化是某一社会主流文化中一个较小的组成部分。在组织中,主文化虽然被大多数成员所接受,但是,它不能包含组织中所有的文化。组织中有各种小整体,在认同组织主文化的前提下,它们也有自己独特的亚文化。亚文化或者是对组织主文化更好的补充,或者是与主文化相悖的,或者虽然与主文化有区别,但对组织来说是无害的,在一定条件下又有可能替代组织的主文化。

需要注意的是,不同类型的组织文化并非完全独立,而是可以互相交织、相互影响的。一个组织可能具有多种文化特征的元素,而且组织中的不同部门和团队也可能存在文化差异。对于每个组织来说,选择与组织的价值观、业务需求和员工特点相契合的文化类型是至关重要的。

(六)组织文化的形成和塑造关键要素

组织文化的形成和塑造是一个渐进的过程,涉及以下几个重要因素。

(1)创始人和领导者的影响。组织文化往往受到创始人和领导者的价值观和行为的强烈影响。他们的决策、沟通方式和工作态度会塑造员工的行为准则和期望。

(2)共享经验和共同理念。组织成员通过共同的工作经历和相互交流,形成对组织的共同认同和理念。这些经验和理念将逐渐转化为组织的核心价值观和行为规范。

(3)招聘和员工培养。组织在招聘和员工培养过程中可以有意地筛选和培养符合组织文化的人才。通过在招聘环节强调价值观和文化匹配,以及提供培训和发展机会,组织可以进一步巩固和传递文化价值观。

(4)内部沟通和符号系统。组织内部的沟通和符号系统对于文化的形成和塑造至关重要。有效的内部沟通和正面的符号共享(如标志、口号、奖励等)可以帮助组织成员理解和认同文化,并将其内化为日常行为准则。

(5)反馈和调整。组织文化是一个动态的过程,需要不断进行反馈和调整。组织应倾听员工的反馈意见,及时做出相应的调整和改进,以确保文化与组织目标和员工需求保持一致性。

在整个过程中,组织的领导层扮演着至关重要的角色。他们应该成为文化的倡导者和榜样,通过自己的行为和决策来传递和强调组织的核心价值观和行为准则。组织还可以通过举办培训、促进员工互动和认可优秀的文化表现等方式,进一步强化文化的影响力。

组织文化的形成和塑造是一个长期的过程,需要全体组织成员的共同努力和持续关注。通过有意识的管理和引导,组织可以建立积极、健康和具有竞争力的文化,从而提升绩效并塑造独特的组织特色。

在组织文化的实践中,领导者起着关键的作用。他们通过自身的行为、决策和沟通来营造和传递企业文化。领导者要以身作则,成为组织文化的榜样,并在组织中推动文化的传承和发展。例如,亚马逊公司以"顾客至上"的价值观为核心,将其文化落实到各个层面和环节。亚马逊的创始人贝索斯将这一价值观贯穿于公司的战略决策、工作流程、员工培训和激励机制中,从而塑造了积极的组织文化。这种文化导向的管理方式帮助亚马逊建立了强大的客户关系和市场地位。

二、企业伦理

企业伦理是指组织在商业活动中遵循的道德准则和规范,其重要性体现在对员工、客户、社会和环境的尊重与关怀,有助于建立良好的企业声誉和社会形象。建立和传播良好的企业伦理需要在组织内部强调道德教育与培训,建立有效的监督和激励机制,并将伦理理念融入企业文化和各项管理实践中。

(一)企业伦理的内涵

企业伦理是组织在商业活动中遵循的道德准则和规范,涵盖了诚信、公平、责任、透明、尊重等价值观。遵循企业伦理有助于建立良好的企业声誉和社会形象,增强员工、客户和社会的信任感,促进可持续发展。企业伦理的重要性在于维护商业活动的公平和诚实,保护利益相关者的权益,促进企业与社会的和谐共赢。遵循企业伦理,组织可以建立长期稳定的合作关系,吸引人才和资源,提高竞争力,同时也能够为社会和环境做出积极贡献。

从责任角度,企业伦理强调企业应该承担社会责任。按照阿基·B.卡罗的观点,企业承担的社会责任分为经济责任、法律责任、伦理责任和慈善责任。企业社会责任（corporate social responsibility,CSR）是指企业在创造利润、对股东和员工承担法律责任的同时,还要承担对消费者、社区和环境的责任,企业的社会责任要求企业必须突破"把利润作为唯一目标"的传统理念,强调企业经营过程中对环境、消费者、社会的贡献。根据欧盟2001年提出的概念,企业社会责任（CSR）就是企业在自愿的基础上,把社会和环境的影响整合到企业运营以及与利益相关方的互动过程中。

ESG的研究近年来刚刚兴起,ESG是环境（environmental）、社会（social）和治理（governance）的缩写,它是评估企业可持续性和社会责任的指标体系。ESG关注的是企业在经营过程中与环境、社会和治理相关的因素及其影响。ESG概念首次在2004年被联合国全球契约组织明确提出,是一系列衡量企业环境、社会、治理绩效而非财务绩效的投资理念和企业评价标准。企业在环境和社会方面的表现会通过直接方式（如原材料、劳工成本等）或间接方式（如员工、投资方、监管机构或社会团体等公司利益相关方）影响到公司利润,对企业在短期甚至长期内的整体利益产生巨大影响。因此,不同于传统的财务、业务绩效评价,ESG关注点在于企业的环境、社会、治理绩效,对企业在促进经济可持续发展、履行社会责任等方面所做出的贡献进行评估。

CSR和ESG的共同点都是强调非财务信息披露的重要性,其非财务方面的投入给社会带来了正外部性影响。然而,ESG和CSR具有本质区别。从定义上,CSR是企业在经营获利之后,用金钱、物资或其他可衡量价值的形式主动回馈社会,对社会做出正面贡献,更多理解为公益慈善;而ESG是评估企业在经营过程的各个环节在环境、社会及治理方面所面临的风险和机遇,是衡量企业可持续发展能力和潜力的评价指标（表4-1）。

表4-1 企业伦理、CSR和ESG的关系

	描述	关系
企业伦理	企业在经营和管理中遵守道德原则、规范和价值观的实践	是CSR和ESG的基础,涵盖了道德层面的行为
CSR	涉及企业对社会、环境和利益相关者的责任,追求社会利益最大化	是企业伦理的具体体现,强调企业的社会影响和义务
ESG	环境（environmental）、社会（social）和治理（governance）	是企业社会责任的一部分,关注企业的全面可持续发展

（二）企业伦理的原则和价值观

企业伦理的原则和价值观包括诚信、公平、责任、透明和尊重。

(1)诚信。企业在商业活动中遵守承诺、诚实守信,不欺骗消费者、合作伙伴或其他利益相关者。

(2)公平。要求企业对待员工、客户和其他利益相关者都应当公正公平,不偏袒不歧视。

(3)责任。意味着企业要对社会、环境和利益相关者承担责任,积极参与社会公益事业,实现可持续发展。

(4)透明。要求企业在信息披露和决策过程中保持开放和透明,让利益相关者了解企业的运作情况。

(5)尊重。企业应当尊重他人的权利、文化、信仰和观点,建立和谐尊重的合作关系。

这些原则和价值观是企业伦理的基础,指导企业在商业活动中做出正确的道德选择,维护良好的商业道德和社会形象。

2019年9月18日,中国注册会计师协会按照《注册会计师诚信宣誓办法》,组织参加行业诚信教育远程示范培训班的全体学员集体进行诚信宣誓。宣誓人员列队面向国旗,右手握拳上举过肩,随领誓人郑重宣誓:自觉遵守国家法律法规,恪守职业道德规范,严格执行职业准则,树立诚信意识,保持良好职业形象,维护行业形象,牢记社会责任,保证服务质量,维护公众利益,愿与行业同仁一道,为维护社会经济秩序,促进行业健康发展,贡献自己的力量。宣誓活动采取远程视频方式,全国人大代表、天衡会计师事务所首席合伙人余瑞玉在南京会场领誓,全国9000余家会计师事务所负责人、注册会计师及助理人员共约1.65万人,在32个省(自治区、直辖市)分会场同步跟读宣誓。这一次宣誓活动是落实财政部《关于提升会计师事务所审计质量的专项方案》要求,在全行业集中开展一次诚信教育的具体行动,也是深化行业"职业化建设年"主题活动和行业"不忘初心,牢记使命"主题教育的有益探索,旨在通过富有仪式感的宣誓活动,进一步激发从业人员牢记习近平总书记对注册会计师行业"紧紧抓住服务国家建设这个主题和诚信建设这条主线"的教诲,不忘初心,牢记使命,诚信服务国家建设。

(三)企业伦理对企业行为和声誉的影响

企业伦理对企业行为和声誉有着重要的影响。一个秉持良好伦理的企业将更有可能采取正当和负责任的行为,从而取得更好的声誉。

首先,企业伦理规范了企业的行为准则和道德约束。良好的企业伦理要求企业员工在商业活动中遵守诚实、公平和透明的原则,不从事欺诈、腐败或其他违法和不道德的行为。通过遵守这些行为准则,企业能够建立起可信赖和可靠的声誉,增加与客户、合作伙伴和其他利益相关者之间的信任。

其次,企业伦理对企业的声誉起到保护和增强的作用。一个具备良好企业伦理的企业常常受到认可和尊重,其优秀的道德和商业实践为企业赢得了良好的声誉。良好的声誉对企业的持续发展非常关键,它可以吸引更多的客户、合作伙伴和投资者,提高企业的竞争力和市场地位。同时,良好的声誉还可以帮助企业在面对危机和挑战时获得更多的支持和理解,从而减轻危机对企业的影响。

(四)企业伦理的建立和传播机制

企业伦理的建立和传播机制通常涉及以下几个方面。

1. 制定行为准则和道德规范

企业应该制定明确的行为准则和道德规范,明确规定员工在商业活动中应该如何行事。这些准则和规范应该包括诚实、公正、透明等基本原则,同时还应根据企业的价值观和利益相关者的需求进行细化和具体化。

2. 培训和教育

企业应该为员工提供相关的培训和教育,使他们了解企业伦理的重要性和具体要求。培训可以包括伦理原则的讲解、案例分析和道德决策的训练等内容,帮助员工明确道德边界并提高道德水平。

3. 激励和奖励机制

企业可以通过激励和奖励机制来鼓励员工秉持良好的伦理行为。例如,可以设置与伦理行为相关的绩效考核指标,并将伦理表现优秀的员工纳入激励计划,以促进员工的道德行为。

4. 领导示范和倡导

企业的领导层在伦理建设中起着重要的示范和倡导作用。领导应以身作则,以良好的行为榜样来引导员工,同时积极宣传企业的伦理价值观,促使员工认同和遵守。

5. 反馈和监督机制

企业应建立有效的反馈和监督机制,使员工能够及时报告违背伦理的行为,并保护举报者的权益。同时,企业应对违背伦理的行为进行严肃处理,并采取相应的纠正和预防措施,以加强伦理建设的效果。

6. 外部沟通和透明度

企业应积极与外部利益相关者进行沟通,向公众展示企业的伦理承诺和实践。透明度和公开是建立良好声誉的关键,通过公开企业的伦理政策、道德报告和社会责任举措等,企业能够获得更多的信任和支持。

三、组织文化与企业伦理的关系

(一)组织文化与企业伦理的相互作用和影响

组织文化与道德行为具有一致性,组织文化应该与企业伦理原则和道德标准保持一致。组织文化的特点和氛围会影响员工在伦理决策中的行为。一种正向的、鼓励公正和高道德标准的组织文化有助于员工做出正确的伦理决策;相反,如果组织文化缺乏对伦理行为的重视,员工可能容易做出不道德的决策。

两者之间的相互作用体现在以下几个方面。

(1)塑造员工行为。组织文化对员工的行为起着引导和规范作用。如果组织文化强调诚信、责任和公正等价值观，员工更有可能在工作中表现出良好的道德行为；相反，如果组织文化缺乏对伦理行为的重视，可能会导致员工产生不道德的行为。

（2）影响领导者决策。组织文化也会影响领导者的决策行为。领导者受到组织文化的影响，可能会在决策中考虑到组织的核心价值观和道德准则，从而做出符合企业伦理的决策。

（3）塑造道德氛围。良好的组织文化有助于营造积极的道德氛围。一种注重诚信、尊重和公平的组织文化可以激励员工秉持高尚的道德标准，进而促进整个企业的伦理发展。

（4）反映企业价值观。组织文化可以反映企业的核心价值观。企业的价值观在很大程度上决定了企业对伦理问题的处理方式，而这种处理方式又会反过来影响组织文化的形成和发展。

因此，组织文化和企业伦理之间是相互交织、相互影响的关系，企业应该重视组织文化的塑造和企业伦理的建设，以建立一个正向的道德氛围和价值体系，这有助于提升员工的道德素养，增强企业的社会责任感，从而实现企业长期的可持续发展。

（二）组织文化对企业伦理的塑造机制

组织文化是组织内部的共同价值观、信念、行为规范和习惯的集合体，它对企业伦理的塑造起着重要的作用。组织文化中的价值观和行为准则将直接或间接影响员工对道德和伦理行为的认知和行动。因此，组织应该努力形成积极的组织文化，以促进良好的企业伦理发展。

组织文化通过以下方式塑造企业伦理。

（1）建立价值观。组织文化将特定的价值观融入日常工作中，鼓励员工秉持这些价值观。例如，强调诚信、公正、协作和社会责任等价值观可以引导员工的行为，并形成积极的企业伦理。

（2）传递期望。组织文化通过传递期望的方式，明确告诉员工应该如何行动和决策。树立正确的行为标准，将伦理原则贯穿于组织的各个层级和功能部门中，使员工能够遵循正确的道德准则。

（3）建立信任。组织文化可以建立一个相互信任的氛围，鼓励员工正直和诚实。这种信任关系有助于员工更加关注企业伦理，避免发生违法和不道德的行为。

（4）鼓励反馈和学习。组织文化应该鼓励员工提供反馈意见，并保证对反馈的意见进行正当处理。反馈和学习机制可以帮助组织识别和纠正伦理问题，并确保组织不断进步。

（5）建立道德导向的激励机制。组织文化应该建立奖励和激励机制，以鼓励员工遵守伦理原则。例如，给予优秀员工晋升和奖励，同时对违反伦理的行为进行惩罚和纠正。

通过以上方式，组织文化对企业伦理起到了一种引导和塑造的作用。它帮助组织营造一个道德和价值观一致的环境，推动员工秉持正确的伦理观念和行为，从而实现可持续的商业发展。

（三）组织文化和企业伦理在组织变革中的作用

组织文化和企业伦理在组织变革中扮演了重要的角色。它们为组织变革提供了指导、共识、行为塑造、学习创新和稳定性等方面的支持，帮助组织成功实施变革并适应不断变化的环境。

(1) 指导方向。组织文化和企业伦理可以为组织变革提供指导方向。它们帮助确定组织的核心价值观和理念，为变革目标和行动提供坚实的基础。在变革过程中，组织文化和企业伦理可以帮助员工理解和接受变革的目的和重要性。

(2) 建立共识。组织文化和企业伦理有助于在变革中为企业员工建立共识。它们创建了一个共同的价值观和行为准则，使员工能够相互理解和相互合作。在变革过程中，组织文化和企业伦理可以为员工提供稳定性和归属感，增强他们对变革的支持和参与度。

(3) 塑造行为。组织文化和企业伦理在变革中塑造和引导员工的行为。它们激励员工采取适当的行动，并推动他们与变革目标保持一致。通过明确变革所需的行为准则，组织文化和企业伦理可以帮助员工更容易地适应变化并采取正确的行动。

(4) 促进学习和创新。组织文化和企业伦理可以促进学习和创新。它们鼓励员工从变革中获得经验教训，支持他们提出新的想法并提供解决方案。通过营造积极的学习和创新环境，组织文化和企业伦理可以推动组织不断发展和改善。

(5) 提供稳定性和连续性。组织文化和企业伦理为变革提供了稳定性和连续性。在变革中，组织文化和企业伦理可以为员工提供一个稳定的参照框架，使他们能够在不确定的环境中找到安全感。同时，它们也确保变革与组织的核心价值观和使命保持一致，从而保持组织的连续性。

本章关键术语

组织 organization
指挥链 demand chain
创造性 creation
职权 authority
职责 responsibility
统一命令 unity of command
统一指导 unity of direction
工作专门化 work specialization
管理幅度 span of control
管理层次 organizational levels
部门化 departmentalization
职能部门化 functional departmentalization
产品部门化 product departmentalization
地区部门化 geographical departmentalization
过程部门化 process departmentalization
顾客部门化 customer departmentalization
直线职权 line authority

参谋职权 staff authority
职能职权 functional authority
集权 centralization
分权 decentralization
正规化 formalization
直线型组织结构 line organization structure
职能型组织结构 functional organization structure
直线职能型组织结构 line and staff organization structure
事业部型组织结构 divisional organization structure
矩阵型组织结构 matrix organization structure
网络型组织结构 network organization structure

团队型组织结构 team-based organizational structure

技术驱动的组织变革 IT-Enabled organizational transformation,ITOT

组织文化 organizational culture

企业伦理 enterprise ethics

企业社会责任 corporate social responsibility, CSR

讨论题

1. 如果你准备创业,你准备从哪些方面进行组织设计。
2. 有人说"一个有8个层次的公司永远无法与一个只有4个层次的公司竞争",为什么?
3. 现实经济生活中,有人创建一家公司会做得有声有色,开设几个分公司后却很快无以招架,你认为可能是什么原因?
4. 多头指挥的弊端有哪些?当一个员工同时被两个领导指挥干活时,可能会产生什么后果? 长此以往会怎样?
5. 什么情况下适合以产品部门化?什么情况下适合地区部门化?
6. 哪几种组织结构形式会产生多头指挥的问题?如何解决?
7. 赤壁之战当中孙权最后的决定是抗曹。周瑜问孙权:"主公抗曹之心是否坚决?"孙权马上拔佩剑砍面前奏案一角曰:"诸官将有再言降操者,与此案同!"言罢,便将此剑赐周瑜,即封瑜为大都督,如文武官将有不听号令者,即以此剑诛之。该典故说明了什么?
8. 工作的员工常常会抱怨单位里忙闲不均,忙的忙死,闲的闲死。你认为原因是什么?
9. 组织文化在组织管理中的作用是什么?
10. 从正反两方面举例谈谈企业的哪些行为与伦理和道德有关?

案例分析❶

从传统到智能:通用电气数字化转型之路

在数字化时代,各行各业都面临着数字转型的挑战和机遇。作为一个传统的制造业巨头,通用电气(general electric,简称 GE)以其数字化转型的成功案例,展示了组织变革与创新的重要性和可能性。

GE 作为全球领先的工业和科技企业,长期以来一直致力于提升产品质量、生产效率和客户满意度。然而,随着数字化时代的到来,传统的制造业模式已经无法满足日益增长的市场需求和激烈的竞争环境。因此,GE 决定进行数字化转型,利用先进的信息技术和大数据分析技术,实现制造业的智能化和数字化管理。

数字化转型:利用物联网技术提升生产效率

在 2016 年,GE 提出了数字化转型计划,其中一项关键举措是利用物联网技术提升生产效率。通过在工厂设备上安装传感器和连接装置,使得设备能够连接到互联网上,并实现了远程监控和管理。这项变革措施让 GE 能够实时收集和分析工厂设备的运行数据,从而及时发现设备故障和异常。后期逐步完善了物联网平台,实现了对所有关键设备的监控和管理,最终使得 GE 的生产线变得更加智能化和高效化,大大提高了生产效率和设备利用率。

优化供应链管理:利用大数据分析技术

在技术变革方面的另一重大举措是利用大数据分析技术优化供应链管理。自 2017 年开始,GE 对供应链各个环节的数据进行了全面的分析和挖掘。通过建立大数据平台和应用数据分析算法,GE 能够更准确地预测市场需求和供应链风险,优化采购计划和库存管理。

通过利用大数据分析技术优化供应链管理,GE 实现了数字化转型的另一个重要目标,即提升供应链的透明度和效率。大数据分析技术的应用使得 GE 能够更准确地预测市场需求和供应链风险,从而及时调整采购计划和库存管理,降低了供应链成本和风险。这项变革措施也使得 GE 能够更好地满足客户的需求,提高了客户满意度和忠诚度。

实现产品智能化和个性化定制:利用智能控制系统

除了技术层面的重大变革,GE 重视市场需求,采取了一系列措施实现产品的智能化和个性化。GE 开始在产品中嵌入传感器和智能控制系统,并与客户建立了定制化需求的沟通渠道,使得 GE 能够实时监测产品的使用情况和性能参数,并根据客户的需求进行个性化定制。经过用户需求的反馈和产品创新与改良,GE 推出了一系列智能产品并不断完善产品定制化服务。传感器和智能控制系统的应用使得 GE 能够实时监测产品性能和客户使用情况,从而根据客户的需求进行个性化定制,提高了产品的附加值和竞争力。这项变革措施也加强了 GE 与客户之间的沟通和互动,增强了客户对 GE 产品的信任和忠诚度。

传统制造业在数字化时代的变局中要寻求发展,组织变革显得尤为关键。通用电气作为一个典型案例,通过全面的数字化转型,包括利用物联网技术提升生产效率、优化供应链管理、实现产品智能化和个性化定制,实现了从传统到智能的变革,从而成功应对了市场的挑战,提升了企业的竞争力。这不仅展示了数字化转型在组织变革中的重要性,也启示了其他传统制造业在面对变局时应该如何谋求发展,不断创新变革,迎接数字化时代的挑战。

案例思考题

1.GE 在面对快速变化的市场环境和技术变革时,开展了一场全面的数字化转型,帮助公司提升了运营效率和市场竞争力。请结合数字化转型的相关理论,探讨 GE 数字化转型的成功因素有哪些?

2.GE 的数字化转型在组织变革中起到了怎样的作用?请分别从技术、产品和服务、战略结构、企业文化与人员等方面进行分析。

3.GE 的数字化转型被视为工业 4.0 时代的典范,许多传统制造业企业在面对数字化转型时仍面临诸多挑战。结合 GE 数字化转型促进组织变革的探索经验,探讨其他传统制造业企业可以从 GE 的数字化转型中学习到什么?传统制造业企业应该如何更好地应对数字化浪潮带来的变化和挑战?

案例分析❷

京东高管末位淘汰背后的组织变革

2019年京东在内部大会上通报"2019年将末位淘汰10%的副总裁及以上级别的高管"。依据京东惯例,此次对于副总裁及以上级别高管的末位淘汰,并不排除采取岗位调整、内部创业等方式进行人员优化。而在这之前的两个月,京东在回应裁员消息时就明确表示,正常的人员流动是每个公司都会遇到的常规情况。年底根据员工绩效考核开展末位优化也是每个公司的常规动作。京东每一年都会针对所有人员开展绩效评价和人才盘点,对于优秀人员给予更大的激励和更好的发展空间。对于绩效表现不符合要求的,予以岗位调整和优化。

在市场较为低迷和互联网企业密集裁员的当下,京东此举更容易被理解为节流过冬的被动举措,更有媒体推算出京东一年将从这一波操作中节省千万元的人力成本。但对于一家年营收达到千亿元人民币、在全球互联网企业中仅次于亚马逊和谷歌母公司Alphabet、员工人数超过17万的大型企业而言,一年节省千万元的人力成本显然不是京东"手刃"高管的核心要义。

据腾讯科技报道,京东所做出的这个决策是经过深刻的内部反思之后,为了解决目前企业所存在的各种组织问题,以重拾创业精神和初心的一种举措。刘强东强调集团正在积极推动"小集团,大业务"的战略转型,旨在盘活资源,充分发挥组织活力,为多元业务的发展保驾护航,以实现有质量的增长。在不同的场合,刘强东也反复表明需重塑团队和人才队伍,激发组织活力,关注战略团队文化与新业务。

当前的京东远非只是"电商"这么简单,它早已成长为拥有零售、数字科技、物流三大核心业务板块的集团公司,并在京东物产、京东安联保险、京东云、国际化业务等诸多领域展开布局。在多项业务齐头并进的背景下,如何打造出极具战斗力的团队,保持组织的创造力和活力,是京东在长期发展中始终保持竞争优势所必须要解决的问题。

京东正在积极推动的"小集团,大业务"转型便是一个战略层面的重要组织升级,通过组织变革和战略调整来优化其业务结构,通过数字化管理和进一步授权以应对市场变化和内部挑战。京东希望能够盘活资源,充分发挥组织活力,让业务单元有意愿、有能力、有条件取得业务发展的胜利,从而实现有质量的增长。具体地,京东集团的主要变革内容包括以下几点。

组织架构调整:由管理型向战略型转变。京东将总部职能从管理型转变为战略型,运营职能下沉到各个业务板块。这样的改变旨在让总部更多地关注战略规划和协同发展,而具体的运营决策则交由各业务单元自主进行。

授权与员工激励:在新的组织结构中,业务板块将获得更多的自主权,能够根据自身特点和市场需求快速做出决策。同时,通过提供适当的激励机制,激发员工的创新精神和工作热情。

人才策略变革:领导层趋于年轻化。京东强调给予年轻人更多机会,通过破格提拔具有高潜力的年轻人才,培养未来的领导者。这不仅有助于引入新鲜血液,还能增强团队的活力和创新能力。

绩效导向文化输出:京东推行更为明确的绩效评估体系,鼓励基于业绩的贡献,从而推动整个组织的效率和效果。

技术创新驱动:加大技术研发投入。京东继续加大在人工智能、大数据、云计算等前沿科技的研发投入。这些技术的运用不仅提升京东自身的运营效率,还为合作伙伴提供技术支持,推动整个行业的技术进步。

企业文化重塑:强化企业价值观。在转型过程中,京东强调回归企业文化的根本,即客户为先的原则。通过各种内部培训和活动,加深员工对企业价值观的理解和认同,从而更好地服务于客户和社会。

通过这一系列的变革,京东期望能够更好地适应市场变化,提升市场竞争力,实现可持续健康发展。

案例思考题

1. 京东组织变革的动因是什么?
2. 根据案例及网络资料分析京东组织结构变革前后有什么根本的不同?
3. "小集团,大业务"变革后的优势有哪些?
4. 京东为什么对高层管理人员实行末位淘汰制,而不是对基层员工实行末位淘汰制?

第五章 领 导

本章学习目的

通过学习有关理论，明白领导的影响力取决于什么权力，不同情景下领导与员工的关系协调重点；理解激励政策或措施的制定必须与人的需求相适应；有效的沟通对管理效率与效果的重要作用。

本章学习目标

1. 理解领导的概念和领导的本质。
2. 区别领导与管理的异同。
3. 了解领导权力的来源。
4. 理解领导行为理论的内容与不足。
5. 理解领导权变理论。
6. 学懂相关激励理论的主要内容以及对管理的启发。
7. 掌握正式沟通与非正式沟通的方法和相互关系。

导入案例

在全球政治、经济风云变幻的今天，面对国外势力的围堵，华为发奋图强，靠自主研发，克难攻坚，始终走在高新技术研发的前列，成为行为翘楚。华为的成功令世人有目共睹，作为华为创始人的任正非是很多人顶礼膜拜的偶像，也是最有魅力的企业领导人之一，很多公司、学者、管理人士都想通过采访、参观交流向华为学习。

任正非在媒体面前很低调，但在华为内部却是百分之百的领导强人。他的《我的父亲母亲》《北国之春》《华为的冬天》《华为的红旗到底能扛多久》等一系列的文章充满了浓烈的危机意识。无论面对外界采访，还是在公司内部讲话，始终强调危机管理，他认为即使在业绩好的时候，也必须时刻警惕潜在的风险与挑战，唯有自我批判、持续创新和客户导向才能立于不败之地，他在极力引导华为员工充满"狼性"。

第五章　领　导

那么是什么成就了华为员工的"狼性"并且心甘情愿地为公司付出？人人都知道在华为工作压力很大，但是压力和收入是成正比的，华为公司的待遇在业界是被羡慕的，在华为拿百万元的年薪一点也不奇怪，当初和任正非一起创业的老工程师们，已经可以获得年薪500万元的回报。但是仅靠高收入并不能真正地实现长久留人，华为留住人才的激励机制是员工持股。通过员工持股，一方面会使华为的模范员工与公司结成利益和命运共同体；另一方面会让最有责任心和最有才能的人进入公司的中坚层。

那么华为的员工如何持股呢？华为的员工持股制度历经数次调整，至2001年以后，华为进行了相应的员工持股改革，对新员工不再派发长期不变的每股一元的股票，而老员工的股票也逐渐转化为期票，即所谓的虚拟股，虚拟股由华为工会负责发放，每一年华为根据员工的工作水平和对公司的贡献度，决定其获得的股份数，员工按照公司当年净资产的价格购买虚拟股。拥有虚拟股的员工，除了可以获得一定比例的股份分红外，还可以获得虚拟股对应的公司净资产增值部分。2008年华为再次调整了虚拟股制度，实行饱和配股制，即规定员工的配股上限，每个级别达到上限后，就不再参与新的配股。这一规定让手中持股数量巨大的华为老员工配股受到了限制，却给新员工的持股留下了很大的空间，对新员工的激励力非常大。而作为华为创始人的任正非持股多少呢？令外人没有想到的是，他的股权只占不到1%。用任正非自己的话说："我自己不留股份，就只占这样一点，我让员工持股，每个人都是公司不可分割的一部分。"就是这样的态度，任正非在华为非常受欢迎，成为员工心中绝对的权威。公司业绩好，员工会得到更好的回报，这也成就了华为员工的狼性。

实际上员工所持有的是一种虚拟股，并非真实意义上的股东。大规模员工持虚拟股是华为的一种公司治理模式，一方面员工持股计划把所有人都聚集到一个平台上，另一方面能维持高层领导与决策不受干扰。用任正非的话说，正是这种制度，形成并沉淀了公司"利益分享，以奋斗者为中心的文化"。

第一节　领导与领导力概述

一、领导概述

管理的四项职能包括计划、组织、领导和控制，领导是管理的职能之一。盛田昭夫认为："管理不是独裁，一个公司的最高管理层必须有能力领导员工"。

（一）领导定义

关于领导的表述，有两层表达含义：作为名词，领导是指那些利用职权或利用影响力指导和引导人们实现组织目标的人；而作为动词，领导是指领导者施加影响力去指导他人达成组织目标的过程。对领导的定义很多，各国心理学家、管理学家和组织行为学家提出了不同的观点，如表5-1所示。

表 5-1　学者对领导的定义

学者	定义
奥利弗·布兰查德(Oliver Blanchard)	领导是一项程序,使人在选择目标及达成目标过程中接受他人的指挥、引导和影响
哈罗德·孔茨(Horald Koontz)	领导的本质是影响他人并使之心甘情愿为目标而努力的过程
罗伯特·杜宾(Robert Dubin)	领导即使用权威与(做出)决定
泰勒(Turner)	领导是影响人们自动为完成群体目标而努力的一种行为
杰克·韦尔奇(Jack Welch)	领导者是一种能将其想做的事或设想形成一种愿景(visioning),并能使其他人理解、采纳这种愿景,以推动这种愿景成为现实的人
马克·韦伯(Max Weber)	有效的领导有一种魅力,即某种精神力量和个人特征,能够对许多人施加个人影响
彼得·德鲁克(Peter Drucker)	有效的领导应能完成管理的职能,即计划、组织、指导、衡量
李·艾柯卡(Lee Iacocca)	有效的领导能够依次集中注意力于 3 个 p 上,即人(people)、生产率(productivity)和利润(profits)
斯蒂芬·罗宾(Stephen Robbins)	领导是一种影响一个群体实现目标的能力

　　本书将领导定义为一种影响过程,是对他人施加影响以引导和指导人们实现组织特定目标的过程或艺术。该概念包含 3 个要素:领导者与被领导者、影响能力、目标实现。首先领导者的领导对象是特定的人(被领导者)。这里的领导与领导者在日常生活中可以不加以区别使用,尤其是我国的老百姓,把领导人也习惯地称为领导,把领导人的行为也称为领导,约定俗成,大家都能理解。而英文中的领导用词是 leadership,领导者用词是 leader,二者含义完全不同。领导是促使成员实现目标的过程。

　　根据领导的定义,可以归纳以下几点内涵:第一,领导的本质是通过影响使组织成员追随与服从。卡茨(Kats)和卡恩(Kan)认为在组织中,领导的实质是除了对组织日常指示机械地服从之外的影响的扩大。但成员的追随与服从是两种心态上截然不同的行为表现,追随往往意味着成员主观上心甘情愿以领导者为中心,并为组织目标的实现而努力。而服从往往意味着成员行为上附和但心理上并不一定接受领导者的领导,或者对领导者的行为持不认可态度,但迫于领导者权威和工作的需要而不得不接受领导并完成组织目标。从这个角度说,领导是管理四项职能中最能体现管理艺术性特点的职能。有学者认为领导其实是一种艺术表现。第二,领导手段的核心要素有两点:一是激励,二是沟通。本章后面两节将系统论述激励与沟通的具体内容。第三,领导的目的是实现组织目标,而不是体现个人权威。管理者实施领导职能时,不可避免地需要使用职位权力,也就是正式权力。正式权力的运用要遵循有利于目标实现的原则,合理使用,合法使用,公平使用,公正使用。不可以徇私枉法,不可以用权不当,更不可以利用职权假公济私,打击报复。

（二）领导与管理的关系

尽管口头上人们可以将管理与领导混为一谈，但实际上从管理学理论角度来谈，管理和领导是两个不同的概念，二者之间既有相互联系又有区别。

二者的区别主要表现在：首先，从二者的概念所包含的工作范围来看，领导只是管理的四项职能之一，管理除了领导工作外，还包括计划、组织与控制。第二，尽管领导只是管理的一项职能，但领导被赋予的力量却超过管理。法约尔却赋予了领导更广泛更抽象的含义，他认为，领导是保证技术、商业、财务、安全、会计、管理全部工作得以贯彻的力量，任何一项工作离不开领导，而管理只是这六大工作之一。第三，管理的工作过程本身是协调，着重稳定，解决问题，减少冲突。但是领导更加注重愿景、创造力和变革，通过吹响沟通与激励的冲锋号，引导员工战斗在工作的最前方，冲锋陷阵，付出一切在所不辞。第四，管理工作更多地运用职权，但有效的领导不一定靠正式权力，有时个人在某方面的特质同样能起到很好的带头作用，同样能激起周围人员的追随。

当然管理与领导之间又有着无法切割的联系。每个组织都需要管理，而管理离不开四项职能，领导当然也是管理者必须承担的工作职责之一。从明茨伯格的管理者角色中，领导者也是管理者的角色之一，理论上说，无论管理者的领导力是强是弱，管理者都是领导者，但反之领导者不一定是管理者。当然我们更期待有效的领导者也是一位成功的管理者。

（三）领导的作用

在带领、引导和鼓舞他人为实现组织目标而努力的过程中，领导者要发挥指挥、协调和激励3个方面的作用。

1. 指挥作用

在人们的集体活动中，需要有头脑清晰、胸怀全局，能高瞻远瞩、运筹帷幄的领导者帮助人们认清所处的环境和形势，指明活动的目标和达到目标的途径。领导者只有站在群众的前面，用自己的行动带领人们为实现企业目标而努力，才能真正起到指挥作用。

2. 协调作用

在许多人协同工作的集体活动中，即使有了明确的目标，也因各人的才能、理解能力、工作态度、进取精神、性格、作风、地位等不同，加上外部各种因素的干扰，人们之间在思想上发生各种分歧，行动上出现偏离目标的情况是不可避免的。因此就需要领导者来协调人们之间的关系和活动，把大家团结起来，朝着共同的目标前进。

3. 激励作用

在现代企业中，尽管大多数人都具有积极工作的愿望和热情，但是也未必能自动地长久保持下去。这是因为劳动是谋生的手段，人们需求的满足还受到种种限制。如果一个人的学习、工作和生活遇到了困难、挫折或不幸，某种物质的或精神的需要得不到满足，就必然会影响工作的热情。在复杂的社会生活中，企业的每一个职工都有各自不同的经历，怎样才能使每一个职工都保持旺盛的工作热情，最大限度地调动他们的工作积极性？这就需要有通情达理和关心群众的领导者来为他们排忧解难,激发和鼓舞他们的斗志,发掘和加强他们积极进取的动力。可见,领导者是组织和团队的引领者和推动者。他们通过制定明确的愿景和战略、激发团队成员的潜力以及建立良好的团队氛围,为组织的长期发展和成功注入了强大的动力和活力。

二、领导影响力来源要素

领导者影响力大小的关键要素来自权力。一定程度上说,权力代表一种资源,权力大者话语权更大,反之,话语权较弱。所谓"人微言轻"便是某种权力较弱导致的发言权或建议权不受重视。这种权力资源可以来自外部,也可以来自领导者本人。来自外部的权力,通常指所处职位权力,职位权力相对短暂,在其位有其权,不在其位便不具有该职位的权力,我们常称之为职位权力。职位权力是一种法定拥有权,也称为正式权力,如奖励权、惩罚权、法定权等。来自个人的权力是由于自身所具有的特殊条件,如领导者个人品德高深、德高望重,或者具备精深的专业技能、良好的人际关系处理能力等,这些权力可以终生不消失,也不受有无职位权力、职位权力大小的影响。如专家权、参照权。

美国学者弗伦奇(French)和瑞文(Raven)认为,领导者的影响力主要建立在以下 5 种权力基础上。

(一)正式权力

正式权力(formal power)源自组织结构和职位,通常是由组织赋予领导者的。正式权力可以分为以下 3 种。

1. 法定权(legitimate power)

法定权是基于职位的合法权力。领导者由于其在组织中的地位,拥有发号施令的权力,员工也具有服从命令的责任与义务,因为命令与被命令的关系受法律认可,不因员工的个人情绪而发生变化。

2. 奖赏权(reward power)

奖赏权指的是领导者奖励或认可下属的权力。包括提升、奖金、表扬等,是激励员工表现的重要手段,领导者使用奖赏权可以显著提高团队的积极性和忠诚度。例如,华为以其优厚的员工福利和奖励机制闻名,表现出色的员工可以获得股票期权、奖金或者更多的职业发展机会,这些都是公司利用奖赏权激励员工。

3. 强制权(coercive power)

强制权是指领导者对不符合期望行为的下属施加惩罚的权力。包括批评、降职、降薪,甚至解雇等。强制权的使用是一种负强化行为,对下属会产生敬畏心理,一定程度上可以阻止下属不受领导喜欢行为的发生,但过度使用惩罚权可能导致员工的不满和抵触情绪。

(二)非正式权力

非正式权力(informal power)是基于个人能力和人际关系的权力,常常最能得到下属尊敬、爱戴和推崇,对下属的影响是发自下属内心的。非正式权力分为以下两种。

1. 参照权(referent power)

参照权源于领导者的个人特征,包括人格魅力、品德高尚、荣誉声望、背景经历等。这些特质受到下属的认可、尊敬和仰慕,常常可以达到一呼百应的效果,因此又称为模范权和个人影响权。

《史记·鲁周公世家》中周公戒伯禽曰"我文王之子,武王之弟,成王之叔父,我于天下亦不贱矣。然我一沐三捉发,一饭三吐哺,起以待士,犹恐失天下之贤人。子之鲁,慎无以国骄人。"后被曹操在《短歌行》中借用这个典故写道:"周公吐哺,天下归心。"

2. 专家权(expert power)

专家权基于领导者在某一领域或任务中对他人或整个项目或整个组织而言具有重要价值的专业知识和技能。专家权的关键核心是知识与才能,因为知识精深,在相关专业领域具有引领效应,更加受下属依赖;因为才能出众,更加受下属崇拜。

领导者影响他人是由上述3种职位权力和两种个人权力共同作用而产生的,单纯地只用正式权力可以一定程度上产生管理约束力,但并不能真正地让下属服从或接受,对下属产生较大影响力的常常是个人权力,用个人的品德威望或专业特长影响他人会对下属产生更有效的影响。管理者在实施领导时要注意这5种权力的使用艺术,以最终达成组织目标实现。

三国时期,曹操发兵宛城时规定:"大小将领,凡过麦田,但有践踏者,并皆斩首。"曹操的官兵在经过麦田时,都下马用手扶着麦秆,小心地蹚过麦子,一个接着一个走过麦地,没一个敢践踏麦子的。老百姓看见了,没有不称颂的,有的望着官军的背影,还跪在地上拜谢。曹操骑马正在走路,忽然田野里飞起一只鸟儿,惊吓了他的马,马一下子窜入田地,踏坏了一片麦田。曹操立即叫来随行的官员,要求治自己践踏麦田的罪行。官员说:"怎么能给丞相治罪呢?"曹操说:"我亲口说的话都不遵守,还会有谁心甘情愿地遵守呢?一个不守信用的人,怎么能统领成千上万的士兵呢?"随即抽出腰间的佩剑要自刎,众人连忙拦住。此时大臣郭嘉走上前说:"古书《春秋》上说,法不加于君。丞相统领大军,重任在身,怎么能自杀呢?"于是曹操就用剑割断自己的头发说:"那么我就割掉头发代替我的头发。"曹操又派人传令三军:丞相践踏麦田,本该斩首示众,因为肩负重任,所以割掉头发替罪。

第二节　领导理论

关于领导理论的研究大致经历了3个阶段,并分别形成了3种不同的领导理论研究重点:首先是领导特质理论的研究,研究的重点在归纳成功的领导者身上所具备的共性特征;到20世纪50年代前后研究重点转向对领导行为方式的研究,产生了几大典型的领导行为理论;之后当权变管理思想盛行时,人们也开始关注领导风格与环境的关系,探讨影响领导风格的环境因素,这一阶段的领导理论称为领导权变理论。

一、领导特质理论

早期的管理学十分重视领导应具备的素质与个性的研究,认为领导者的素质应该是天生的。基于此假设,研究者研究具备什么样的特有的素质才能成为优秀的领导者。于是研究者首先广泛发现成功的领导者,并研究他们身上的要素特质,然后挖掘这些成功领导者身上的共性特征,根据研究得到的成功领导者的共性特质,形成一种画像,用于寻找其他合适的领导者。

研究者尝试列出能够区分领导者和非领导者的特质表,这些研究包括①生理特征,其中包括年龄大小、体重、身长、外貌、性别等;②才能智力,其中包括判断能力、决策能力、语言表达能力等;③个人性格,其中包括独立精神、自信心、进取精神、性情缓急等;④心理特征,其中包括创造性、坚持性、责任心、对人的关心和对工作成果的关心、安全的需要、成就的需要等;⑤社会特征,其中包括领导能力、同别人合作的能力、人际关系技巧、对权力的需要等;⑥个人背景,其中包括教育程度、灵活处事能力、与工作团体的关系等。后来陆续有学者提出了关于领导特质的研究见解,如下表5-2所示。

表5-2 领导特质研究见解汇点表

学者	领导特质表现
哈罗德·孔茨(Horald Koontz)	有权并知道如何使用;对人有基本了解;杰出的煽动家;能营造需要的某种氛围
吉赛利(Ghiselli)	语言才能;首创精神;督导能力;自我评价高;与员工关系密切;决断力;兼备男性与女性优势;高度成熟
斯托格蒂尔(Stogdill)	个性机敏,有创造力,人格尊严,道德约束力,自信;有知识,判断力和语言感染力;有责任感和成功的欲望,以任务为导向;有社会能力和人际技巧,合作意识,名声和威望
约翰·奥尼尔(John O'Neil)	自信、想象力、不断努力

我国部分学者对企业家群体也进行了特质研究,认为企业家成功的关键并不在于是否具有高学历或精深的技术水平,而在于具有较好的社会洞察力、人际关系协调能力、危机中的应变能力以及对目标的把控力等。总之,以上的各种特质确实能提高领导者成功的可能性,但这些特质只是必要条件而非充分条件,因为没有任何一种特质是成功的保证。

领导特质理论过分强调领导者自身特质,忽略了环境和情境的影响,未能考虑领导者与特定情境之间的相互作用,因为领导成效也受到多种外部因素的影响。这些所谓的特质并不一定是个体与生俱来的,在现代管理实践中,完全可能通过后天学习而获得。另外,这些特质因素与领导力之间的因果关系并不好界定,如自信作为一种特质,是自信带来领导成功呢,还是成功提升了自信心?

因此,20世纪40年代后期到60年代中期,领导研究聚焦于领导者展示的偏好行为方式。

研究者探索是否有效的领导者采取了特殊的行动,或者说,是他们的行为起到了至关重要的作用。

二、领导行为理论

领导行为理论主要研究领导者在领导过程中的具体行为或风格,以及不同的领导行为对下属会产生什么样的影响,以期获得最佳领导行为。关于领导行为理论的研究最具有代表性的理论有:勒温的领导风格理论、利克特的领导系统理论、俄亥俄州立大学的领导行为四分图理论和管理方格理论。

(一)勒温的领导风格理论

著名心理学家勒温(Lewin)和他的同事于20世纪40年代初进行了关于团队氛围与领导风格的研究,他们以权力为基础,提出了不同的领导风格对下属的影响不同,并将领导风格分为3种类型。

1. 专制式领导风格(autocratic style)

专制式领导风格(又称专权式或独裁式领导风格)是指规定具体的工作方法,单方面制定决策,限制员工参与的领导风格。在这种领导风格中,领导者集中控制所有的决策和权力,很少或根本不征求团队成员的意见。领导者定义了所有的任务和工作流程,员工需要严格按照指令行事。这种风格可能在需要快速决策和紧急情况下有效,但长期可能会抑制员工的创新能力和参与感。在中国传统儒家思想中,强调"君君臣臣,父父子子"的等级制度和权威服从观念类似于威权型领导风格。

2. 民主式领导风格(democratic style)

民主式领导风格是指鼓励员工参与决策制定、向员工授权,并且把反馈作为教导员工的机会的领导风格。在民主式领导风格下,领导者在采取行动方案或做出决策之前会主动听取下级意见,或者吸收下属参与决策制定。比如,民主式的销售经理往往允许并要求销售员参与制定销售目标,而专制式的销售经理则仅仅向各销售员分配指标。民主式领导行为的主要特征是:领导者在做出决策之前通常都要同下属磋商,得不到下属的一致同意不会擅自采取行动;分配工作时,会照顾到组织每个成员的能力、兴趣和爱好;对下属工作的安排并不具体,个人有相当大的工作自由,有较多的选择性与灵活性;主要运用个人的权力和威信,而不是靠职位权力和命令使人服从;领导者积极参加团体活动,与下属无任何心理上的距离。

3. 放任自流式领导风格(laissez-faire)

权力定位于员工手中,认为权力来自被领导者的信任,成员有完全的决策权,领导者放任自流,只负责给成员提供工作所需要的资料、条件、咨询,不参与、不干涉工作,只偶尔表达意见,工作的进行几乎依赖于组织成员的自觉。

勒温的研究结论显示,以上3种领导方式中,放任式的领导方式工作效率最低,只能达到组织成员的社交目标,但完不成工作目标;专制式的领导方式虽然通过严格管理能够达到既定的任务目标,但组织成员没有责任感,情绪消极,士气低落;民主式的领导方式工作效率最高,不但能完成工作目标,而且组织成员之间关系融洽,工作积极主动,富有创造性。

然而,随着对民主式和独裁式领导风格的进一步研究,这些风格的效果并不总是一致的。例如,在某些情境下,民主式领导可能会比独裁式领导更加容易出成绩,但在其他情境下效果可能并非如此。尽管如此,在员工满意度方面,结果则相对一致。相较于独裁式领导,民主式领导通常能够提升团队成员的满意度。

勒温的理论对理解不同领导风格如何适应不同情境提供了宝贵的见解,并指出了每种风格的利弊。这些理论至今仍被广泛用于领导力发展和组织管理中,帮助领导者更好地理解如何根据具体情况调整自己的领导方式。

(二)利克特的领导系统理论

密歇根大学利克特(Likert)通过长期研究认为,不同的领导行为可以根据特征变量加以分类,包括控制手段、对员工的态度、激励措施、沟通过程、决策过程、权力使用等。其中最为关键的变量是下属参与决策的程度。在他的著作《人群组织:它的管理及价值》中,将领导方式归纳为4种系统模式。

(1)专制独裁式领导。这类管理者对下属高度不信任,实施绝对控制,激励措施以惩罚为主,奖励很少,沟通方式以上对下命令为主,缺少下对上沟通渠道的建立,决策以个体为主,不愿意下属参与。所有的决策都是由领导作出,下属只有服从与执行,没有参与。通常以正式权力的使用为主。

(2)温和独裁式领导。这种类型的管理者相对没有专制独裁式那么极端,对下属有基本的信任,下属有一定的向上沟通的渠道,可以有一定程度的建议。但管理者仍然掌握着控制权,重要决策仍然由高层作出。

(3)协商民主式领导。这类领导比温和独裁式领导又进了一步,对下属的信任度较高,但也没有绝对信任,下属有较大机会参与决策,提出的建议会受到管理者的关注,但是否采取,主动权仍然受领导控制,激励更多以奖励为主、惩罚为辅,有一定程度的合作精神。

(4)参与民主式领导。领导对下属充分信任,相信下属可以独立地完成任务,上下级沟通渠道顺畅,有一定的授权,鼓励下属参与决策,并重视下属的建议与提案,具有较好的团队合作精神。

利克特通过广泛调查研究进一步提出,参与民主式领导在目标实现方面效率最高,管理成效最显著。

(三)俄亥俄州立大学的领导行为四分图理论

俄亥俄州立大学关于领导的研究目的是希望确定能促进组织和群体达到目标的领导行为。研究者收集了大量下属行为的描述,列出了1000多个变量,最终界定了领导者行为的两大关键维度:定规维度(initiating structure)和关怀维度(consideration)(图5-1)。

定规维度是指领导者为实现目标而对自己以及团队成员的角色进行界定的程度,它包括努力组织工作、工作关系以及目标的行为。在这一维度中,领导者不仅设定清晰的目标,还制

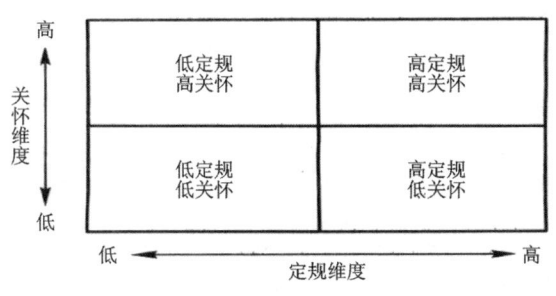

图 5-1 领导行为四分图模型

定具体的行为规范和工作流程,确保每个团队成员都了解自己的责任和预期。这种行为有助于减少混淆和效率低下的情况发生,因为每个人都清楚自己在团队中的位置和职责。具备高定规的领导者对任务或工作的关心程度远高于组织中人际关系和谐的关心,希望通过指明方向和期望别人来为自己完成任务,要求员工有一定的绩效标准并强调工作的期限。

关怀维度是指领导者与团队成员建立工作关系并相信和尊重成员想法和感受的程度。具备高关怀的领导者会帮助团队成员解决个人问题,友善且容易亲近,对所有团队成员一视同仁。这样的领导者会关心下属的感受、健康状态和满意度。此外,关怀维度高的领导者通常会关注团队成员的职业发展和个人福祉,提供培训和发展机会,帮助他们实现职业目标。他们还会注意团队成员的工作生活平衡,努力减少过度的工作压力,确保员工的健康和幸福。

基于定规维度和关怀维度形成的四象限领导行为研究结果表明,高定规高关怀的领导风格常常比另外 3 种类型的领导风格更能使下属取得高工作绩效和高满意度。但是这种结论并不能在任何情景下有效,例如从事日常工作时,高定规的领导者会引起员工的抱怨与反感,甚至使得离职率提高。

在俄亥俄州立大学研究的同时,密歇根大学也对领导行为进行了研究,但他们采用了不同的方法,直接将高效率与低效率的领导进行比较,确定了两个维度的领导行为:以员工为中心和以工作为中心。以员工为中心的领导者重视人际关系,关心下属的需要,承认个体的差异性。相反,以工作为中心的领导者更关注工作任务的完成情况。密歇根大学的研究认为,以员工为中心的领导者能够获得高团队生产率和高团队成员满意度。

(四)管理方格理论

在俄亥俄州立大学和密歇根大学有关领导行为四分图的基础上,美国德克萨斯州立大学布莱克(Blake)和穆顿(Mouton)提出了管理方格理论(managerial grid)。该理论认为在对生产的关心和对人的关心的领导行为之间,可以有若干种基于这二者偏向程度的领导风格。于是设计了管理方格图,以对生产的关心程度作为横坐标,对人的关心程度作为纵坐标,将横坐标和纵坐标分别均分为 9 份,横坐标从左往右表示对工作的关心由弱到强,纵坐标从下往上表示对人的关心程度由弱到强。纵横相连后可以有 81 个区间。这 81 个区间分别代表着对工作的关心和对人的关心程度组合下的不同领导风格(图 5-2)。

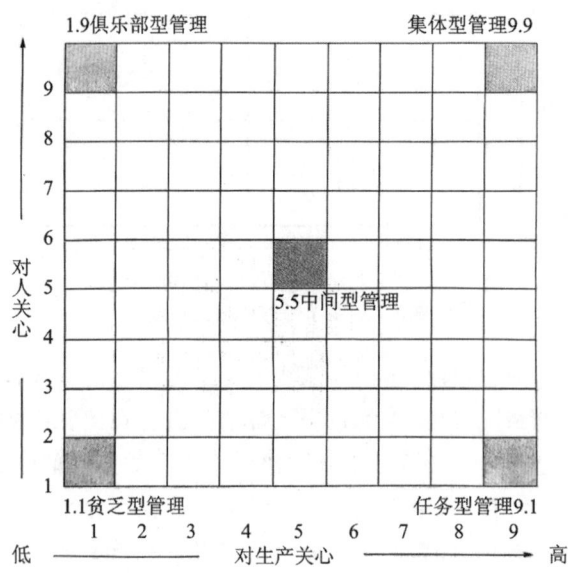

图 5-2 管理方格

由图 5-2 可知,有 5 种典型的领导风格。

1.1 贫乏型领导。这种风格的管理者既不关心任务的完成,也不关心员工的需要。没有主见,逃避责任,只是维持着日常最低限度的工作任务。

9.1 任务型领导。这类管理者非常关心工作任务的完成,而对员工的关注很少。为了完成任务,常运用正式权力强制员工。

1.9 俱乐部型领导。这种风格的管理者不关心工作,却非常关注员工的满意度,喜欢通过营造友好、温暖的人际关系得到下属的支持与拥戴。

5.5 中间型领导。管理者在关注任务完成和关注员工之间寻求平衡。这种风格试图在完成任务和满足员工需求之间取得一个合理的平衡,确保组织的运作同时维持团队的和谐。

9.9 团队型领导(亦称战斗集体型领导)。这种风格的管理者既高度关注任务完成,又高度关注员工需求的满足。他们努力推动团队合作,创造一个既能达成高绩效又能满足员工发展的环境。这种管理风格被认为是最理想的模式,能够激发团队的最大潜能和创造力。

布莱克与穆顿认为,这 5 种典型的领导风格中,团队型领导最有效,其次是任务型、中间型、俱乐部型,最差的是贫乏型领导。

三、领导权变理论

随着对领导行为理论研究的深入,人们发现领导行为理论研究的片面性:一是领导行为理论只关注领导者,只研究归纳领导者的不同行为表现出的领导风格有什么不同,而被领导者的行为对领导者领导行为一定也会产生影响,他们之间的影响应该是相互的。二是领导行为理论对领导者的领导风格的认定默认是不变的、固化的。但无法解释很多情况下,同一个人在不同情景下面对不同的群体或环境时呈现出的领导风格不同,有时温和民主,有时又表现得比较强硬。

20世纪60年代起,管理学家和心理学家们纷纷提出了领导权变理论,主要探讨什么因素会影响管理者的领导风格,也就是领导风格的多变性取决于哪些因素。领导权变理论的主要观点是:领导的效果取决于领导者个人特质、被领导者的特性以及情景三者共同作用的结果。灵活的领导者应该根据环境条件与下属情况选择适宜的领导风格,才能保证领导的有效性。其中最有代表性的权变理论有菲德勒的领导权变理论、路径-目标理论、领导生命周期理论。

(一)菲德勒的领导权变理论模型

美国著名心理学家和管理学家弗雷德·菲德勒(Fred Fiedler)在大量研究基础上提出有效领导的权变理论模型。他认为任何领导行为均可能有效,关键看其是否与所处的环境相适应。进一步地,他提出影响领导方式的环境因素主要包括以下3种。

(1)上下级关系。即领导者受到下属尊敬爱戴的程度以及下属愿意追随的程度。

(2)任务结构。即上级分配给下属任务的明确清晰程度,以及任务的程序化程度。

(3)职位权力。主管所处的职位高低与下属愿意追随的程度有直接关系,一般领导的职位越高,权力越大,下属主动追随的意愿更强烈。

菲德勒通过研究还发现,这3个变量对结果的影响程度不一致,影响最大的是上下级关系,其次是任务结构,职位权力的影响最小。

为了测量一个人是任务型领导还是人际关系型领导,菲德勒设计了最不愿与之共事者(least-preferred coworker,LPC)问卷诊断工具,即被测试者先想到一个现在或曾经在工作中最不喜欢的人,然后用16对反义词去形容此人,如友善—不友善、合作—不合作(表5-3),两个反义词之间有8种状态,分别用1~8的权重代替,最后计算出此人的LPC总得分。得分越高,越偏向关系型,得分越低,越偏向任务型。如果一个领导者用相对积极的词语形容最难共事的同事(换句话说,该同事得到一个高的LPC分值——64分及以上),那么该领导者很注重与同事保持好的个人关系,其领导风格就被称为关系导向型。相反,如果看到对最差同事的形容是相对消极的词语(该同事得到一个低的LPC分值——57分及以下),则表明该领导者注重生产率和把工作做好,因此这种领导风格被称为任务导向型领导风格。处于这两种极端风格的中间的即没有明确的领导风格。

表5-3 菲德勒的LPC问卷设计

指标			分值						指标
快乐	8	7	6	5	4	3	2	1	不快乐
友善	8	7	6	5	4	3	2	1	不友善
接纳	8	7	6	5	4	3	2	1	拒绝
有益	8	7	6	5	4	3	2	1	无益
热情	8	7	6	5	4	3	2	1	不热情
轻松	8	7	6	5	4	3	2	1	紧张

续表 5-3

指标	分值								指标
亲密	8	7	6	5	4	3	2	1	疏远
热心	8	7	6	5	4	3	2	1	冷漠
合作	8	7	6	5	4	3	2	1	不合作
助人	8	7	6	5	4	3	2	1	敌意
有趣	8	7	6	5	4	3	2	1	无趣
融洽	8	7	6	5	4	3	2	1	纷争
自信	8	7	6	5	4	3	2	1	不自信
高效	8	7	6	5	4	3	2	1	低效
开朗	8	7	6	5	4	3	2	1	沉闷
开放	8	7	6	5	4	3	2	1	封闭

最后菲德勒用3种环境变量来评估领导风格。3个变量分别用好或差、明确或不明确、大或小来评价。得到8种不同情景类型,于是每个领导者可以对号入座,判断自己适合于哪一种环境类型,由此获得自己的领导风格(图5-3)。

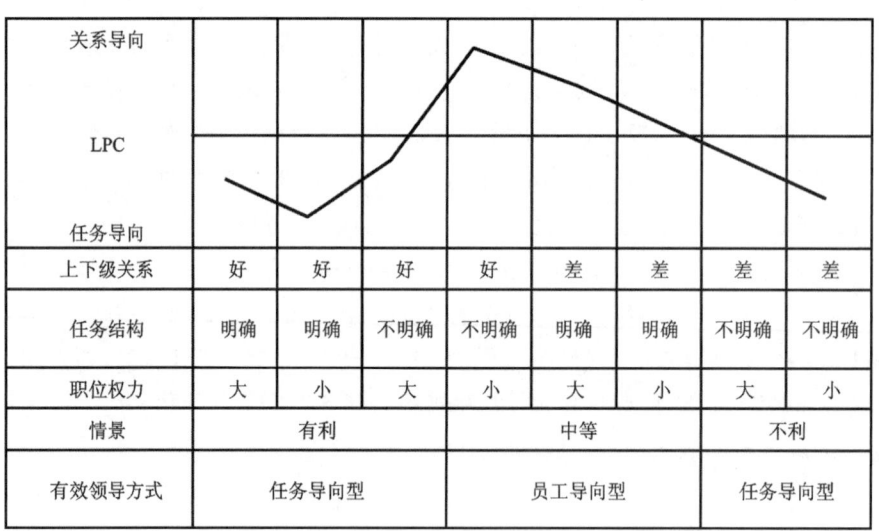

图 5-3 菲德勒的领导权变理论模型

菲德勒进一步研究了1200个团队在8类情境中对关系导向型领导风格和任务导向型领导风格进行了对比,得出结论为当情景非常有利或非常不利两个极端时,任务导向的领导比关系导向的领导更有效,而在这二者之间的情景下关系型领导更有效。

菲德勒认为个人领导风格是固定不变的,要提高领导有效性只有两种途径:第一种途径是替换现有的领导者,以适应环境。比如当前的环境被评估为不利,但是现有的领导恰恰是个关系导向型的,那么就应该调整管理岗位,让任务型管理者来接替以提高工作效率。第二种途径是改变环境,以适应领导者。如通过调岗改变职位权力大小来达到适应领导风格的目标。

费德勒模型的有效性在后期得到了广泛的验证。然而,也存在一些质疑。其一是认为假设个人不能改变其领导风格来适应情境是不切实际的,高效领导者可以而且正在改变他们的领导风格。其二是 LPC 问卷实践性不强,情境变量很难评估。

(二)路径-目标理论

罗伯特·豪斯(Robert House)创立的路径-目标理论(path-goal theory),是将领导行为四分图模型与期望理论相结合。他认为领导者的主要工作是帮助下属达成目标,并提供必要的指导与支持,为下属实现目标扫清障碍。豪斯提出了以下 4 种领导行为。

(1)指示型(directive)。领导者应该对下属提出要求,指明方向,给下属提供他们应该得到的指导和帮助,让下属能够按照工作程序去完成自己的任务,实现自己的目标。领导行为包括制订计划、工作进度表,建立目标和规章制度。

(2)支持型(supportive)。领导者对下属友好,平易近人,关系融洽,关心员工福利和个人需求。

(3)参与型(participative)。领导者经常与下属沟通信息,商量工作,虚心听取下属的意见,让下属参与决策,参与管理。

(4)成就指向型(achievement-oriented)。设立具有挑战性的工作目标,激励下属想方设法去实现目标,迎接挑战。

路径-目标理论认为影响领导风格的权变因素来自两个方面。

(1)环境的权变因素,包括上下级关系、任务结构、职位权力等。比如当任务结构不明确,下属无所适从时,他们会希望高定规型领导,以帮助他们明确目标和工作任务;当面对常规性事务时,他们喜欢高关怀型领导。

(2)下属员工的个性特点,包括自控力、经验等。当下属自感能力较低时,愿意接受指导型领导;当下属自控力较强时,更希望参与型领导,反之,倾向于指示型领导。

路径-目标理论在具体情景下领导风格的运用。

(1)与高度结构化和安排合理的情况相比,当任务模糊不清或者更有压力时,指挥型领能带来更高的满意度。下属不清楚自己要做什么,所以领导者需要给他们一些指示。

(2)当下属从事结构化的任务时,支持型领导能带来高员工绩效和满意度。在这种情境下,领导者只需为下属提供支持,不用告诉他们要做什么。

(3)对于理解能力好或者经验丰富的员工,指挥型领导似乎是多余的。因为这些员工很能干,不需要领导者告诉他们怎么做。

(4)正式权力关系越清晰、越官僚,领导者越应该表现出更多的支持性行为,减少指挥性行为。员工已经从组织情境中了解到应该做什么,所以领导者的角色就是单纯地提供支持。

(5)当工作团队中存在重大冲突时,指挥型领导可以带来更高的员工满意度。在这种情境下,下属需要一个能负责的领导者。

(6)内控型的下属更满意参与型的领导风格。这些下属认为他们可以掌控自己的工作,所以更喜欢参与到决策中去。

(7)外控型的下属更满意指挥型的领导风格。这些下属认为在他们身上发生的事都是外部环境导致的,所以更喜欢一个告诉他们怎么做的领导者。

(8)当任务结构模糊不清时,成就型领导会提高下属的预期,让他们相信付出努力可以获得更好的绩效。通过设定有挑战性的目标,下属就能明白领导者对他们的预期是什么。

(三)领导生命周期理论

美国管理学家保罗·赫塞(Paul Hersey)和肯·布兰查德(Ken Blanchard)提出了领导生命周期理论。该理论认为,有效的领导行为应该与被领导者的成熟度结合起来,无论是任务导向的领导还是关怀导向的领导,都与下属的成熟度密切相关,因此,领导生命周期理论中的权变因素只有下属成熟度这一项。

1. 下属成熟度的涵义

管理理论中的下属成熟度与我们通常所指的身体或年龄的大小无关。这里所讨论的下属成熟度是指下属承担工作并高质量完成的主观意愿与客观能力两种情况,即主观上对待工作的意愿与客观上完成任务的能力。这里的能力包括了知识、经验、技能等;个人意愿包括努力工作、承担责任的程度和工作态度等。根据主观与客观成熟度的不同,可以将其划分为4种成熟度阶段。

M_1:完全不成熟阶段,指下属无论是主观上努力工作的意愿、工作的积极主动性、承担责任的担当方面,还是客观上具备知识、经验及工作技能方面均达不到要求,领导对这部分下属的工作满意度是最低的。

M_2:初步成熟阶段,指下属主观上有愿意付出努力并愿意承担责任的工作态度,但是客观上工作能力无法很好地胜任或独立承担任务。

M_3:比较成熟阶段,这一阶段员工无论是主观工作态度还是客观上的能力担当方面都比较令人满意,可以独立完成较高质量的工作任务。

M_4:完全成熟阶段,此时的下属有高度的责任感和使命担当意识,认真对待工作,并能够高质量地完成工作,甚至已经进步成为技术或专业能力相当强的骨干。

2. 领导风格类型

基于四分图模型中的任务导向维度和员工导向维度,结合下属的成熟度4个阶段,可以将领导风格分为以下4种(图5-4)。

(1)命令型(高工作低关系):这一阶段下属成熟度较差,领导采用强制措施,明确工作任务与安排,制定规章制度,以意向沟通为主,设定工作角色,对于不同的任务,领导者告知员工做什么、怎么做和在哪里做。

(2)说服型(高工作高关系):这一阶段的下属愿意承担工作,但是工作能力不够,领导应采用双向沟通直接指导工作,并给予下属支持与帮助,让员工提高工作能力。

(3)参与型(低工作高关系):这一阶段下属比较成熟,工作上能独当一面,但是不愿意受到领导过多的干涉与指挥,领导应加强双向沟通,愿意倾听下属的意见,给予下属高度的认可。

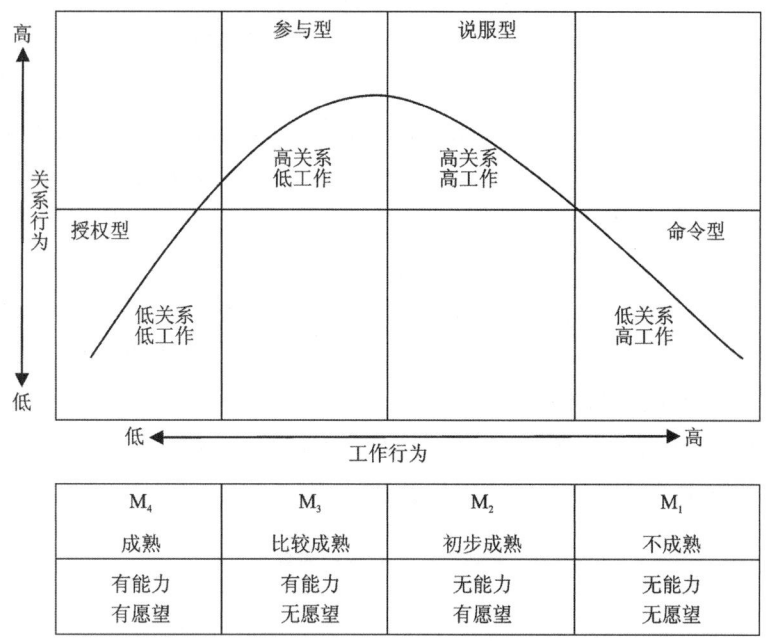

图 5-4 领导生命周期理论图

(4) 授权型(低工作低关系):下属的成熟度很高,工作能力非常强,领导应该充分尊重下属,并给予足够的自主权,让下属自己去决定下一步的工作如何安排,领导者只起监督作用。领导者可以安排一些具有挑战性的高难度工作,并给予充分的信任。

该模型的实用性较强,受到很多管理者的欢迎。需要注意的是,下属的成熟度是不断变化的。因此,领导者需要不断评估下属的工作能力和工作意愿,并调整自己的任务行为和关系行为与之相适应,以取得真正有效的领导。

三、领导理论的最新进展

在当今经济环境不断变化的宏观环境下,领导的作用日显突出,领导的方式方法也在不断变化中,如互联网的出现,改变了人们传统的"低头不见抬头见"的工作方式,可以实现办公室外场所灵活办公,相应地,领导与被领导者会在很多情景下从传统的面对面变为网络联络。这些变化表明对领导行为的研究的有效性需要进行更深入更专业化的研究。

近年来,学者们从不同角度研究领导问题,提出了许多新的观点。其中比较著名的有团队型领导、变革型与交易型领导、魅力型领导等。

(一)团队型领导

目前,工作团队正逐渐成为各类组织中占主流的结构形式之一,因此带领团队工作的领导者的作用则越来越重要。然而,传统的命令与控制型领导已经阻碍了团队绩效的提高,必须从根本上改变领导团队的方式。

团队领导者(team leaders)的主要角色是建立信任与鼓舞士气,而不是指挥下属。团队领导者鼓励所有成员之间的互动以及团队与上级管理层、组织中的其他团队、顾客、供应商等之间的有效沟通。团队领导者工作重点应当是拓展团队的能力,而不再是仅仅关注个人。团队领导者通过提供培训机会、排除影响任务完成的障碍以及提供必要的资源以帮助团队成员。同样,团队领导者还注意培养团队成员的相互信任,以激发他们的巨大潜能。此外,团队领导者还努力创造团队的认同感。即领导者努力让团队成员理解他们的使命,通过设置更加具体的目标促进下属尽力完成。

与传统领导者忙于阻止个体之间冲突不同,团队领导者认可个别差异。毫无疑问,把多样化的个体融入一个高度包容的团队,对每位团队领导者来说都是一种巨大的挑战。团队领导者尊重各种不同的意见与观点,鼓励所有成员自由表达自己的思想。与传统领导者忙于应急不同,团队型领导者能预测并影响变革。

如何成为有效的团队领导者,表 5-4 列出了高效团队领导者的关键行为,团队领导者应当不断地监控环境的变化,并随时准备采取各种应对措施。

表 5-4 高效团队型领导的关键行为表现

1. 鼓励团队自我强化高绩效
2. 鼓励团队自我批评低绩效
3. 鼓励团队自己留心、监督与评估团队绩效
4. 鼓励团队在执行任务前认真安排
5. 为团队提供必要的设备与工具
6. 积极与其他团队沟通
7. 充分相信与信任团队成员

(二)变革型与交易型领导

伯恩斯(Burns)于 1978 年最早提出了两种类型的政治领导:交易型与变革型。交易型领导者(transactional leaders),是指领导者与追随者的交换关系,交易型领导关心的是具体的领导事务,领导者明白下属需要什么,更懂得如何满足下属的需要,领导者对下属表达只要按照其指示完成工作任务,实现目标,便可以得到他们想要的报酬与奖励。研究者认为早期很多组织管理者都属于这类型的领导者。但这类型的领导者在拥有职位权力的时候可以对下属起到影响与指挥作用,一旦职位权力失去,其领导效能便会大打折扣或者完全失去。

变革型领导者(transformational leaders)是指鼓励下属为了组织利益而超越自身利益,并对下属有着不同寻常的深远影响的人。巴斯(Bass)在伯恩斯研究的基础上提出,变革型领导者显著优于交易型领导者。

变革型领导不仅注重结果,也强调领导者与追随者之间的互动和激励。变革型领导的 4 个基本特征如下。

理想化影响(idealized influence),领导者作为道德楷模,赢得追随者的信任和尊敬。他们通过行为的一致性和道德的坚持,展示高标准的道德行为和承诺,使追随者愿意效仿。在这种关系中,领导者通常会牺牲个人利益,确保团队的利益优先。

激发鼓舞(inspirational motivation),领导者通过鼓舞人心的愿景和明确的期望,激发团队成员的热情。他们用鼓励的话语和对未来的积极展望,增强团队的凝聚力和动力。这种特性促使领导者成为一个能够激励和鼓舞他人的有效沟通者。

智力启发(intellectual stimulation),领导者鼓励创新和创造性思维。他们挑战现有的假设、惯例和策略,推动团队成员探索新思路和解决问题的新方法。通过这种方式,领导者不仅解决问题,还促进团队成员的个人成长和能力开发。

个性化关怀(individualized consideration),领导者给予每位团队成员个别的关注,理解他们的特定需求、能力和发展愿望。通过鼓励和支持,领导者帮助成员实现个人职业发展,同时增强团队的整体能力。

变革型领导通过这 4 个特征,能够有效地提升团队的表现,增强组织的适应性和创新力,同时在追随者中培养出更高的满意度和个人投入。这种领导方式被广泛认为是非常适合应对快速变化和需要高度创新的环境的。

(三) 魅力型领导

早在 20 世纪 20 年代末,社会学家韦伯就提出了"魅力型领导"(charismatic leaders)的概念。他把领导分为 3 类:传统型、法理型和魅力型。魅力型领导是指能对下属产生不同寻常影响的领导人。魅力型领导被描述为具有绝对人格力量,能够对下属产生深远的影响,有强烈的忠诚、激情和献身精神。下属会义无反顾地追随领导者。后来的研究者们纷纷归纳了魅力型领导所具备的特征:路径-目标理论的提出者豪斯认为魅力型领导有极高的自信、支配力量和对自身信仰的无比坚定;本尼斯通过对 90 位美国最杰出最成功的领导者的研究,提出魅力型领导有 4 个共同特点(令人折服的远见和目标意识、能清晰地表达目标、全身心投入对目标的追求、了解自己的实力并以此作为资本);康格认为魅力型领导者有以下特点:有理想目标、全身心投入目标、反传统、非常自信。

综合学者们对魅力型领导的特征描述,归纳其主要特点如表 5-5 所示。

表 5-5 魅力型领导的主要特点

1	充分自信	对自身的能力以及对外界环境的判断非常自信
2	远见卓识	有理想目标,认为未来在他的领导下必定更好
3	执着于目标信念	不仅有理想目标,而且愿意为实现目标奉献全部
4	清楚表达目标的能力	清晰地陈述目标,使其他人都能明白目标
5	反对循规蹈矩	反传统,思路新颖,行为独特,喜欢另辟蹊径
6	充分的环境敏感性	能及时洞察环境的变化,及时实施变革
7	变革代言人身份	他们常被看作是变革派,而不是传统卫道士

第三节 激励理论

从心理学角度,激励就是利用某种外部因素调动人的积极性与创造力,朝着人们期望的目标前进的一种心理过程。从管理的角度,激励是为了特定的目的而对人们的内在需要或动机施加影响,以调动人的积极性,引导人的行为的过程。因此,对管理者而言,首先需要弄清楚下属有什么需要?什么样的外部影响力能促使下属产生积极性和创造力,并最终表现为管理者所期望的行为。激励过程必须关注3个方面:一是需要的选择,二是动机的促发,三是行为反馈。

一、需要、动机与行为

在管理工作中,管理者通常看到的是员工的行为表现,看不到的是行为背后的目的,如果只针对员工的行为实施奖惩,而看不到其背后的真正需要,那么很有可能你奖励的并不是员工想要得到的。因此,管理者应该透过员工的行为去发现其真正的需要,从而有针对性地制定切实可行的措施。从这个角度说,管理者从来都应该深谙心理学。

那么从心理学角度分析,人的行为受动机支配,而动机来源于人的需要。人们的需要是个体缺乏某种有形或无形东西的程度,可以是物质方面的内容,也可以是心理方面的内容,从经济学角度说,对这些东西需要的程度取决于它们给人带来的效用,效用越高,需要的程度越高,没有效用,则不产生需要或者说对某物不感兴趣。

需要与动机既密不可分,又相互并不等同。需要是内心感知到的对某种重要事物的缺乏;动机则是行支的意图和驱动力,可以推动为满足一定的需要而采取行动。换句话说,人们有需要但不一定会有动机,只有在外部条件恰当的情况下,才会引发动机,最终外化为某种行动。需要、动机与行为三者之间的关系如图5-5所示,当个体产生某种需要且在一段时间内未得到满足时,会产生不安或紧张的心理状态。当遇到能够满足需要的目标时,这种紧张的心理状态就会转化为动机,推动人们想方设法地付诸行动,以实现目标。当目标实现时,需要可以得到满足,但这个周期会反复下去,因为当满足了某种需要后,人们自然地又会产生新的需要,从而循环往复。

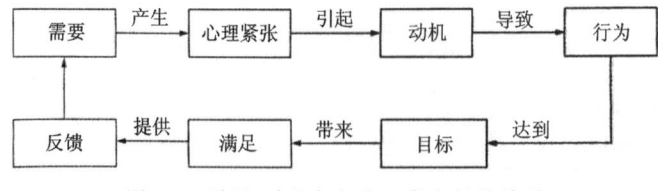

图5-5 需要、动机与行为三者之间的关系

由此可见,激励可以说是通过创造外部条件来满足人的需要的过程,激励的作用主要表现在以下3个方面。

1. 需要的强化

人的需要不仅复杂,而且有时还相互矛盾。不仅不同种类的需要之间存在着矛盾,而且同类需要之间也存在着矛盾。而激励工作要强化的是那些有利于组织目标实现的人的需要。事实上,人们做出的选择并不是完全偏向一种需要,而是多种需要的调和与相互妥协。如何能在这种调和中去强化最有利于组织目标实现的需要,这就是激励的艺术性之所在。

2. 动机的引导

强化了需要不一定就能得到预期的行为,因为可能有多种行为都能提供同一种满足。比如,某员工想获得更多的报酬,他可以通过努力的工作得到,也可以考虑跳槽到另一家薪水更高的组织获得,还可能通过采取一些不正当的手段谋取。这时管理者就应该加以引导,以杜绝不良行为的发生,也尽可能地不要让优秀的员工流失,同时通过相关激励措施的制定引导员工行为向有利于组织目标实现方向发展。

3. 提供行动条件

要鼓励人行动就应该为他们的行动提供条件,帮助他们实现目标。在激励过程中,行动结果提供的反馈又会反过来影响人的需要。也就是说,当人的需要得到很好的满足时,这种需要就会强化,其行为的动机就会更强烈,或产生进一步的需要;相反,如果这种需要没有很好地被满足,显然就会影响下一次的激励效果。

二、内容型激励理论

内容型激励理论侧重研究激发动机的因素。其中研究最为广泛的内容型激励理论包括需要层次理论、双因素理论、成就需要理论和 ERG 理论。

(一)需要层次理论

需要层次理论(hierarchy of needs theory),由美国心理学家马斯洛于 1943 年在其《人类激励理论》中首次提出,并在其 1954 年出版的代表作《动机与人格》中进行了更详细地阐述。

马斯洛把人的需要划分为 5 种:生理需要、安全需要、社交需要、尊重需要、自我实现需要(图 5-6)。

1. 生理需要(physiological needs)

这是所有需要中最基本的,涉及生存本身的必要条件,食物、水、睡眠、呼吸和性等需求都属于这一类。例如,一个长时间工作后感到疲惫的员工,首先需要的是休息和营养,而非工作的表扬或晋升机会。

2. 安全需要(safety needs)

当基本生理需求得到满足后,个体会寻求保护自己免受伤害的安全。这种需要又可以分为两小类:一是对现在的安全的需要;二是对未来的安全的需要。对现在的安全的需要就是要求自己现在的社会活动的各个方面均能有安全保障;对未来的安全的需要就是希望未来的生活能有保障,如退休保障、医疗保障等。例如,购买保险、投资退休金计划、寻找稳定工作等都是满足安全需求的行为。

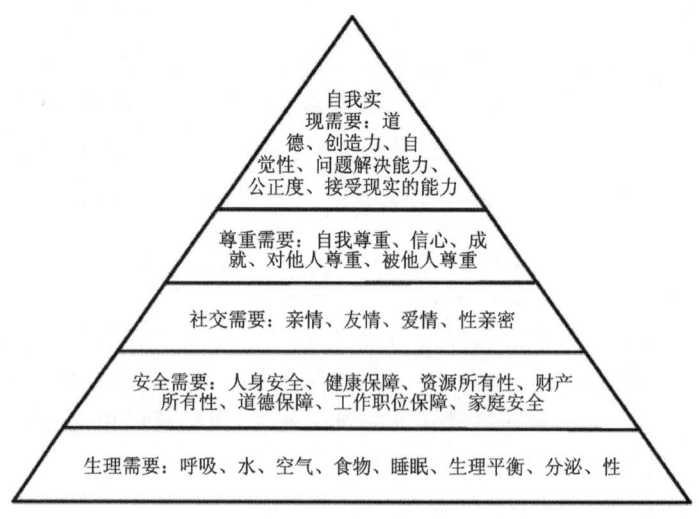

图 5-6　马斯洛需要层次理论模型

3. 社交需要(social needs)

人们总是希望在社会生活中受到他人的注意、接纳、关心和同情,在感情上有所归属,而不希望在社会中成为孤立的一份子。社交需要包括友谊、亲情和爱情等。这种需要多半是在非正式组织中得到满足。社交的需要比生理的和安全的需要来得更细,需要的程度也因人的性格和受教育程度而不同。在工作场所,团队合作和良好的人际关系可以帮助满足这一需求。例如,公司组织的团队建设活动就是为了强化员工间的联系和归属感。

4. 尊重需要(esteem needs)

这里的尊重,既包括自尊,也包括受人尊重。自尊是自己在取得成功时有一种自豪感,受别人尊重是当自己做出贡献时,能得到他人的承认。例如,艺术家通过展览他们的作品,寻求公众和同行的认可;在职场中,员工通过提升表现寻求晋升和表彰,以增强自我价值感。

5. 自我实现需要(self-actualization needs)

该需要是所有需要中层次最高的需要,涉及实现个人潜能和自我发展的渴望。这种需求就是希望在工作上有所成就,在事业上有所建树,实现自己的理想和抱负。自我实现需求常表现在两个方面:一是胜任感有这种需要的人试图控制事物或环境,不是等事情被动地发生,而是希望在自己的控制下进行。二是成就感,对一些人而言,工作的乐趣在于成果或成功,有成就感的人往往知道自己想要什么样的结果,成功后的喜悦要远比其他任何报酬都重要。

马斯洛认为这5种需要分等级层次,由低级到高级分别是生理需要最低,自我实现的需要最高;当较低层次的需要满足后,才会对较高层次的需要产生追求;人们在同一时期内可以同时有5种需要,但是只有当时的主导需要才能推动行为的产生,才具有激励效果。已满足的需要对人不再产生激励作用。

需要层次理论不仅仅用于解释一般人的行为动机,管理者还需要运用层次理论来激励员工为满足自身需求而努力工作。每个人在不同时间可能处于不同的需要层次,而且一旦较高层次的需要显现,它会成为个体行为的主导动力。因此,为了激励某个个体,管理者需要了解该个体处于哪一需要层次,并聚焦于满足该层次或以上层次的需求。表 5-6 为需要层次理论应用于组织员工的需求内容表现。

表 5-6　组织员工不同层次需要

需要层次	一般需要因素	组织员工需要因素
自我实现需要	提升、成就	挑战性工作、职位提升、工作成效等
尊重需要	认可、自尊、尊重	职称、奖励、上级及同事肯定等
社会需要	友谊、归属感、友爱	和谐的工作氛围、同事关系友好
安全需要	安全、保障、稳定的工作	工作环境安全、增加福利等
生理需要	食物、住所	基本薪酬福利、工作条件等

尽管该理论在管理实践中被广泛应用,但仍有一些局限。批评者认为需求层次过于线性和简化。现实中,不同人的需求可能不遵循严格的顺序,且同一层次的需求可能同时或以不同方式出现。

(二)双因素理论

双因素理论(two-factor theory)也被称为激励-保健理论(motivation-hygiene theory),由美国心理学家赫茨伯格于 1959 年提出,该理论研究了激励手段与激励效果之间的关系。

20 世纪 50 年代,赫茨伯格在美国匹兹堡地区对 11 个工商机构的 203 名工程师和会计人员展开了问卷调查,要求他们回答"什么时候你对工作特别满意""什么时候你对工作特别不满意""满意和不满意的原因是什么"等问题。根据调查的结果,赫茨伯格提出了双因素理论(图 5-7)。

赫茨伯格双因素理论的主要观点有以下几点。

(1)满意与不满意之间存在着中间状态,二者不是对立的,即满意的对立面是没有满意,而不是不满意,不满意的对立面是没有不满意,而不是满意。

(2)导致工作不满意的往往是外部因素(图 5-7 左侧),主要是与工作条件和工作环境有关的因素,称为保健因素(hygiene factors),如公司政策与管理、监督、人际关系和工作条件。

(3)使个体感到满意的往往是内在因素(图 5-7 右侧),主要是与工作内容相关的因素,称为激励因素(motivators),包括成就感、工作的挑战性、责任感以及个人成长与发展等。

(4)保健因素只能消除不满意,不会产生激励力,但保健因素如果不满足,能使人产生消极情绪。激励因素才是调动人们积极性的关键因素,这些激励因素若满足了,会产生很大的激励,若未满足,不会产生激励,但也不会因此而产生消极情绪。

(5)保健因素与激励因素不是一成不变的,而是动态变化的。这种动态性体现在两个方面:一是某因素属于保健因素还是激励因素,因员工所处环境不同而不同,不能一概而论。在甲公司属于保健因素的措施,可能在乙公司却有激励效果;二是同一因素的保健性还是激励

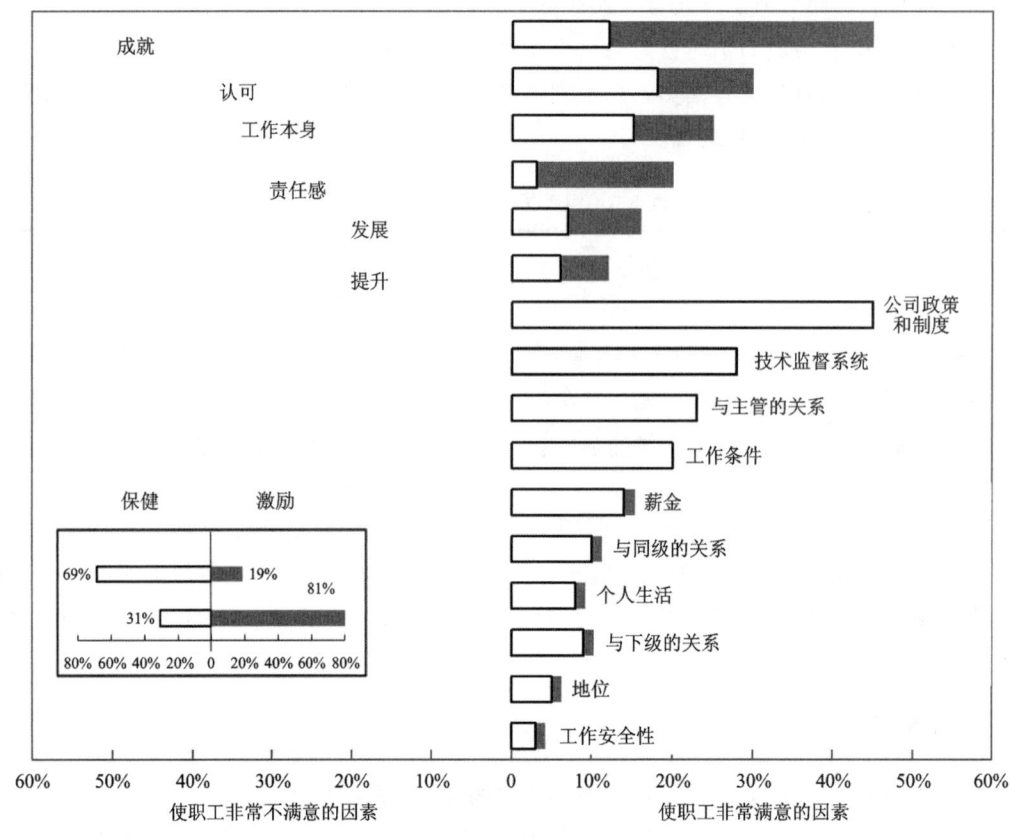

图 5-7 满意因素与不满意因素的对比
注：资料来源于赫兹伯格的《再谈如何激励员工》，1959。

性效果随时间或环境的变化而会转化，一般的，激励因素都有时效性，曾经具有良好激励力的措施随着时间的推移，可能慢慢失去激励效果，而转化为保健因素。

双因素理论自提出以来，在管理实践中产生了广泛影响，推动了对工作重设计的重视，如工作丰富化和工作扩大化。然而，这一理论也遭受了批评：首先，赫茨伯格的研究仅涵盖203名专业人士（如工程师和会计师），样本规模有限且缺乏广泛代表性；其次，虽然赫茨伯格将工作满意度与绩效提升视为相关联，现实中工作满意度与工作绩效并非直接相关，人们在不满意的情况下也可能因其他因素实现高绩效；最后，虽然赫茨伯格将保健因素与激励因素区分得很清楚，实际上这两者并非完全独立，它们之间存在互动并可相互转化。

（三）成就需要理论

哈佛大学以戴维·麦克莱兰（David McClelland）教授为首的研究小组，经过大量深入研究发现，传统的学术能力和知识技能测评并不能预测工作绩效的高低和个人生涯的成功，并发现了"成就需要"等因素能从根本上预测职业成功。据此，戴维·麦克莱兰和他的助理提出了成就需要理论，也称三种需求理论（three-needs theory）。该理论认为人们在工作情境中有3种基本的动机和激励需要，即对权力的需要、对归属的需要和对成就的需要。

1. 对权力的需要（need for power, nPow）

对权力怀有高度需要的人，最基本的特征是竭力向往影响和操纵控制他人，而且自己具有强烈的不愿受他人控制的欲望，这类人一般总寻求领导职位，要求拥有并保持权力去影响他人，他们的特点是坚强、坦率、好争辩、头脑冷静、乐于竞争、喜欢公开演讲等。

2. 对归属的需要（need for affiliation, nAff）

有归属需要的人具有建立友好亲密的人际关系的愿望，希望从被人接纳中得到快乐，并尽量避免因被某团体拒绝而带来痛苦。这类人的特征是经常关心和寻求维持融洽的社会关系，希望获得他人的友谊，结交知心朋友，在社团活动的亲密与了解中得到乐趣，并乐于帮助和安慰危难中的伙伴。

3. 对成就的需要（need for achievement, nAch）

具有高度成就需要的人有强烈的成功愿望，寻求挑战性的工作，寻求适当难度的目标，敢于承担责任。这类人有种内在的驱动力量，渴望自己将从事的工作做得更完美，更有成效。他们不太愿意接受那些被人们认为特别容易或特别困难的工作。在他们看来，只有在成败可能性均等的条件下，才能显示出一个人出色的才能，这也是一种能使自己在奋斗中获得成功喜悦的最佳机会。

以戴维·麦克莱兰为代表的成就需要理论主要结论有以下几点。

(1) 高成就需要者偏好的工作特征：能够独立解决问题的工作，在工作中他们能够获得及时、明确的绩效反馈以告知他们是否有所改进，在工作中，他们得以设立难度适中的目标。高成就需要者会尽量避免他们认为过于容易或者过于困难的工作任务。

(2) 高成就需要者重视他们自身的成就，往往能获得个人职业的成功，但不一定能够成为一位优秀的管理者，尤其是在大型组织中。因为优秀的管理者应该重视帮助其他人实现他们的目标。

(3) 成就需求不是天生的，而是可以通过后天培养的。戴维·麦克莱兰认为可以通过培训激发员工的成就需求，如为他们营造需要个人责任、反馈和中度冒险的工作情境等。

(4) 企业家们显示出怀有很高的成就需要和较高的权力需要，但归属需要较低；管理者们一般也显示出有高度的成就和权力需要与低的归属需要，但是其程度都不及企业家。不少事实证明，高度成就需要的人对企业、对国家都颇有建树，这类人越多，事业发展越快，组织就会更加兴旺发达。

（四）ERG 理论

耶鲁大学教授阿尔德弗（Aoderfer）在马斯洛需要层次理论研究基础上，于1969年提出了一种新的需要理论，把人的需要分为生存需要（existence）、关系需要（relation）、成长需要（growth），后以这3种需要的英文首字母称为 ERG 理论。生存需要相当于马斯洛需要层次理论中的生理需要与安全需要，与人们的基本物质生存条件有关；关系需要相当于马斯洛需要层次理论中的社会交往需要和受他人尊重的需要，通过工作中或工作外与他人交往接触得到满足；成长需要相当于马斯洛需要层次理论中的自尊需要和自我实现的需要，通过发展个人的潜力与才能而得到满足。

但 ERG 理论与马斯洛需要层次理论在研究假设上观点不同,ERG 理论并不认为人的需要一定是从低到高循序上升且刚性不可逆,也不认为同一时期起激励作用的只能是主导需要。他提出,如果在相对高一级的层次的需要上没能得到满足,遭受挫折时,人们会选择退而求其次,转头增加较低层次的需要。ERG 理论不强调需要的层次顺序是刚性不可逆的。同时该理论认为不同层次的需要完全可能并存,3 种需要可能同时存在且共同起作用,可以同时作为激励因素而起作用。

三、过程型激励理论

内容型激励理论以人的需要为研究出发点,探讨如何通过满足需要以促进动机与行为的发生。过程型激励理论则着重研究从人的动机产生到行为表现过程中哪些因素对人的动机与行为产生影响,了解对人的行为起关键作用的因素有哪些。对企业员工来讲,面对激励措施,人们的行为选择以及达成目标的可能性是过程型激励的主要研究内容。过程型激励理论主要有期望理论与公平理论。

（一）期望理论

期望理论由美国心理学家维克托·弗鲁姆于 1964 年在《工作与激励》中提出。该理论认为:一个人从事某项工作的动机强度是由其完成该工作的可能性以及完成工作后获得的回报满足自身需要的程度共同决定。只有当人们预期到完成任务的可能性较大(期望值),且由此得到的回报能较好地满足自身需要(效价)时,才会激起人们付出的激励力。所以实质上决定做还是不做某项工作是一个选择决策的过程,该过程中考虑的关键因素有两个:效价和期望值。其基本的公式为

$$M = V \times E$$

式中:M(motivation,激励力)是人们所感受到的激励程度。V(value,效价)是人们对某一预期成果或目标的重视程度或偏好程度,反映了人们的需要/动机的强弱。E(expectancy,期望值)是人们对通过特定的行为活动达到预期成果或目标的可能性的概率判断,反映了人们对实现需要/动机的信心强弱。效价可以物质的,如报酬,也可以是非物质的,如获得上司肯定或对未来职业生涯有重要影响。效价大小因人而异,同一激励措施对不同的人产生的激励力大小不同。考虑激励力大小,仅有效价一个因素不行,还必须同时考虑实现目标的可能性。当个人能力达不到或资源条件不满足时,完成的概念会大大降低,那么激励力一定会不足。

维克托·弗鲁姆提出了关于人们对行为结果选择时的期望过程如图 5-8 所示。

A 过程:努力-绩效的联系,重点考虑"我能做到吗"。即个人认为通过一定努力会带来成效的可能性。如果成功的可能性较大,则会进入对下一过程的考虑。反之,如果觉得成功的概率较低,则可能选择放弃努力。

B 过程:绩效-奖励关系,重点会考虑"完成绩效后会得到什么奖赏"。员工的付出,尤其是取得高绩效后,总是希望有所回报,回报可以是物质的实质性的奖励,也可以是领导的赏

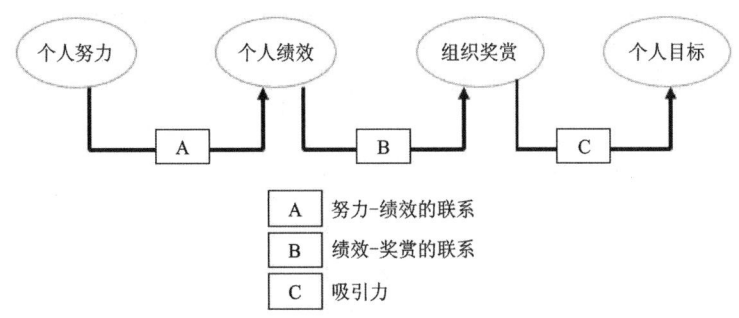

图 5-8 期望理论过程模型

识、同事的赞扬,或者对未来升职的帮助等。如果员工无论付出怎样的努力,做出多大的贡献,领导都沉默以待,那么员工自然会失去激励力。

C 过程:奖励-个人目标关系,重点考虑"所得奖赏对个人有多大价值"。如果组织给出的奖赏有足够的吸引力,那么个人会付诸行动。如果组织承诺的奖赏对个人没有吸引力,那么也不会产生太大的激励力。还需要注意的一种情况是,有时领导者承诺的奖赏有足够的诱惑力,可是员工仍然会无动于衷的原因是领导者常常喜欢承诺,但又常常不能够兑现,只开"空头支票"。

期望理论对管理实践的启示:一是制定员工工作目标时要与奖励挂钩;二是制定的目标一定是员工付出努力后可以达成的,目标太高或太低,都会失去激励效果;三是管理者要关注员工达成目标的过程,适时给予指导与帮助,提高完成的可行性和完成的质量;四是管理者要注重激励措施的有效落地,不能反复地给员工画大饼而不兑现承诺。

战国时期,秦国的秦孝公即位以后,决心图强改革,便下令招贤。商鞅自卫国入秦,提出了废井田、重农桑、奖军功、实行统一度量和建立县制等一整套变法求新的发展策略,深得秦孝公的信任。

据《汉书》记载,商鞅为秦国设立了一个明确的军事奖惩制度,即"商君为法于秦,战斩一首,赐爵一级。能得甲首者,赏爵一级,益田一顷,益宅九亩""百将、屯长不得,斩首;得三十三首以上,盈论,百将,屯长赐爵一级。"秦军由此成就了虎狼之军。

(二)公平理论

如果你大学毕业就有人给你提供年薪 10 万元的工作,你很可能会欣然接受,对工作充满热情,并且确实对薪酬感到十分满意。然而,如果你工作了一个月之后发现,你的一位同事,也是刚毕业的,他与你年龄相仿,毕业于与你不相上下的学校,与你有着不相上下的成绩和相似的工作经历,却获得了 12 万元年薪,你有何反应?你很可能会感到非常失落、沮丧。尽管从绝对数量上来说,10 万元的年薪对于刚毕业的大学生而言已经是一笔不菲的收入,但突然间这已经不是你所关注的了。现在你关注的问题是这件事是否公平。

"公平"指的是当你与行为表现方式相似的参照对象相比,你是否获得公正和平等的感觉。公平理论,又称社会比较理论,是美国管理心理学家亚当斯(Adams)在 20 世纪 60 年代首次提出的,该理论主要研究报酬的公平性对人们工作积极性的影响。

人们对报酬是否满意,是一个社会比较的过程。不仅取决于绝对报酬,更取决于相对报酬,即个体的投入产出比。该投入产出关系可以用以下简单的公式表示

$$\frac{本人的所得}{本人的投入}=\frac{他人的所得}{他人的投入}$$

其中,所得代表本人或参照对象获得的报酬;投入代表本人或参照对象为了这份报酬所付出的代价与努力程度。

当等式成立时,人们产生公平感,会继续维持现有的工作投入状态与人际关系状态;当等式不成立时,人们就会产生不公平感,如果左边大于右边,说明本人觉得相对于投入而言,所得偏高了,因此会产生一种内疚感;如果左边小于右边,说明本人觉得相对于本人的投入而言,所得偏少,尤其是当本人认为参照对象的投入较少,但所得偏多时,会产生吃亏的感觉,会对上级对同事对参照对象产生不满意。于是人们会表现出以下4种行为举止:一是减少自己的投入,表现出显著的消极怠工与抵触情绪,把更多的工作推给参照对象,认为对方得到得多,就应该投入多;二是希望增加自己的所得,并为此找领导者理论,希望领导者重新评估自己的付出,并增加回报;三是希望改变他人的所得;四是采用退而求其次的阿Q精神,重新选择一个新的参照对象,以使自己保持比上不足比下有余的心态。

公平感是一种主观心理感受,制约公平感的因素主要有两个方面:一是程序公平(procedural justice),二是分配公平(distributive justice)。公平理论最开始聚焦于分配公平,即人们认为薪酬数量以及薪酬分配的公正程度。近年来,越来越多的研究聚焦于程序公平方面的考察,即用来确定薪酬分配的程序所具有的公正程度。研究表明,分配公平比程序公平更能影响员工的满意度,而程序公平往往会影响员工对组织的承诺、对上司的信任以及离职意向。因此,管理者应该考虑将分配决策如何制定的信息公开化,遵循稳定、公正的程序,并采取措施以提高对程序公平的认同感。通过提高员工对程序公平的认同感,员工即使在对薪酬、晋升或其他个人所得不满意的情况下,也有可能积极地看待他们的上司和组织。

四、行为强化理论

行为强化理论着重研究对行为的修正和固化,回答了"怎样使积极行为得到巩固,使消极行为得以转化"的问题。

美国哈佛大学心理学家斯金纳(Skinner)提出的强化理论认为,人的行为是其所获刺激的函数,通过对取得成绩的人加以赞扬,对成绩差的人加以惩罚,使人们受到激励,因此该理论也称为行为修正理论。在某种行为之后立即出现,并且会提高该行为未来重复的可能性的某种结果,称为强化物(reinforcers)。强化理论不考虑如目标、期望和需求这样的因素,而只关注个体做某些事情时对该个体产生的后果。

据斯金纳的观点,如果个体在表现出某一行为之后受到奖励,那么该个体极有可能再次表现出这种期望行为。在期望行为之后立即给予奖励最为有效;而如果行为得不到奖励,或者是受到了惩罚,这种行为则不太可能再次出现。

强化类型主要有以下4种。

1. 正强化

正强化是指通过出现积极的、令人愉快的结果而使得某种行为得到增加或增强。如用肯定、赞赏、提职、增薪、表扬等对某一行为进行物质或精神奖励,使得该行为不断发生,并在周围群体中产生榜样连带效应。

科学的正强化手段要保持强化的间断性和频次等,所选的强化物要有足够的威力且是被奖励者需要的。隔靴搔痒式的强化不会产生强化效应,固定频次的强化也会逐渐失去正强化的效应。

2. 负强化

负强化是指预先告知某种不符合要求的行为或不良绩效可能引起的后果,引导人们按要求和规则办事,以避免令人不愉快的处境。如所有学生被告知缺课会受到批评,不想挨批评的同学会努力做到按时上课。因此,负强化会增加某种预期行为发生的概率,从而杜绝一些不良行为的发生。

3. 自然消退

自然消退是对某种行为不采取任何措施,既不奖励也不惩罚。这是一种消除不良行为的策略,实质上是一种艺术性的负强化手段,这样既可以消除某些不合理的行为,又能避免上下级之间的不愉快甚至矛盾冲突。

4. 惩罚

惩罚是用批评、降职、降薪、罚款等带有强制性的结果,创造一种令人不愉快的环境,或取消现有的令人满意的条件,以示对某种不符合要求的行为的否定,从而消除该行为再次发生的可能性。

在运用强化理论的过程中,需要注意 3 点:一是赏罚要分明,该奖励的奖励,该惩罚的必须惩罚,否则会让有利组织的行为减少,不利于组织的行为继续存在;二是无论奖励还是惩罚,都要遵循及时性原则,否则效果会削弱;三是对任何组织而言,奖惩措施都有存在的必要,但是应优先以奖励为主。

五、激励理论的整合

前面列出了若干理论,但是孤立地理解和运用各个单独理论的做法是不妥的,事实上许多理论可以相互补充,图 5-9 展示了的几种激励理论的综合运用。

如期望理论认为如果个体感到在努力与绩效之间、绩效与奖励之间、奖励与个人目标的满足之间存在密切联系,那么他就会付出高度的努力;反之,每一个联系又受到一定因素的影响。对于努力与绩效之间的关系来讲,个人还必须具备必要的能力,对个体进行评估的绩效评估系统也必须公正、客观。对于绩效与奖励之间的关系来讲,如果个人感知到自己是因绩效非其他因素受到奖励时,这种关系最为紧密。

成就需要理论认为,成就需要者不会因为组织对他的绩效评估以及组织奖励而受到激励,对他们而言,努力与个体目标之间是一种直接关系,只要他们所从事的工作能使他们产生

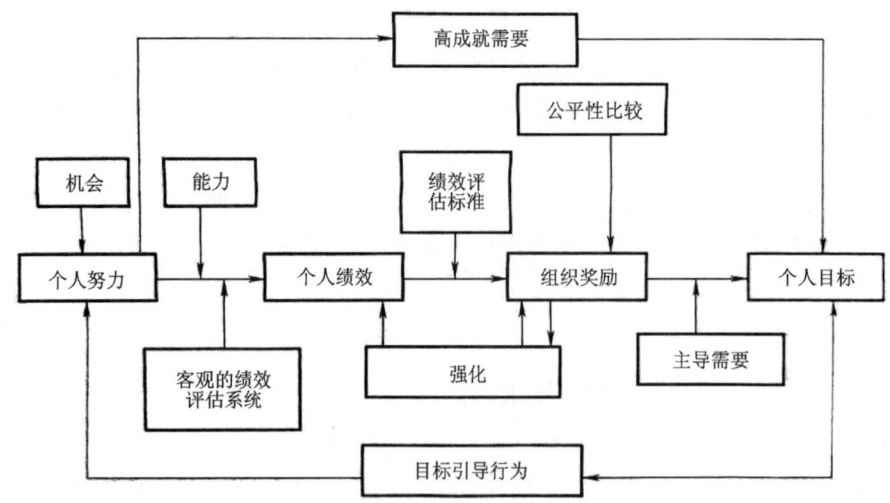

图 5-9 激励理论的整合

个体责任感、有信息反馈并提供了中等程度的风险,他们就会产生内在的驱动力。他们并不关心努力与绩效、绩效与奖励、奖励与目标之间的关系。

强化理论通过组织的奖励强化了个人的绩效而体现出来。如果管理者设计的奖励系统在员工看来是用于奖励卓越的工作绩效的,那么奖励将进一步强化激励这种良好绩效。

在实际工作中,要综合各种激励理论,融会贯通,创造性地加以运用,特别是公共管理部门的领导,在满足需要、激发人们行为积极性时,一定要注意言出必行,真正为下属办实事。有的管理者也想调动员工的积极性,但他们只一味地要求员工努力,不给员工办事,或者是开"空头支票",长此以往会挫伤员工的工作积极性,给今后的工作带来难度。要注意满足员工需要必须公平合理且有区别,同时从思想意识上引导下属树立正确的价值观,从低层次的需要转向更高层次的需要,使下属的行为取向与社会标准趋于一致。

第四节 沟 通

一般管理理论创始人法约尔认为:管理有5项职能,包括计划、组织、指挥、协调、控制,沟通是实现这5项管理职能的主要方式方法,这5项职能都需要通过沟通来实现。行政组织理论的提出者韦伯曾说过:"现代社会越来越趋向于网状金字塔形结构,在这一种社会结构中,每一个阶层社会组织和个人都处于管理和被管理之中,而沟通是管理最为重要的组成部分。可以说管理者与被管理者之间的有效沟通是管理艺术的精髓。"有学者曾经做过调查研究,高层管理者80%的时间用于沟通,中层管理者50%的时间用于沟通,基层管理者40%的时间用于沟通。沟通无处不在,无论是远古的结绳词、烽火狼烟,还是科技水平发达的今天的电报、电话、互联互通,都是在用时代的方式传递信息。有效的沟通能保证组织战略制定与有效开展,优化组织管理环境,协调各层级人际关系,克服管理中的障碍,实现组织目标。同时,有效的沟通还是提高员工忠诚度、凝聚力、满意度和创新力的促进剂。

一、沟通的含义及作用

（一）沟通的定义

沟通在词典中的解释为交流、交际、通信、传播，可以理解为是狭义上的沟通的含义。广义的含义倾向于认为沟通是一个涉及思想、信息、情感、态度或印象的互动过程。简言之，沟通就是个人或组织信息、知识、思想和情感等的交流与反馈过程。

根据该定义，沟通包含的内涵主要有以下 6 点：第一，沟通的前提是必须拥有信息与相关知识。没有信息，便谈不上沟通，从这个角度说，信息是沟通的中介与纽带；而拥有知识的程度决定了沟通的质量。第二，沟通的过程是对信息、知识、思想和情感的传递过程。第三，沟通结果是否有效，取决于对方是否准确地理解沟通的内容；第四，沟通的形式多种多样，取决于情景因素，如面对面沟通、视频沟通等。第五，沟通的成效取决于沟通的障碍因素，如利益博弈、政治因素等。第六，沟通的本质是主客体达成共识，无论是内部协调，还是对外公共关系维护，本质上追求达成共识。

墨子怒耕柱子。耕柱子曰："我无愈于人乎？"墨子曰："我将上太行，以骥与牛驾，子将谁策？"耕柱子曰："将策骥也。"墨子曰："何故策骥也？"耕柱子曰："骥足以策。"墨子曰："我亦以子为足以策，故怒之。"耕柱子悟。

（二）沟通的作用

沟通在群体或者一个组织中发挥着 5 项重要的作用：管理、激励、情感共享、说服和信息交换。

(1)沟通通过几种方式来管理员工行为。组织中沟通管理存在着要求员工遵循的职权等级和正式的指导原则。例如，当员工依照工作说明书或者公司政策行事的时候，沟通此时担任着管理职能。非正式沟通也能起到控制的作用，比如，当某个团队成员因过于努力工作忽视了组织规范而遭到其他成员揶揄时，他们也在进行非正式沟通并管理成员的行为。

(2)沟通通过向员工清楚阐述他们应该做什么、表现得如何以及他们如何改善自己的表现等来激励员工。在员工设定明确目标、为实现这些目标而努力工作以及获得进展反馈的过程中，都需要沟通发挥作用。

(3)对于许多员工来说，他们所在的工作群体是他们与社会进行交往的重要来源。工作群体中的沟通是员工分享挫败感和满足感的一种基本机制。因此，沟通为他们提供了情感共享的释放途径，同时也满足了他们的社会需要。

(4)说服的作用可好可坏，取决于组织的领导者是在试图劝说工作团队坚信组织对于社会责任的承诺，还是在教唆工作团队以违法的方式来实现组织目标。这些都是十分极端的案例，但说服对于组织而言可能是有益的，也可能是有害的。

(5)沟通在组织中发挥信息交换的作用，有利于决策制定。个体和群体都需要一些信息来完成决策工作，而沟通传递了用于确认和评估决策的必要数据。

二、沟通的过程

沟通是一种过程,即发送者把要传递的思想、知识、情感等通过某种媒介变成接收者所能理解的信息(如文字、语言、特定符号)传送出去,经由一定的通道供接收者接收。接收者收到信息后将信息译解,变成自己理解的看法,做出行动反馈给发送者,从而构成了一个完整的闭环沟通过程,如图 5-10 所示。

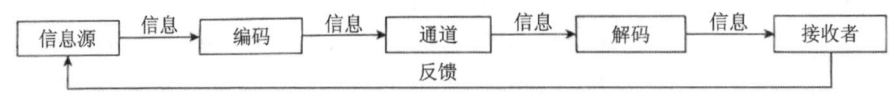

图 5-10 沟通过程

把沟通的过程用图 5-10 展示后可以发现,整个沟通链条上包含 7 个步骤。

(1)信息源。发送者产生某些想法,并且有发送给对方的意向。

(2)编码。发送者将信息转换成传输的信号或符号的过程,如文字、数字、图画、声音或身体语言等。信息发送者必须将信息编码成信息接收者可以解码的信号。信息在编码的过程中将受到信息发送者的技能、态度、知识、文化背景等影响,如果编码的信号不清楚,将会影响信息接收者对信息的理解。

(3)通道。通过某种渠道将信息传递给信息接收者,由于选择编码的方式不同,传递的方式也不同,可以是书面的,也可以是口头的,甚至还可以通过形体动作来表示。

(4)信息。信息接收者是信息发送者传递信息的对象,他接收信息发送者传递来的信息,并将其解码,理解后形成自身的想法。

(5)解码。解码就是信息接收者将通道中加载的信息翻译成他能够理解的形式。良好的沟通不仅要求发送者准确地编码与传送,还要求接收者能利用各种技术技巧完整地接收信息,否则晚导致信息流失或不全面。

(6)接收者。根据接收者对所接收到的信息进行译解后得到的信息,决定采取什么行动方案,如认可不认可信息的内容。一般影响接收者是否认可信息的因素包括对信息的感觉、发送者的威望或职位权力、接收者对相关信息的了解程度等。

(7)反馈。接收者向发送者告知收到信息以及对信息的反应。通过反馈,实现沟通的双向互动。反馈的过程既是对当前信息接受程度的传达,同时也便于发送者在之后沟通时能传递更加准确、适宜的信息,以提高沟通效率与效果。

三、沟通的类型

根据不同的划分标准,沟通可以划分为几种不同的类型。

(一)根据所使用的符号不同划分

根据所使用的符号不同划分,可以将沟通分为语言沟通(verbal communication)与非语言沟通(nonverbal communication)。

1. 语言沟通

语言沟通是使用语言符号系统的沟通,包括口头沟通、书面沟通。

(1)口头沟通。人们之间最常见的交流方式是交谈,也就是口头沟通。常见的口头沟通包括演说、正式的一对一讨论或小组讨论、非正式的讨论以及传闻或小道消息的传播。口头沟通的优点是快速传递和快速反馈。但是,当信息经过多人传送时,口头沟通信息失真的潜在可能性就越大。每个人都以自己的方式解释信息,当信息到达终点时,其内容常常与最初大相径庭。

(2)书面沟通。书面沟通比口头沟通正式、规范。包括书信、文件、通知、电子邮件等形式。书面沟通的优点在于持久、留痕、可以核实,比口头沟通显得更为周密,逻辑性强,条理清楚;缺点在于耗时、缺乏反馈。

2. 非语言沟通

有时候的沟通既非口头形式也非书面形式,而是通过非文字的信息加以传递的,即为非语言沟通。非语言沟通中最常见的是体态语言和语调。体态语言,包括手势、面部表情和其他的身体动作。手部动作、面部表情,以及其他姿态能够传达的信息意义有攻击、恐惧、腼腆、傲慢、愉快、愤然等。语调,指的是个体对词汇或短语地强调。研究表明,相比于语言,人们在他人的非语言线索中得到了更多关于态度与心情的信息。但如果非语言线索与语言表达之间相互矛盾,那么非语言信息更容易被倾听者接受。如果你只是阅读会议记录,你就不会像自己出席会议或观看视频会议那样理解会议内容。因为会议记录并没有关于非语言沟通的内容,语音语调遗失了,所以只有两者的结合才能让含义清晰。面部表情也可以传达信息,面部表情与语音语调一样,可以表现出自大、好斗、胆小、害羞以及其他的特质。

(二)根据沟通方式的性质划分

根据沟通方式的性质划分,沟通可以分为正式沟通(formal communication)与非正式沟通(informal communication)。

1. 正式沟通

正式沟通指的是在组织内按照规定的指挥链或规章制度所进行的沟通。正式沟通的优点是正规、权威性强、沟通效果好,参与沟通的人员普遍具有较强的责任心和义务感,从而易保持所沟通的信息的准确性及保密性。正式沟通的缺点是沟通形式刻板,沟通渠道长,容易形成信息失真。正式沟通按照沟通的方向又分为上行沟通、下行沟通和平行沟通。

(1)下行沟通,是组织中上级对下级的信息沟通。沟通方式一般是以命令、通报、指示、文件等形式,由高层逐层向下传递,直至基层组织员工。

(2)上行沟通,是指组织内的下级向上级进行汇报、反馈的沟通。但由于下级向上级汇报信息的过程中,各层级管理者基于自身利益及本部门利益的权衡,可能会对下级反馈的信息进行篡改,致使最高层管理者获得的信息失真。

(3)平行沟通,是组织内平级部门或个人之间的沟通。一般是当两个平级部门之间需要有业务上的协调时采取这种沟通方式。

2. 非正式沟通

非正式沟通是不受限于组织层级结构的组织沟通。员工在午餐室、走廊或者下班后在公司提供的健身房里交谈,他们就是在进行非正式沟通。员工会因此产生友谊,并实现彼此之间的交流。这种非正式沟通系统实现了组织的两个目的:①员工能够满足自身的社交需求;②通过提供各种非正式但往往更快速、更有效的可替代沟通渠道,有效改善组织绩效。这类沟通主要是通过个人之间的接触来进行的,非正式沟通不受组织监督,是由组织成员自行选择途径进行的,比较灵活方便。组织成员中的人情交流、生日聚会、文娱活动、走访、议论某人某事、传播小道消息等都属于非正式沟通。非正式沟通中往往能表露人们的真实想法和动机,还能提供组织没有预料的或难以获得的信息。

(三)根据沟通是否需要反馈划分

根据沟通是否需要反馈划分,沟通可以分为单向沟通与双向沟通。

1. 单向沟通

单向沟通是指在沟通过程中,信息发送者与接受者之间的地位不变,一方主动发送信息,另一方主动接受信息。这种沟通方式速度快,发送者不受接受者的挑战。但由于接受者对信息内容的理解没有机会表达,单向沟通有时准确性较差。另外,单向沟通缺乏民主性,容易使接受方产生抵触情绪,心理效果较差。

2. 双向沟通

双向沟通是指在沟通过程中,发送者和接受者的地位不断变化,信息在双方间反复流动,直到双方对信息有了共同理解为止,如讨论、谈话、协商、谈判等。双向沟通的优点是沟通信息的准确性高,接受者有反馈意见的机会,双方可以反复交流磋商,增进彼此的了解,加深感情建立良好的人际关系。双向沟通的缺点是沟通过程中接受者要反馈意见,有时使沟通受到干扰,影响信息的传递速度。

四、沟通网络

组织中由各种沟通途径所组成的结构形式称为沟通网络(communication networks)。信息沟通网络类型对信息沟通的有效性会产生很大的影响。沟通网络可分为正式沟通网络和非正式沟通网络。

(一)正式沟通网络

正式沟通网络是根据组织结构类型、规章制度等建立起来的网络,通常与组织的职权系统和指挥系统相一致。传统的正式沟通网络结构形式主要有链式、Y式(包括倒Y式)、轮式、环式和全通道式5种类型(图5-11)。

(1)链式沟通(chain model communication)是纵向沟通网络,信息传递只能自上而下或自下而上,不能横向传递信息;员工沟通面很窄,只能与上、下相邻的成员交流。这种类型的沟通速度较快,但信息易失真。

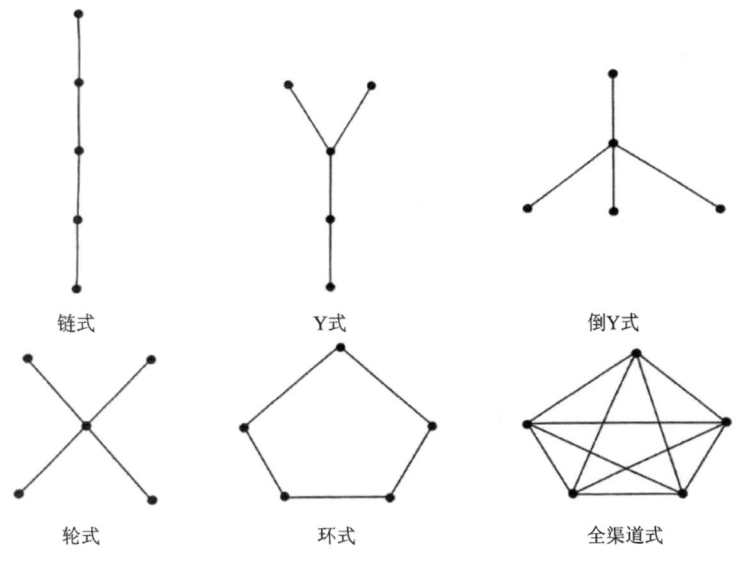

图 5-11 正式沟通网络图

(2) Y 式沟通网络(Y-model communication)也属于纵向沟通网络(包括倒 Y 式),只是高层两个领导通过一个下级逐级传递信息,如秘书。这种沟通中的关键成员即是交叉点上的角色,对这个角色的要求较高,需要有较好的沟通能力,能正确理解上级的命令,并忠诚于组织。

(3) 轮式沟通网络(wheel form communication)属于控制型网络,一个领导直接与 4 个下级沟通,4 个下级之间没有沟通渠道。这种沟通集中化程度很高,对问题的响应速度快。但对员工的控制力太强,员工的满意度较低。

(4) 环式沟通网络(ring model communication)属于封闭型控制网络,高层领导与两个直接下属沟通,两个下属再分别与基层人员沟通,两个基层人员之间可以直接横向沟通。相对于前几种沟通网络而言,环式沟通网络相邻成员间的沟通较多,民主氛围感较强,但信息易分散,难以集中。

(5) 全渠道式沟通网络(all round channel communication)是一个开放的系统,系统中所有成员平等,可以自由交换信息,每个成员间建立了联系,民主氛围很强,团队士气最高。但渠道太多易导致信息混乱,反而可能因此而降低工作效率。

在正式沟通网络中,没有一个沟通网络在任何情况下都是最好的。每个组织需要根据自身需要选择采用哪种沟通网络。

(二)非正式沟通网络

在任何一个组织内部,除了正式沟通网络外,还存在着非正式沟通网络,它不是由组织设置的,而是组织成员进行非正式沟通过程中自发形成的。非正式沟通网络一般分为 4 种:单线型、辐射型、偶然型和集束型(图 5-12)。单线型是以一人传一人的方式把消息传递给最终的接受者;辐射型是以一人传多人的方式主动把消息传播给其他很多人;偶然型是将消息随机地传递给其他人;集束型则是以几个人为中心,将信息有选择地告诉自己的朋友或有关人员。非正式沟通普遍采用集束型方式。

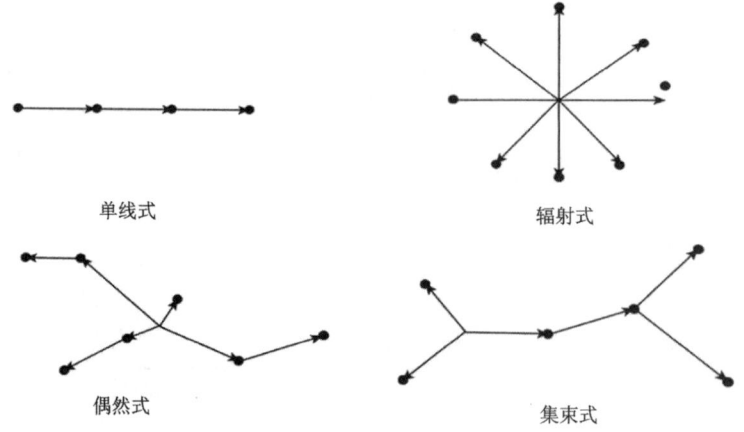

图 5-12　非正式沟通网络

非正式沟通中的小道消息并不完全是好事者的搬弄是非,有时会缓解人们的焦虑情绪,在任何组织中非正式沟通中的小道消息都是对正式沟通的一种补充,对领导及时了解员工的一些情绪、动态、态度等有帮助。管理者应学会利用和引导它,使之成为正式沟通的补充。

本章关键术语

领导 leading
领导者 leader
正式权力 formal power
奖赏权 reward power
强制权 coercive power
非正式权力 informal power
参照权 referent power
专家权 expert power
行为理论 behavioral theories
专制式领导风格 autocratic style
民主式领导风格 democratic style
放任自流式领导风格 laissez-faire
定规维度 initiating structure
关怀维度 consideration
管理方格图 managerial grid
贫乏型管理 impoverished management
俱乐部型管理 country club management
任务型管理 task management

中间型管理 middle-of-the-road management
团队型管理 team management
领导权变理论 contingency theories of leadership
职位权力 position power
任务结构 task structure
上下级关系 leader-member relations
路径-目标理论 path-goal theory
指示型 directive
支持型 supportive
参与型 participative
成就指向型 achievement-oriented
领导生命周期理论 situational leadership theory
成熟度 readiness
命令型 telling
说服型 selling
参与型 participating

授权型 delegating
团队领导者 team leaders
交易型领导者 transactional leaders
变革型领导者 transformational leaders
理想化影响 Idealized Influence
激发鼓舞 inspirational motivation
智力启发 intellectual stimulation
个性化关怀 iIndividualized consideration
魅力型领导 charismatic leaders
需求层次理论 hierarchy of needs theory
生理需要 physiological needs
安全需要 safety needs
社交需要 social needs
尊重需要 esteem needs
自我实现需要 self-actualization needs
双因素理论 two-factor theory
权力需要 need for power,nPow
归属需要 need for affiliation,nAff

成就需要 need for achievement,nAch
效价 value
期望值 expectancy
程序公平 procedural justice
分配公平 distributive justice
强化理论 reinforcement theory
沟通 communication
语言沟通 verbal communication
非语言沟通 nonverbal communication
正式沟通 formal communication
非正式沟通 informal communication
沟通网络 communication networks
链式沟通 chain model communication
Y式沟通 Y-model communication
轮式沟通 wheel form communication
环式沟通 ring model communication
全渠道式沟通 all round channel communication

讨论题

1. 如何理解"一个有效的领导者不一定是管理者"这句话?
2. 如何正确对待管理过程中正式权力与非正式权力的使用?
3. 分享"周公吐哺,天下归心"典故,并用领导有关理论加以分析。
4. 根据管理方格理论,你喜欢在哪一种类型的领导手下干活?说出理由。
5. 根据领导生命周期理论,谈谈Z世代员工的特点以及什么样的领导风格会更适合该群体。
6. 领导欲奖励高绩效员工奖金,但该员工心里想的却是能不能升职。用激励理论分析这一现象。
7. 李总是一家IT公司的老板,每年中秋节,他都会额外给员工发放一笔1000元的奖金。但几年下来,李总感到这笔奖金正在丧失它应有的作用,因为员工在领取奖金的时候反应相当平和,每个人都像领取自己的薪水一样自然。既然奖金起不到激励作用,李总决定停发,加上行业不景气,这样做也可以减少公司的一部分开支。但停发的结果却大大出乎意料,公司上下几乎每一个人都在抱怨老板的决定,有些员工明显情绪低落,工作效率也受到不同程度的影响。李总很困惑:为什么有奖金的时候,没有人会为此在工作上表现得积极主动,而取消奖金之后,大家都不约而同地指责抱怨甚至消极怠工呢?试用双因素理论分析这个现象。

8. 爸爸对儿子说:"如果这次期末考试各科都达到95分以上,那么就送你一只你最爱的游戏机。"请根据期望理论,设计儿子对爸爸这句话的可能的几种反应或思考过程。

9. 分析"只表扬不批评或只批评不表扬"的后果可能有哪些?

案例分析 ❶

董明珠和格力的新能源之路

背景

格力电器,成立于1991年,长期以来以其高效的空调解决方案而在全球市场上占据领先地位。到了2010年,格力已是中国空调市场上无可争议的领导者。随着全球能源危机和气候变化成为越来越严峻的问题,中国也开始更加重视环保和可持续发展。作为中国空调行业的巨头,格力电器在这一背景下,面临转型升级的迫切需求。面对全球气候变化和环保要求的提高,董明珠敏锐地意识到必须寻求新的增长点,从而将目光投向了新能源领域,2012年提出了向新能源领域转型的战略。

董明珠其人

董明珠,格力电器的董事长,以"铁娘子"的形象广为人知。她直言不讳的坦率沟通风格和坚定的领导力使她在企业界与众不同。她曾说:"我们不应该害怕变化,害怕的应该是停滞不前。"这句话反映了她对变革的积极态度。董明珠自2001年加入格力电器以来,她的领导风格一直以果断和前瞻性著称。

董明珠的领导生涯充满了对自我挑战和困难的克服,这种坚持不懈的精神是她领导特质中的核心。董明珠对市场趋势的敏锐洞察力和对未来技术的投资,显示了她的前瞻性,在决策中非常果断,这也是她能够带领格力进入新能源领域的关键因素。此外,她还非常注重员工的成长和发展,她推崇"以人为本"的管理哲学,认为员工的成长是企业成功的基石。

格力的新能源之路

从2010年开始,全球能源市场开始快速变化,新能源技术逐渐成为国际竞争的焦点。董明珠敏锐地意识到,未来的竞争不仅仅在于传统家电产品的创新,更在于能源技术的革新。

2012年,董明珠上任后不久,便提出了"多元化发展,技术领先"的战略目标,并将新能源技术作为公司的一个重要发展方向。格力开始涉足太阳能空调和电动汽车等领域。

2013年初,格力成立了市场研究团队,专注于分析全球新能源技术的发展动态。该团队确定电动车零部件和太阳能空调系统作为公司的两大新业务方向。

技术研发和创新

2014年,格力宣布将投资20亿元用于新能源技术研发。这一决策基于其在传统空调制造领域积累的技术和资本优势。

内部管理调整

2015年,格力电器成立新能源事业部,由董明珠亲自监管,事业部专注于电动汽车零部件和太阳能技术的开发与商业化。这是公司历史上的一个重要里程碑。格力的新能源事业部不仅关注传统的空调节能技术,更扩展到了太阳能空调、新能源汽车等多个新领域。

格力电器的 2016 年年报显示,新能源事业部的收入达到了 3 亿元,占公司总收入的 5%。到 2018 年,新能源业务的收入增长到 15 亿元,占总收入的 12%。这一显著增长得益于政府对新能源产品的补贴以及市场需求的增加。

自 2019 年起,格力加强了其在欧洲和北美市场的销售力度,通过当地合作伙伴建立销售网络和售后服务中心,2022 年格力国际市场收益增长了 35%。

2021 年,格力推出了一系列与智能家居系统兼容的太阳能空调产品。格力不断拓展其产品线,包括高效能电动车电池、智能温控系统等以适应市场多样化的需求。

根据 2022 年的年度报告,格力电器的总收入达到了 2000 亿元,其中新能源业务的收入占比提升到了 30%。毛利率在新能源产品上从 2016 年的 20% 增长到 2022 年的 35%,显示出较高的盈利能力和市场认可度。

在董明珠的推动下,格力不断加大研发投入,在全球范围内寻求技术突破。到 2023 年,格力已经在太阳能空调和新能源汽车领域拥有多项核心技术和专利,这些技术的应用显著提升了产品的能效比和市场竞争力。随着技术的成熟和产品线的丰富,董明珠带领格力开始在全球范围内推广新能源产品。通过积极参与国际能源展览和高峰会议,格力的新能源品牌逐渐得到了市场的认可。

董明珠的领导风格在新能源转型过程中体现得淋漓尽致。她不仅在公司内部推行以创新为核心的文化,更通过公开演讲和媒体访谈,不断传达新能源技术的重要性。在格力的年度报告会上,董明珠经常以具体的数据和成果展示新能源业务的快速成长和未来潜力,这种透明和坦率的沟通方式极大地提升了内外部对新能源转型的信心。

然而,格力的新能源变革也不是一帆风顺的。在 2013—2014 年间,部分高管和技术骨干对转型持保留态度。面对外界的质疑和内部的不确定性,董明珠坚持表示:"只有掌握核心技术,才能掌握市场的命脉。"董明珠通过组织多次策略会议和工作坊,成功地将公司文化从传统制造向技术创新转变。在技术革新方面,尽管初期投资巨大,但 2015 年初期技术研发遭遇瓶颈。格力通过与德国和日本的技术合作伙伴建立联合研发中心,有效解决了部分技术难题。

社会和环境影响

在董明珠的引领下,格力的新能源愿景是成为全球领先的新能源技术和解决方案提供商,推动全球能源结构的转型与升级。她的领导力和远见不仅为格力带来了新的增长动力,也为全球新能源行业的发展提供了宝贵的参考和启示。通过不断探索和创新,格力在董明珠的带领下,正在向一个更绿色、更可持续的未来迈进。格力希望通过产品和技术改善人们的生活质量,为全球的环保和可持续发展做出贡献。

格力的新能源产品显著降低了能源消耗和碳排放。例如,其太阳能空调系统减少了使用过程中的电力需求,预计每年可减少碳排放超过 50 万 t。

新能源业务的扩展也带来了大量的就业机会。自 2015 年以来,格力在新能源领域新增就业岗位超过 5000 个,涵盖研发、制造、销售等多个方面。

未来展望

展望未来,格力在新能源领域的道路虽然前景广阔,但仍面临一系列挑战。

技术升级与创新压力：随着全球新能源技术的快速发展，格力需要持续推动技术创新，以维持在太阳能空调和新能源汽车等领域的竞争优势。这要求格力不断增加研发投入，并有效转化研发成果为市场可接受的产品。

市场竞争与国际扩张：虽然格力在国内市场具有较强的品牌影响力，但在国际市场上，面对来自欧美日等发达国家的新能源企业，格力需进一步提升其品牌的国际形象和市场占有率。这需要格力在全球市场营销和本地化策略上下更大功夫。

政策环境与监管变化：全球新能源政策和监管环境不断变化，这要求格力在战略布局上具备高度的灵活性和应对能力，以快速适应不同国家和地区的政策环境。

案例思考题

1. 董明珠的领导风格在格力电器向新能源领域转型过程中起到了怎样的作用？结合权变理论，分析董明珠的领导风格如何适应了格力转型过程中的具体环境和挑战。

2. 在格力电器转型过程中，董明珠采用了哪些领导行为来推动变革？请举例说明这些行为如何有效地促进了公司的战略转型。

3. 如何评价董明珠在格力电器转型期间的沟通方式？她的沟通风格对员工和外部利益相关者的影响有哪些？结合沟通理论进行分析。

4. 格力电器在转型过程中实施了哪些内部管理调整？这些调整如何反映了董明珠的领导风格和企业文化？

5. 面对未来的挑战，格力公司应如何进一步提升领导力？

案例分析❷

董事长召开的重要会议

雅兰家具公司是一家民营家族企业，主要经营卧室和会客室家具，在过去的 20 年取得了相当辉煌的成功。随着规模的扩大，公司自 2010 年起经营餐桌和儿童家具。2015 年李明任董事长以来，不断拓展卧室家具业务，扩大市场占有率，使得公司产品深受顾客欢迎。到 2019 年，公司卧室家具方面的销售量比 2010 年增长了近两倍，但公司在餐桌和儿童家具的经营方面一直面临着严重的困难。

为了应对困难，董事长李明召开了全体会议，在会上首先指出了公司存在的员工思想懒散、生产效率不高的问题，并对此进行了严厉的批评，要求迅速扭转这种局面。与此同时，他还为公司制定了今后 5 年的发展目标。

1. 卧室和会客室家具销售量增加 20%。
2. 餐桌和儿童家具销售量增长 100%。
3. 总生产费用降低 10%。
4. 减少补缺职工人数 3%。
5. 建立一条庭院金属桌椅生产线，争取五年内达到年销售额 500 万美元。

这些目标主要是想增加公司收入，降低成本，获取更大的利润。但是，公司副总经理王冰了解李明董事长制定这些目标的真实意图。他认为李明对家具失去了兴趣,试图经营房地产业。为此,他努力寻找机会想以一个好价钱将公司卖掉。为了能提高公司的声望和价值,他准备在近几年狠抓一下经营,改善公司的绩效。王冰副总经理意识到自己历来与李明的意见不一致,因此在会议上没有发表什么意见。会议很快就结束了,大部分与会者都带着反应冷淡的表情离开了会场。王冰有些垂头丧气,但他仍想会后找董事长就公司发展目标问题谈谈自己的看法。

王冰觉得,董事长根本就不了解公司的具体情况,不知道他所制定的目标意味着什么。这些目标听起来很好,但并不适合本公司的情况。他心里这样分析到:第一项目标太容易了——这是本公司最强的业务,用不着花什么力气就可以使销售量增加20%;第二项目标很不现实——在这领域的市场上,本公司不如竞争对手,决不可能实现100%的增长;第三项目标亦难以实现——要扩大生产,又要降低成本,这无疑会对工人施加更大的压力,从而也就迫使更多的工人离开公司,这样空缺的岗位就越来越多,在这种情况下,完成减少补缺职工人数3%的目标几乎是不可能的;第五项目标倒有些意义,可改变本公司现有产品线都是以木材为主的经营格局,但未经市场调查和预测,怎么能确定5年内我们的年销售额达到500万美元呢?

经过这样的分析后,王冰认为他有足够的理由对董事长所制定的目标提出质疑。

案例思考题

1. 试用有关激励理论谈谈目标1的激励力大小。
2. 如果你是分管销售餐桌和儿童家具的经理,在目标2无法完成的假设下,你会如何做?
3. 如果你是分管生产的负责人,面对目标3和目标4的压力,你会如何应对?
4. 制定目标5的规划目标,通常需要做哪些市场调研工作?

第六章 控制

本章学习目的

重视事前事中事后控制的必要性,加强风险应急管理与质量管理,提升风险防范意识,以及做好控制措施,培养自我控制习惯。

本章学习目标

1. 理解控制的含义、特点及层次。
2. 熟悉控制的类型。
3. 描述控制的基本过程及控制的原理。
4. 理解控制的几种方法。
5. 了解信息技术在控制中的应用。
6. 了解最新的应急管理与风险防范措施。
7. 了解全面质量管理的核心内容。

全球科技巨头的成功之道:华为的卓越管理与控制体系

华为创立于 1987 年,是全球领先的信息与通信技术(information and communications technology,ICT)基础设施和智能终端提供商。华为的成功不仅在于其技术创新和市场拓展,更在于其卓越的企业控制与管理体系。在短短几十年内,华为从一家小型公司成长为全球科技巨头,其管理方法和控制机制备受关注和研究。

首先在控制机制方面,华为致力于倡导及维护公司诚信文化,高度重视职业道德,严格遵守企业公民道德相关的法律法规。公司制定了员工商业行为准则(business conduct guidelines,BCG),明确全体员工(包括高管)在公司商业行为中必须遵守的基本业务行为标准,并例行组织全员培训与签署,确保员工阅读、了解并遵从 BCG。华为建立了完善的治理架构,包括董事会、董事会下属专业委员会、职能部门以及各级管理团队等,各机构均有清晰的

第六章 控　制

授权与明确的问责机制。

针对风险评估，华为设立了专门的内控与风险管理部门，定期开展针对全球所有业务流程的风险评估，对公司面临的重要风险进行识别、管理与监控，预测外部和内部环境变化对公司造成的潜在风险，并将公司整体的风险管理策略及应对方案提交公司决策。各流程责任人负责识别、评估与管理相关的业务风险并采取相应的内控措施。公司已建立内控与风险问题的改进机制，能够有效管理重大风险。

关于控制活动，华为建立了全球流程与业务变革管理体系，发布了全球统一的业务流程架构，并基于业务流程架构任命了全球流程责任人负责流程和内控的建设。全球流程责任人针对每个流程识别业务关键控制点和职责分离矩阵，并应用于所有区域、子公司和业务单元；例行组织实施针对关键控制点的遵从性测试并发布测试报告，从而持续监督内控的有效性；围绕经营痛点、财务报告关键要求等进行流程和内控优化，提升运营效率和效益，支撑财报准确、可靠及合规经营，帮助业务目标达成；每年进行年度控制评估，对流程整体设计和各业务单元流程执行的有效性进行全面评估，向审计委员会报告评估结果。

除此之外，公司设立多维度的信息与沟通渠道，及时获取来自客户、供应商等的外部信息，并建立公司内部信息的正式传递渠道，同时在内部网站上建立了所有员工可以自由沟通的心声社区。公司管理层通过日常会议与各级部门定期沟通，以有效传递管理导向，保证管理层的决策有效落实。同时，公司在内部网站上发布所有业务政策和流程，并定期由各级管理者/流程责任人组织业务流程和内控培训，确保所有员工能及时掌握信息。公司亦建立了各级流程责任人之间的定期沟通机制，回顾内控执行状况，跟进和落实内控问题改进计划。

最后，公司设立了内部投诉渠道、调查机制、防腐机制与问责制度，并在与供应商签订的《诚信廉洁合作协议》中明确相关规则，供应商能根据协议内提供的渠道，举报员工的不当行为，以协助公司对员工的诚信廉洁进行监察。内部审计部门对公司整体控制状况进行独立和客观的评价，并对违反商业行为准则的经济责任行为进行调查，审计和调查结果报告给公司高级管理层和审计委员会。此外，华为建立了对各级流程责任人、区域管理者的内控考核、问责及弹劾机制，并例行运作。审计委员会和公司首席财务官（CFO）定期审视公司内控状况，听取内控问题改进计划与执行进展的汇报，并有权要求内控状况不满意的流程责任人和业务管理者汇报原因及改进计划。

（本案例改编自华为官网：关于华为——内部控制）

第一节　控制概述

控制工作是管理过程的一个重要组成部分，在计划工作与控制之间，形成一种周而复始的循环过程。广义的控制可能涉及重新修订目标、制订新的计划、调整组织机构、改善人员配备，以及在领导方法上做出重大改变。因此，控制与管理的其他各种职能紧密联系，相互影响，它使管理工作成为一个闭环系统。在本章中，我们将主要讨论组织控制的内涵、类型、过程以及方法。

一、控制的内涵

控制论是由美国数学家诺伯特·维纳（Norbert Wiener）于1948年创立的，它是研究关于系统的调节与控制一般规律的科学，任务是使系统在稳定地运行中充分实现自己的目标。之后，控制论被许多学科广泛地借鉴和吸收，用来丰富自己的理论和方法体系，现代管理学就是其中之一。

控制（controlling）是管理的一种重要职能，指对组织内部的管理活动及其效果进行衡量和矫正，以确保组织的目标以及为此而拟定的计划得以实现。管理中的控制职能是指管理者为保证实际工作与计划一致，有效实现目标而采取的一切行动。随着管理实践不断创新，管理理论持续演化，学者们对控制也有不同的理解。有学者认为，控制是为了保证组织目标以及为此拟订的计划能够实现，各级主管人员根据事先确定的标准或因发展需要而重新拟订的标准，对下级的工作进行衡量、测量和评价，并在出现偏差时进行纠正，以防止偏差继续发展或今后再度发生。也有学者认为，控制是根据组织内部环境的变化和组织发展的需要，在计划的执行过程中，对原计划进行修订或制订新的计划并调整整个管理工作的过程。控制活动涉及企业的各个层面，无论是基层工作人员，还是部门经营管理人员以及高层的战略制定人员，都应当承担控制的职责。

一般认为，控制是管理四大职能中的末位职能，与计划、组织、领导职能都有紧密联系，当组织完成任何一项职能后，对于执行情况，都需要控制职能对其进行检查和监控，并对执行情况进行最终评价。如果没有控制职能，其他3项职能可能无法实现。其中，控制与计划职能关系最为密切，是相互影响、相互促进的关系。计划是所有管理活动的起点。组织制订了计划，在组织活动过程中，如果没有实施严格而有效的控制，可能会导致组织不能完全实现计划，甚至使计划落空。计划是控制的基础。在持续的管理过程中，既定的计划需要员工和领导者连续的有效行动才能实现。计划中的目标和战略，可以使管理者督促员工向该目标不断前进，并及时修正当前行动和不切实际的计划，最终实现组织的战略。控制是实现计划的手段。制订出来好的计划并不一定能够实现，不能够被执行的计划，可能仅仅就是一个计划书而已。为了实现计划中规定的目标和战略，管理者通过实施一系列控制行动，如控制成本支出、调节资源在不同部门中的使用、提高产品和服务质量等，建立衡量标准、找出差距、分析原因、采取行动、予以纠正，让"事情"按照计划进行。

二、控制的必要性

控制是管理过程中不可分割的一部分，是企业各级管理人员的一项重要工作内容。亨利·西斯克指出："如果计划从来不需要修改，而且是在一个全能领导人的指导之下，由一个完全均衡的组织完美无缺地来执行的，那就没有控制的必要了。"然而，这种理想的状态不可能成为企业管理的现实。无论计划制订得如何周密，由于各种各样的原因，人们在执行计划的活动中总是会或多或少地出现与计划不一致的问题。控制的必要性见图6-1。

图 6-1 控制的必要性

（一）环境的变化

如果企业面对的是一个完全静态的市场,市场供求条件永不发生变化,每年都以同样的费用取得同样性质和数量的资源,又能以同样的价格向同样的客户销售同样品种和数量的产品,那么企业管理人员便年复一年、日复一日地以相同的方式组织企业经营,工人可以以相同的技术和方法进行生产作业,因而不仅控制工作,甚至管理的计划职能都将成为完全多余的。事实上,这样的静态环境是不存在的,企业外部的一切每时每刻都在发生变化。

（二）管理权力的分散

只要企业经营达到一定规模,企业主管就不可能直接地、面对面地组织和指挥全体员工的劳动,时间与精力的限制要求他委托一些助手代理部分管理事务。由于同样的原因,这些助手也会再委托其他人帮助自己工作。这便是企业管理层次形成的原因。为了使助手们能有效地完成受托的部分管理事务,高一级的主管必然要授予他们相应的权限。因此,任何企业的管理权限都制度化或非制度化地分散在各个管理部门和层次。企业分权程度越高,控制就越有必要;每个层次的主管都必须定期或非定期地检查直接下属的工作,以保证授予他们的权力得到正确地利用,保证利用这些权力的组织业务活动符合计划与企业目的要求。如果没有控制,没有为此而建立的相应控制系统,管理人员就不能检查下级的工作情况,即使出现权力不负责任的滥用、或活动不符合计划要求等其他情况,管理人员也无法发现,更无法采取及时的纠正行动。

（三）工作能力的差异

即使企业制订了全面完善的计划,经营环境在一定时期内也相对稳定,对经营活动的控制仍然是必要的。这是由不同组织成员的认识能力和工作能力的差异所造成的。完善计划的实现要求每个部门的工作严格按计划的要求来进行,然而在不同的时空进行工作的组织成员的认识能力不同,对计划要求的理解可能发生差异。即使每个员工都能完全正确地理解计划的要求,但由于工作能力的差异,他们的实际工作结果也可能在质量和数量上与计划要求不符。某个环节均可能产生的这种偏离计划的现象,会对整个企业活动的进行造成冲击。因此,加强对这些成员的工作控制非常有必要。

三、控制的重要性

法约尔曾指出,控制必须施之于一切的事、人和工作活动。这是因为即使有完善的计划、有效的组织与领导,都不能确保管理者的目标一定能自动达到,都需要控制予以督促。工作是由人来完成的,人因个人才能、动机和态度的不同,在执行同样工作任务时也往往出现不同的结果。计划是事先制订的,本身因环境变化也需要修正,这些都需要控制这个职能来加以管理。良好的控制系统能防止各种问题的产生,使管理的各项职能朝着既定的目标前进。控制职能的重要性体现在3个方面:指明具体的方向、员工授权、保护组织和组织的资产。

(一)指明具体的方向

目标作为计划的基础,为员工和管理者指明了具体的方向。然而,仅仅明确目标或让员工接受目标并不能确保他们已经采取了完成这些目标的必要行动。有效的管理者会采取措施跟进以确保员工要做的事已经真正完成以及目标已经逐步实现。管理者实施控制的第一个原因是控制提供了反馈到计划的关键纽带(图6-2)。

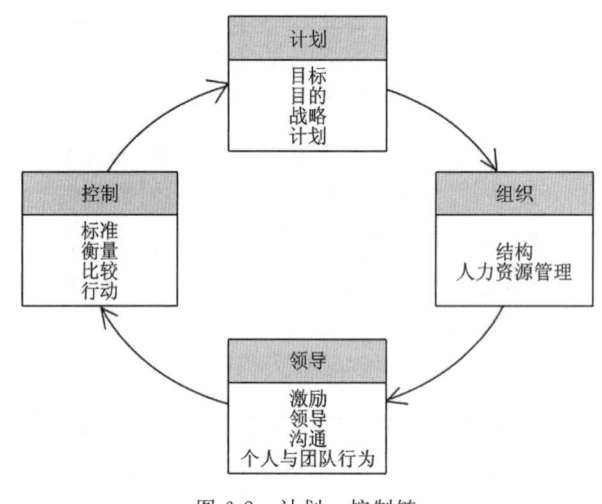

图6-2 计划—控制链

(二)员工授权

控制之所以重要,第二个原因在于员工授权。很多管理者不愿意进行员工授权,因为他们害怕万一出错自己要承担责任,所以管理者更多地采取亲力亲为的工作方式。然而,如果管理者开发出有效的控制系统,可以提供有关管理者授权员工的绩效信息和反馈,这种不愿授权的情况就会减少。有效的控制系统很重要,因为管理者需要授权,又由于他们对员工的决定负有最终责任,管理者也需要反馈机制。

(三)保护组织和组织的资产

管理者实施控制的第三个原因是保护组织和组织的资产。当今的环境会给组织带来诸如自然灾害、财务丑闻、工作场所暴力、全球供应链断裂、违反安全条例的行为甚至是可能的恐怖袭击等重大威胁。管理者必须在这些可能发生的事件中保护组织的资产。全面控制和应急计划可以帮助在发生这些事件时对组织的影响降至最小。管理者有责任保护组织的资产免受此类事件的威胁。全面的控制和后备计划将有助于确保工作中断的风险最小化。

在多数情况下,控制工作是一个管理过程的终结,又是一个新的管理过程的开始。控制工作的目的不仅要使一个组织按原定计划,维持其正常活动,以实现既定目标,而且还要力求通过控制工作中总结的成功经验和发现的种种问题,实现有效的反馈,为新的工作提供新的思考和分析,并提出新的目标,有所前进,有所创新,达到新的高度。众所周知,组织的管理工作无始无终,一方面要使系统的活动维持在一个平衡点上,另一方面还要使系统的活动在原平衡点的基础上求得上升,不断提高和发展。

四、控制的特点

(一)整体性

控制的整体性体现在控制的全员化和全程化两个方面。一方面,控制是组织内部全员化的职责,完成计划是组织全体成员的共同责任,而参与控制也成为组织全体成员的共同任务;另一方面,控制的对象涉及管理活动的全过程,确保组织整体发展的均衡、协调和高效是管理活动的一项重要目标。为此,管理人员需要了解和掌握组织活动中各个部分的情况,并分别采取不同的控制措施。

(二)动态性

管理过程中的控制不同于机器设备系统中的自动控制。机器设备的自动控制通常都是高度程序化的,具有较为稳定的特征,而管理活动中的控制是在有机的社会组织中进行的,组织的外部环境和内部结构随时发生着变化。为提高控制的适应性和有效性,控制的标准和方法不能一成不变,必须随着环境的改变而进行动态调整。

(三)以人为本

控制活动是由人执行的,控制的主要对象也是组织中的人。控制是保证工作按计划进行的必要条件。在实现组织目标的过程中,人始终是管理活动的主体。因此,控制首先是对人的控制。同时,控制的过程也不是自动和自发的,而是由相应的管理者即人来完成的。

(四)追求高效率

控制是提高工作效率、加强组织内部协同配合的重要手段。控制的目的并不只是实施监督,而是实现组织的最终目标。管理者要发现管理活动中出现的偏差,但落实到纠正的过程却不可能完全依靠管理者来完成,必须依靠下级部门采取实施,只有当下级部门充分认识到偏差的存在及危险性时,才会主动地配合改进工作。因此,控制的实现手段应该是以指导型和帮助型为主,而不是单纯地管、卡、压。控制应该讲求一定的技巧和方法。同时,为了从整体上提高效率、实现组织发展的总体目标,控制还要加强组织内部的协同配合,而不只是发现问题和追究责任。

五、管理控制的层次

一个典型组织的活动由两个关联的过程构成:物理过程和管理过程。物理过程是一个具体实物的流转过程,它指组织从组织外部得到人力、物力、资本、信息等资源,经过加工、转化、移动,以产品或服务的形式再提交给外部的过程。这一过程由另一个过程——管理过程所控制。管理过程处理的是物理过程中产生的信息,并向物理过程发出信息的过程,输出的就是对物理过程发出的指令。

管理过程通过3个分系统发挥自己的控制职能:价值系统决定组织追求的价值、目标、政策,为组织提供计划,评价的标准和控制方针、政策;信息系统提供各种变量的数据;预测决策系统对备选方案的结果提供预测,并据此做出满意的决策。

实际的控制工作会根据组织层次的不同而有各自特殊的控制内容。在战略层,控制工作是对组织所有层次活动的设计、规划、目标设定和工作结果的监督,具有非确定性活动的特点;在经营层,控制工作是对常规性的工作进行控制,具有确定性活动的特点;在作业层,控制工作是对生产流程、流通活动进行具体控制,也有确定性活动的特点。3类控制活动的具体情况如表6-1所示。

表6-1 不同管理层的控制职能

	价值系统	信息系统	预测决策系统
战略层	控制内容:组织的高层活动,包括目标设定和监督,适用资源抉择	输入:外部情况、人员情况和内部成果报告 自身:各项特别报告和模拟,非限定的咨询 输出:目标、政策和各种制约	预测情报一般不完备,变化幅度大,强调外向的视野;决策时间间隔不规则
经营层	控制内容:部门管理者活动,包括按职能筹措和分配资源;制定各种制度和标准;测定成果,实施管理	输入:概要情况和例外情况 自身:大量定期报告、各类型情况和数据库,限定咨询 输出:各种决定、领导活动、部分程序	预测情报受个人和组织情况影响大,多强调内部的视野;决策时间间隔规则(年、季、月、周等)
作业层	控制内容:基层负责人的活动,包括根据规章使用资源、履行职责	输入:内部事项和处理记录 自身:固定程序和具体的活动信息 输出:作业行动	备选方案的结果规定明确、稳定可测;决策时间间隔多为时间处理

第二节 控制的类型

按不同的分类标准,控制工作可以划分为以下几种不同的类型。

一、根据控制的切入点划分

由于控制时点的不同,依据企业经营的投入阶段、转化阶段和产出阶段将控制分为前馈控制(feedforward control)、同期控制(concurrent control)和反馈控制(feedback control),这是控制比较常见的分类。三者的关系如图6-3所示。

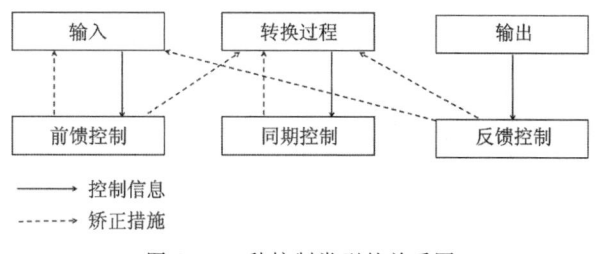

图6-3　3种控制类型的关系图

(一)前馈控制

前馈控制,又称事前控制或预先控制,即管理人员在工作开始之前对工作中可能出现的偏差进行预测和评估,及时采取措施预先防止问题的产生。由于前馈控制把控制活动提前到管理过程实施之前,因而也被称作前端控制、预控制或事前控制。通常情况下,前馈控制表现为针对输入端而做出管理上的努力。前馈控制效果的发挥在很大程度上取决于对环境的深度观察、对规律的充分掌握以及对各种相关信息的全方位获得。只有这样,才能够在科学的基础上对未来趋势做出分析判断。由于前馈控制能够有效地避免和防范消极后果的发生,因而成为众多管理者力求在管理过程中能最大程度发挥作用的一种比较经济有效的控制。

前馈控制有很多优点,首先,它将可能出现的各种偏差抑制在萌芽状态,使系统避免出现较大的损失,有防患于未然的效果。其次,前馈控制的适用范围很广,适用于一切领域的所有工作,如企业、医院、学校、军队都可以运用这种控制方法。最后,前馈控制是在工作开始之前针对某项计划行动所依赖的条件进行控制,不针对具体人员,因而不易造成面对面冲突,易于被员工接受并付诸实施。

但由于未来的不确定性,前馈控制实施起来并不是那么容易,它需要及时和准确的信息,并对整个系统和计划有透彻的分析,预估输入变量数据对预期的最终成果的影响。由于管理人员不可能完全把握未来会发生的事件和可能导致的结果,因而,在管理工作中也要综合运用其他类型的控制工作。

(二)同期控制

同期控制,又称为现场控制、实时控制,是在活动进行之中对出现的偏差实施控制,有利于在发生重大过失或造成不可挽回损失之前及时采取措施。它是一种面对面的领导,目的是及时处理例外情况、矫正工作中发生的偏差。这类控制工作方法主要为基层主管人员所采用。最常见的同期控制手段是由主管人员通过深入现场亲自监督检查、指导和控制下属人员的活动。同期控制主要有监督和指导两项职能。监督是按照预定的标准检查正在进行的工作,以保证目标的实现;指导是管理者亲临现场,针对工作中出现的问题,根据自己的经验指导下属改进工作,或与下属共同商讨矫正偏差的措施,以使他们顺利地完成所规定的任务。它包括的内容有:向下级指示恰当的工作方法和工作过程;监督下级的工作以保证计划目标的实现;发现不符合标准的偏差时,立即采取纠正措施。

同期控制一般在工作现场进行,容易发现问题并及时予以处理,从而避免更大差错的出现。现场控制所具有的指导职能,有助于提高工作人员的工作能力和自我控制能力。虽然同期控制效果明显,纠偏有力,但也存在许多弊端。第一,运用这种管理方法容易受到管理者的时间、精力、业务水平的制约,管理者不能时时事事进行现场控制,只能用在关键工作上。第二,同期控制的应用范围较窄,主要应用于生产工作,而对科研、行政管理工作难以进行同期控制。第三,同期控制容易在控制者与被控制者之间形成心理上的对立,影响被控制者的工作积极性和主动精神。因此,同期控制一般不能成为日常性的主要控制方法,而只能是其他控制方式的补充。

(三)反馈控制

反馈控制,是指在产品和服务产出阶段,管理者针对顾客对产品和服务提出的反馈信息,特别是一些关于组织的负面信息,采取必要措施进行纠正。反馈控制把注意力主要集中于工作或行为的结果上,通过对已形成的结果进行测量、比较和分析,发现偏差情况,据此采取相应措施,防止在今后的活动中再度发生。例如,企业发现不合格产品后追究当事人的责任并制定防范再次出现质量事故的新规章,发现产品销路不畅而相应地做出减产、转产或加强促销的决定,以及学校对违纪学生进行处罚等,这些都属于反馈控制。反馈控制的过程如图6-4所示。

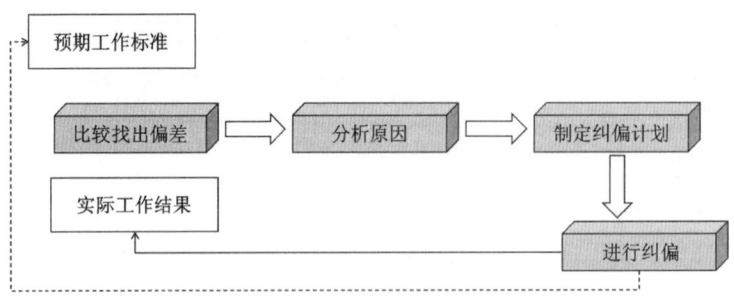

图6-4 反馈控制的过程

反馈控制既可用来控制系统的最终成果,如产量、销售收入、利润、利润率等,也可用来控制系统的中间结果,如新产品样机、生产计划、生产过程、工序质量、在制品库存量等。前者称为端部反馈,后者称为局部反馈,其中局部反馈对于改善管理控制系统的功能起着重要作用。通过各种局部反馈,可以及时发现问题、排除隐患,避免造成严重后果。例如工序质量控制、月度检查、季度检查等,就可应用于局部反馈。它们对于保证最终产品的质量和保证年度计划的实现无疑起着重要作用。局部反馈与端部反馈之间是一种多重嵌套关系,这种结构是复杂的动态系统的一个主要特征。

反馈控制的优点是:首先,反馈控制可以根据工作的实际结果对工作进行评价,既易于工作人员接受,也有利于管理人员采取有效和有力的措施改进管理工作;其次,反馈控制可以增强员工的积极性,人们通过获得评价他们绩效的信息,据此来调整自己未来的行为。但是反馈控制也有其局限性,它的最大缺点是只能事后发挥类似"亡羊补牢"的作用,没法改变和挽回组织已经形成的损失。另外,由于从发现到纠正偏差实际上存在一定时间滞后性,因此无法应对最新的情况。

反馈控制主要包括财务分析、成本分析、质量分析以及职工成绩评定等内容(图6-5)。

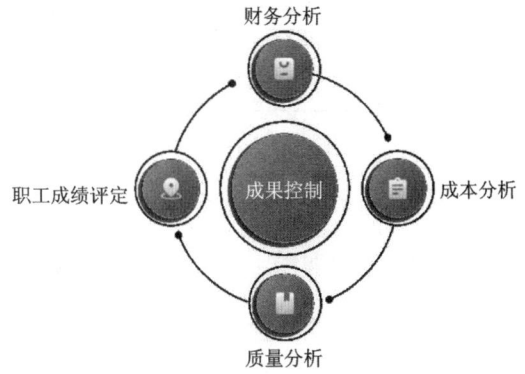

图 6-5　反馈控制的内容

(1)财务分析。目的是通过分析反映资金运动过程的各种财务资料,了解本期资金占用和利用的结果,弄清企业的盈利能力、偿债能力、维持营运的能力以及投资能力,以指导企业在下期活动中调整产品结构和生产方向,决定缩小或扩大某种产品的生产。

(2)成本分析。通过比较标准成本(预定成本)和实际成本,了解成本计划的完成情况;通过分析成本结构和各成本要素的情况,了解材料、设备、人力等资源的消耗与利用对成本计划执行结果的影响程度,以找出降低成本、提高经济效益的潜力。

(3)质量分析。通过研究质量控制系统收集的统计数据,判断企业产品的平均等级系数,了解产品质量水平与其费用要求之间的关系,找出企业质量工作的薄弱环节,为组织下期生产过程中的质量管理和确定关键的质量控制点提供依据。

(4)职工成绩评定。通过检查企业员工在本期的工作表现,分析他们的行动是否符合预定要求,判断每个职工对企业提供的劳动数量和质量贡献。成绩评定不仅为企业确定付给职工的报酬(物质或精神上的奖惩)提供客观依据,而且会通过职工对报酬公平与否的判断,影响他们在下期工作中的积极性。公开报酬的前提是公开评价,这种评价要求以对职工表现的客观认识和组织对每个人的工作要求(计划任务或职务说明书)为依据。

以上3种控制类型各有利弊,实践中不可能完全依赖某一种单一的控制手段,组织中的管理者应该善于根据实际情况,将它们有机搭配、嵌套融合,才能设计出有效的组织控制系统。前馈控制、同期控制和反馈控制3种类型优缺点如表6-2所示。

表 6-2　3 种控制类型的优缺点比较

项目	前馈控制	同期控制	反馈控制
特征	在工作开始之前对工作中可能产生的偏差进行预测和估计,并采取防范措施,将工作中的偏差消除于产生之前	对工作正在进行的过程中的控制,主要有监督和指导两项职能	在工作结束之后进行的控制,注意力集中于工作结果上,对今后的活动进行纠正
优点	防患于未然;不针对个人,易于接受	指导功能,有助于提高工作人员的工作和自我控制能力	避免下周期发生类似的问题;消除偏差对后续活动的影响
缺点	要求及时和准确的信息;管理人员充分了解前馈控制因素与计划工作的影响关系;往往难以做到	受管理者时间、精力、业务水平限制;应用范围较窄;容易形成对立	偏差、损失已经产生;有时滞问题

二、根据控制的层次划分

对于企业组织来说,根据管理控制的职能不同,主要分为战略控制、财务控制、营销控制、结构控制及管理者的控制 5 种类型。

（一）战略控制

战略控制是指企业战略管理者和一些参与战略实施的管理者,依据战略既定目标和行动方案,对战略的实施状况进行全面评价、发现偏差并进行纠正的活动。对企业战略实施进行系统化的检查、评价和控制成为企业的一项重要工作。

战略方案付诸实施后,如何保证战略的顺利落实就成为决定战略成败的关键,在实际工作中,外部环境和内部条件发生变化,或者战略本身存在缺陷需要在实施过程中进行修正、补充和完善,都会导致战略实施偏离预期目标。因此,战略控制为企业提供了一种管理机制,通过监控整个实施过程,把不确定性因素的影响限定在一个可以接受的范围内,使企业朝着预定的战略目标前进。它关注的是组织的公司层战略、业务层战略和职能层战略如何协调组织实现战略目标,即组织利用战略实现其目标的有效程度。要做到这一点,组织需要整合其战略与控制系统。战略控制关注组织的 5 个方面——构架、领导力、技术、人力资源及信息与运营控制系统。如果有一种或者几种执行方法正在阻碍目标的实现,那么执行方法就必须改变。结果是企业会发现它必须改变其架构、更换关键领导人、采用新技术、调整其人力资源,或改变信息与运营控制系统。

（二）财务控制

每个企业最初的、基本的目标就是获取利润。为了追求这个目标,管理者们需要财务控制。它是当财务资源流入组织(收入、股东投资)、由组织拥有(流动资金、留存收益)以及流出组织(支出、费用)时对其的控制。主要的财务控制方法有财务报表、比率分析、财务审计和预算等。

传统的财务控制衡量标准有比率分析和预算分析。最广泛使用的财务比率主要有:流动性比率,衡量了组织偿还流动负债的能力;杠杆比率,检查了组织为资产提供资金的负债的运用和它能否满足负债利息的偿还;活动性比率,衡量了公司运用它的资产的效率程度;收益率,衡量了公司应用资产来产生利润的效率和效果程度。为了监控组织利用资产、负债、存货等的效率和获利程度,管理者将这些比率作为外在的控制工具。

除了传统的财务工具,管理者还使用经济附加值和市场附加值等财务工具。经济附加值是一个用以衡量公司全体和各部门绩效的工具,通过把税后经营利润减去总的资本年成本计算经济附加值。市场附加值用以衡量股市对一家公司过去或预期的资本投资项目的价值。

(三)营销控制

营销控制是企业用于跟踪营销活动过程的每一个环节,确保能够按照计划目标运行而实施的一套完整的工作程序。营销控制主要包括年度计划控制、盈利控制、效率控制和战略控制。

年度计划控制是指在本年度内采取调整和纠正措施,检查市场营销活动的结果是否达到了年度计划中所制定的销售、利润以及其他目标。盈利控制是指分析企业各产品在各地区,运用各种营销渠道的实际获利能力,从而指导企业扩大缩小或者取消某些产品和营销活动。效率控制是指分析企业特定产品、销售市场盈利不高的原因,是否存在更有效的方法提高广告、人员推销、促销和分销等工作的效率。战略控制则是更高层次的市场营销控制,企业应该定期对进入市场的总体方式进行重新分析,评价企业的战略、计划是否有效地抓住了市场机会,是否同市场营销环境相适应。

(四)结构控制

结构控制关注的是组织构架的各要素如何为其既定目标服务,监控管理比率(administrative ratio)以确保人员支出不会过高就是结构控制的一个典型例子。不同的组织设计会产生不同的控制方法,其中集权控制(centralized control)和分权控制(decentralized control)是一个统一体的两个极端。这两个极端的结构控制类型有很大程度的不同,如表6-3所示。

表 6-3 集权控制与分权控制的比较

比较项目	集权控制	分权控制
控制方法与目标	员工服从	员工忠诚
正规程度	严厉的规章、正式的控制和严格的等级	团队规范、文化和自我控制
绩效预期	可接受的最低绩效水平	高于最低水平绩效
组织设计	高大型结构,影响自上而下	扁平结构,相互影响
奖励机制	针对个人绩效	针对团队绩效
参与	限制且正式	宽泛且非正式

(五)管理者的控制

它是通过标准、绩效衡量和纠正偏差等过程来对管理者本身的行为实施控制的过程。管理者控制问题的产生与现代企业制度的发展分不开,是伴随着企业所有权与经营权的分离而产生的委托代理问题。公司股东作为所有人是企业活动的委托人,管理人员则是代理人,代理人是自利的经纪人,具有不同于公司所有者的目标函数,具有机会主义的倾向。因此,企业管理人员可能会背离所有者目标而产生代理风险。公司治理就是为解决委托代理问题而逐渐产生和发展起来的,成为当前管理者控制的主要方法。但是,较之于组织其他成员,管理者的绩效标准更加难以确定,对于管理者偏差的矫正也具有特殊的内容,人们尚未发明一套有效的工具来计算经理人员在实施行政权力过程中所表现出来的努力程度和效果。

三、根据控制的运行机制划分

根据内部运行机制,控制可以广义地分为三大类:官僚控制、市场控制和团体控制。表6-4总结了这3类控制的主要特征与使用条件。

表6-4 官僚控制、市场控制、团体控制的主要特征与使用条件

控制系统	特征	使用条件
官僚控制	利用正规的章程、标准、层级和合法的强制手段	当任务明确且员工独立时最有效
市场控制	利用价格、竞争、利润中心和交换关系	当产品可以辨认且市场可以在各方面之间被建立起来时最有效
团体控制	包括文化、价值观、信仰和信任	当员工有权作出决定且没有其他更好的办法时最有效

(一)官僚控制(bureaucratic control)

最先提出官僚控制系统思想的是20世纪初的著名德国思想家、社会学家马克思·韦伯,他提出的科层管理体制和广泛的劳动分工被认为是解决大规模组织中存在的经济和社会问题的最理性和最有效的方法。在马克思·韦伯的官僚制思想基础上,组织采用标准和程序来约束员工的绩效和工作。官僚控制就是运用规则、法规、权威、层级、书面文件、标准和其他官僚主义机制来进行行为标准化和评估业绩。官僚规则和程序的主要目的是标准化并控制雇员的行为。官僚控制系统是组织控制中最为普遍和常用的,其中以财务控制、人力资源控制和生产作业控制最为关键。但近10年来,人们越来越不满足于局部意义的控制技术方法,而更希望以一些全面的衡量方法来衡量组织的总成就,因此,企业价值评估、平衡计分卡等技术便应运而生。

官僚控制系统依赖于员工有良好的行为规范、描述清晰的工作规则、严格而有效的管理

机制。管理者为了实现产出最大化,通过规范员工的标准化生产行为、细化产品生产和提供服务程序等,使管理者能够监督员工的标准化生产过程。很多现代化的大型企业,其行政管理非常严谨且有效,为不同工作岗位的员工建立专门的操作手册和行为准则,以规定和规范相应岗位的员工行为。

但有时因为官僚控制系统过于遵循制度、规则、政策、程序等,导致系统内的员工成为制度、规则、政策和程序的机械执行,从而产生低效率和缺乏灵活性。有些时候,一些员工不愿意提供服务或完成某一事项,往往利用制度、规则作为自己惰性的借口。组织制定的各种明确规则加强了对员工规范性管理的同时,但也对员工的创造性行为造成了障碍,员工习惯于遵循已有的规则进行标准化生产和提供服务,而不愿意进行独立思考,这可能会降低员工的自由度和组织的创新水平。过度的正式规则和程序,会僵化和限制员工和部门对特殊情况反应的灵活性,进而也会影响组织的绩效。由于官僚控制系统强调正式的规则和程序,因此处于动态的、快速变化的外部环境下的组织,或者雇用以崇尚自由的技术性员工的组织,不适宜采用官僚控制系统。另外,监督员工和部门真正服从规则和程序要花费一定的成本,而且花费监督成本的重要性可能比建立规则和程序所带来的利益更大。

(二)市场控制(market control)

市场控制系统是一种使用市场标准或其他绩效考核标准对系统内各个部门进行控制的方法。价格和市场份额是市场控制系统的两个常用标准。价格和市场份额可以分解为盈利能力、市场份额、利润贡献比例、产品转移价格等。处于市场竞争激烈的大公司通常采用市场控制系统对公司进行控制。

市场控制系统适用于多事业部的大型组织,可以在组织的各个层面发挥作用。市场控制是基于财务和经济信息,以价格机制对组织的行为进行规范,将组织内部的经济活动看作经济交易。在市场控制系统中,价格成为产品或服务价值的指示器,每个业务部门都被看作利润中心,通过价格机制与其他的中心交换资源。价格竞争对控制生产效率和绩效发挥作用,管理者以比较价格和利润评价、判断自己所管辖的公司,比较的方法主要是对相同公司财务报表之间的比较。很明显,市场控制的使用存在前提条件,即存在竞争;组织的产出应十分清晰,以使价格能够准确地被判断。

在公司层,公司领导从公司的战略愿景和总目标出发,通过评价各事业层经理的经营绩效来实现对他们进行控制,一般不采用发布命令、标准、程序等官僚控制方法。例如,某大型房地产控股集团公司,下属住宅经营部、商场经营部和土地开发部,每个分部都是集团的利润中心,同时具有独立决策的能力。房地产控股集团高层领导对这3个房地产事业部建立以价格为核算标准的盈亏指标,对事业部和事业部经理进行绩效评价和考核,并决定未来事业部在资金等关键资源的分配、开发新产品的权力以及部门经理的薪酬水平。

在事业层,市场控制系统可以约束事业层各部门和各职能部门之间的交易。组织内部或组织需要外部供应商提供产品和服务时,通过转移价格系统评价需要交易的产品和服务的价格,并以此评价部门绩效和存在的必要性。例如,某大型综合房地产商,不仅有房地产开发业务,还有建筑材料生产基地。在公司的房地产开发项目中,需要决策是否使用本企业生产的建筑材料,这时需要比较本企业提供建筑材料与其他供应商提供同类建筑材料价格的高低。如果本企业提供的建筑材料高于其他供应商的建筑材料价格,而且质量相同,那么,在这种市场控制系统中,本企业的建筑材料生产基地因不能使本企业房地产产品达到成本低、收益高的目的,可能面临被淘汰的局面。

(三)团体控制(clan control)

团体控制是采用社会手段,诸如公司文化、共享的价值观、承诺、传统来控制行为。它与前两种控制最大的区别在于:官僚控制和市场控制的假设前提是组织利益和个人利益是不一致甚至是冲突的,而团体控制的假设前提是组织拥有共享的价值观念和组织成员之间是相互信任的。

在实施团体控制的组织中,管理者已不能通过正式的控制来对每个员工的工作情况进行最佳的监督,而必须相信他们与公司的利益是一致的,并充分给他们授权,但这并不意味着放弃控制的权力,这显然是在考验管理控制的艺术。

加强组织文化建设是团体控制的另一项关键措施。组织文化是关于组织目标和行为的一系列假设,由组织的全体成员共同分享。它是组织在长期的经营和管理活动中所形成的、以共享价值观为核心的行为准则和价值评判标准。通过培养优秀的强势文化来增强组织的凝聚力,对于团体控制来说是至关重要的。

四、根据控制的具体内容划分

根据组织具体控制内容可以分为制度控制、风险控制、预算控制、激励控制、绩效考评控制5种类型。

(一)制度控制

制度规范是组织管理过程中借以约束全体组织成员行为,确定办事方法,规定工作程序的各种规章、条例、守则、标准等的总称。制度控制是以制度规范为基本手段协调企业组织集体协作行为的内部控制机制。一般包括制度的制定、执行和考核。

(二)风险控制

企业在现代市场经济环境下,会不可避免地遇到各种风险,风险控制应成为企业内部管理控制的重要组成部分。企业风险控制一般应包括风险的预警与辨识、风险的评估以及风险的预防。

(三)预算控制

预算控制的突出特点是通过量化标准使管理者及员工明确自身目标,实现企业总体目标与个人目标紧密衔接。预算控制突出过程控制,可在预算执行过程中及时发现问题、纠正偏差,保证目标任务的完成。

（四）激励控制

激励控制是指企业通过激励的方式控制管理者及员工的行为，使管理者及员工的行为与企业目标相协调。激励控制强调的是通过激励调动管理者及员工的积极性和创造性。激励控制包括激励方式的选择、激励中的约束和业绩评价等事项。

（五）绩效考评控制

绩效考评控制是指企业通过考核评价的形式规范企业各级管理者及员工的经济目标和经济行为。它强调的是控制目标而不是控制过程，只要各级管理目标实现，则企业战略目标就可以实现。绩效考评控制包括考评指标和考评程序的制定、考评方法的选择、考评结果的分析和纠正偏差与奖励措施等关键环节。

五、其他控制

（一）正式组织控制、群体控制和自我控制

正式组织控制是由管理人员设计和建立起来的一些机构及其成员来进行的控制。规划、预算和审计等都是正式组织控制的经典做法。组织可以通过规划指导成员的活动，通过预算来控制费用，通过审计来检查各部门或各成员是否按规定进行活动并提出更正措施。

群体控制是由非正式组织通过自身的一套行为规范以及群体成员的价值观念、行为准则加以发展和维持的控制。虽然这些规范往往是不成文的，也可能会给组织带来危害，但只要对其善加引导，便能成为组织很好的控制方式。

自我控制就是指个人有意识地按照某一行为规范进行活动。这种控制成本低、效果好，但它要求组织成员有较高的素质，要求上级给下级以充分的信任和授权，还要把个人的工作绩效与奖励、经济报酬联系起来。

（二）开环控制与闭环控制

开环控制是指受控客体不对控制主体产生反作用的控制，即不存在反馈回路的控制。在管理实际中，开环控制表现为控制主体在发出控制指令后，不再参照受控客体的实际情况重新调整自己的指令。其控制原理是：在对系统情况和外界干扰有了大致分析研究的基础上，通过控制初始条件，使系统能不受外界干扰的影响而准确无误地转移到目标状态。在管理中采用开环控制具有作用时间短、控制成本低等优点，在外界干扰较小且变化不大的情况下，有一定的控制作用。但这种控制由于没有反馈机制，无法发现和纠正计划具体实施与预定目标之间的偏差，缺乏抗干扰能力，因此仅适用于那些受干扰不大且能规则变化的组织活动，而在复杂多变的情况下，则不能起到有效的控制作用，因此有很大的局限性。

闭环控制是指存在着反馈闭合回路的控制。在闭环控制中，受控客体能作用于控制主体并使其再输出增强或者减弱，以保证预定目标的实现。其控制原理是：当受控客体受干扰的影响，其实现状态与期望状态出现偏差时，控制主体将根据这种偏差发出新的指令以纠正偏

差,抵消干扰的作用。在闭环控制中,由于控制主体能根据反馈信息发现和纠正受控客体运行的偏差,所以有较强的抗干扰能力,能进行有效的控制,从而保证预定目标的实现。管理中所实行的控制大多是闭环控制,所运用的控制原理主要是反馈原理。

第三节 控制的过程

控制是根据计划的要求,设立衡量绩效的标准,然后把实际工作结果与预定标准相比较,以确定组织活动中出现的偏差及其严重程度。在此基础上,有针对性地采取必要的纠正措施以确保组织资源的有效利用和组织目标的圆满实现。不论控制的对象是新技术的研究与开发,还是产品的加工制造,或是市场营销宣传,是企业的人力条件,还是物质要素,或是财务资源,控制的过程都包括3个基本环节的工作:制定控制标准、衡量实际绩效、实际与标准比(采取管理行动来纠正偏差或不适当的标准)(图6-6)。

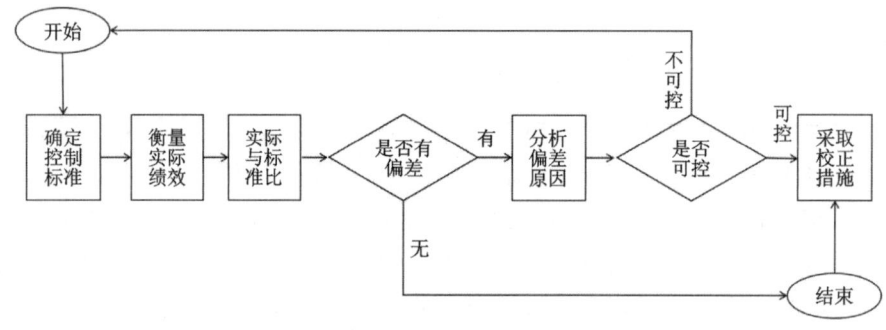

图 6-6 控制的基本过程

一、制定控制标准

要对组织的各项活动或工作进行有效控制,就必须首先明确相应的控制标准。没有标准,就无法对工作活动及其效果进行检查和评价,无法了解工作的进展状况或存在的问题,当然就无法采取相应的纠偏措施。而标准不明晰或不客观,则会导致组织内部的纷争、员工满意度的下降或挫折感增强等问题。因此,确定控制标准是进行控制工作的起点。

(一)选择控制对象

进行管理控制首先遇到的问题是"控制什么",这是在决定控制标准之前需要妥善解决的问题。基于此管理者需要明确分析组织活动想要实现的目标,并提出详细规定了组织中各层次、各部门人员应取得何种工作成果的完整目标体系。按照该目标体系的要求,管理者就可以对有关成果的完成情况进行考核和控制。从理想的角度看,为了实现组织的预期活动成果,管理者应该对影响组织实现目标成果的全部因素进行控制。但这种全面控制往往是不现实的,也是缺乏经济性的。于是,管理控制中通常的做法是:选择那些对实现组织目标成果有重大影响的因素进行重点控制。这样为了确保管理控制取得预期的成效,管理者在选择控制对象时就必须对影响实现组织目标成果的各种要素进行科学的分析研究,然后从中选择出重点的因素作为控制对象。

(二)选择关键控制点

主要的控制对象确定后,还必须选定具体控制的关键点,制定控制标准。组织不可能也没必要对所有工作活动进行控制,只能在影响组织成果的众多因素中选择若干关键环节作为重点控制对象。企业无力、也无必要对所有成员的所有活动进行控制,而必须在影响经营成果的众多因素中选择若干关键环节作为重点控制对象。

通用电气公司关于关键绩效领域(key performance areas)的选择或许能给我们提供某种启示。通用电气公司在分析影响和反映企业经营绩效的众多因素的基础上,选择出对企业经营成败起决定作用的8个方面。

(1)获利能力。通过提供某种商品或服务取得一定的利润,这是任何企业从事经营的直接动因之一,也是衡量企业经营成败的综合标志,通常可用与销售额或资金占用量相比较的利润率来表示。它们反映企业对某段时期内投资应获利润的要求。利润率实现情况与计划的偏离,可能反映生产成本的变动或资源利用效率的变化,从而为企业采取改进方法指明方向。

(2)市场地位。市场地位是指对企业产品在市场上占有份额的要求。这是反映企业相对于其他厂家的经营实力和竞争能力的一个重要标志。如果企业占领的市场份额下降,就意味着由于价格、质量或服务等某个方面的原因,企业产品相对于竞争产品来说其吸引力降低了,因此,应该采取相应的措施。

(3)生产率。生产率标准可用来衡量企业各种资源的利用效果,通常用单位资源所能生产或提供的产品数量来表示。其中,最重要的是劳动生产率标准。企业其他资源的充分利用在很大程度上取决于劳动生产率的提高。

(4)产品领导地位。产品领导地位通常指产品的技术先进水平和功能完善程度。产品领导地位表明企业在工程制造和市场方面领导一个行业的新产品和改良现有产品的能力。为了维持企业产品的领导地位,必须定期评估企业产品在质量、成本方面的状况及其在市场上受欢迎的程度。

(5)人员发展。企业的长期发展在很大程度上依赖于人员素质的提高。为此,需要测定企业目前的活动以及未来的发展对职工的技术、文化素质的要求,并与他们目前的实际能力相比较,以确定如何为提高人员素质采取必要的教育和培训措施。要通过人员发展规划的制定和实施,为企业及时供应足够的经过培训的人员,为员工提供成长和发展的机会。

(6)员工态度。员工的工作态度对企业目前和未来的经营成就有着非常重要的影响。测定员工态度的标准是多个方面的。比如,可以通过分析离职率、缺勤率来判断员工对企业的忠诚,也可通过统计改进作业方法或管理方法的合理化建议的数量来了解员工对企业的关心程度,还可通过对定期调查的评价分析来测定员工态度的变化。如果发现员工态度不符合企业的预期,任其恶化是非常危险的,企业应采取有效的措施来提高他们在工作或生活上的满足程度,以改变他们的态度。

(7)公共责任。企业的存续以社会的承认为前提。而要争取社会的承认,企业必须履行必要的社会责任,包括提供稳定的就业机会、参加公益事业等多个方面。公共责任能否很好地履行关系到企业的社会形象。企业应根据有关部门对公众态度的调查,了解企业的实际社会形象同预期的差异改善对外政策,提高公众对企业的满意程度。

(8)短期目标与长期目标的平衡。企业目前的生存和未来的发展是相互依存、不可分割的。因此,在制订和实施经营活动计划时,应能统筹长期与短期的关系,检查各时期的经营成果,分析目前的高利润是否会影响未来的收益,以确保目前的利益不是以牺牲未来的利益和经营的稳定性为代价而取得的。

(三)确定控制标准

组织在选择关键控制点后,就可以依据关键控制点确定明确的控制标准。控制标准确定中最简单的情况是,可以把计划过程中形成的可考核目标直接作为控制标准。但如前所述,现实中更多的情况往往是需要通过一些科学的方法将某一计划目标分解为一系列具体可操作的控制标准。

控制的对象不同,所使用的控制标准就不一样,确定标准的方法也会不一样。组织在确定控制标准时,应该根据所需衡量的绩效成果及其影响因素的领域和性质,结合所选用标准的特点和性质,科学选择合适的方法或组合。一般而言,组织使用的确定标准的方法有以下3种。

(1)统计计算法,即根据企业的历史资料或者对比同类企业的水平,运用统计学方法来确定企业经营各方面工作的标准。这种用统计计算法制定的标准便称为统计标准。制定该类标准所使用的数据可以来自本企业的历史数据,也可以来自其他企业的统计数据。

(2)经验估计法,即根据管理人员的知识经验和主观判断来确定标准。这种使用经验估计法建立的标准称为经验标准。现实中,并不是所有工作的质量和成果都能用统计数据来表示,也不是所有企业活动都保存着历史统计数据。对于新近从事的工作或者缺乏统计资料的工作,企业可以通过有经验的管理人员或对该工作熟悉的人员凭借经验、判断和评估来为之建立标准。

(3)工程方法,即通过对工作情况进行客观的分析,并以准确的技术参数和实测的数据为基础而制定工作标准。使用工程方法建立的标准,称为工程标准。严格地说,工程标准也是一种用统计方法制定的控制标准,只不过它不是利用历史统计数据制定的,而是根据客观分析和实测数据来制定的。例如,机器的产出标准是其设计者计算出来的在正常情况下被使用时的最大产出量等。

二、衡量成效

企业经营活动中的偏差如能在产生前被发现,就可指导管理者预先采取必要的措施以求避免。这种理想的控制和纠偏方式虽然有效,但其现实可能性不是很高。并非所有的管理人员都有卓越的远见,也并非所有的偏差都能在产生之前被预见,事实可能正好相反。在这种

第六章 控　制

限制条件下，最满意的控制方式应是必要的纠偏行动能在偏差产生以后迅速采取。为此，要求管理者及时掌握能够反映偏差是否产生并能判定其严重程度的信息。用预定标准对实际工作成效和进度进行检查、衡量和比较，就是为了提供这类信息。

制定控制标准是为了衡量实际业绩，取得控制对象的相关信息，把实际工作情况和标准进行比较，据此对实际工作做出评估。如果没有精确的衡量，就不可能实现有效的控制。为此，在衡量实际工作成果的过程中，管理者应该对由谁来衡量、衡量什么、如何衡量以及间隔多久进行衡量等方面做出合理安排。为了能够及时、正确地提供能够反映偏差的信息，又符合控制工作在其他方面的要求，管理者在衡量工作成绩的过程中应注意以下几个问题。

（一）衡量的主体

衡量实际业绩的主体不一样，控制工作的类型也就形成差别，也会对控制效果和控制方式产生影响。例如，目标管理之所以被称为一种自我控制方法，就是因为工作的执行者同时成了工作成果的衡量者和控制者。相比之下，由上级主管或职能人员进行的衡量和控制则是一种强加的、非自主地控制。

（二）衡量的项目

衡量的内容是衡量工作中最重要的方面。管理者在确定衡量标准时，随着标准的制定，计量对象、计算方法以及统计口径等内容也就相应地确定下来了。简言之，需要衡量的是实际工作中与已制定的标准相对应的要素。需要注意的是，由于不同的衡量项目还存在一个衡量的难易问题，所以要注意保证衡量内容的全面性和客观性，防止衡量中的畏难倾向。例如，愿意并侧重于衡量那些易衡量的项目，而忽视那些不易衡量、较不明显但实际相当重要的项目。

（三）衡量的方法

管理者可通过亲自观察、利用报表和报告、抽样调查等几种方法来获得实际工作绩效方面的资料和信息。但组织中常存在一些无法直接衡量的工作，它们质量的好坏有时可通过某些现象做出推断。比如，从员工的合理化建议增多或许可推断企业的民主化管理有所加强，员工工作热情下降现象增多或许可推断出管理工作存有不当之处等。在衡量实际工作成绩过程中必须将多种方法结合使用，以确保所获取信息的质量。

（四）衡量的频度

衡量实绩的次数或频率，通俗地说就是间隔多长时间衡量一次实绩。是每时每日、每周，还是每月、每季度或者每年？是定期衡量，还是不定期衡量？对不同的衡量项目，衡量的频率可能不一样。有效控制要求确定适宜的衡量频度。对控制对象或要素的衡量频度过高，不仅会增加控制的费用，而且会引起有关人员的不满，影响他们的工作态度，从而对组织目标的实现产生负面影响。衡量和检查的次数过少，则有可能造成许多重大的偏差不能被及时发现，不能及时采取纠正措施，从而影响组织目标和计划的完成。

三、分析与纠偏

对实际工作加以衡量后,下一步就应该将衡量结果与标准进行对比。实际绩效可能高于、低于或等于目标要求,只有将实际绩效与标准相比较,才能确定两者之间有无偏差(图6-7)。如果没有偏差,还要分析控制标准是否有足够的先进性。在认定标准水平合适的情况下,可以将其作为成功经验予以分析总结并用于指导今后或其他方面的工作。如果有偏差,则首先要分析偏差是否在允许的范围之内。如果偏差在允许的范围之内,则工作可以继续,但也要分析偏差产生的原因,以改善工作,避免偏差的扩大。如果偏差较大并超出了允许范围,就应深入分析偏差产生的原因,并采取矫正措施。

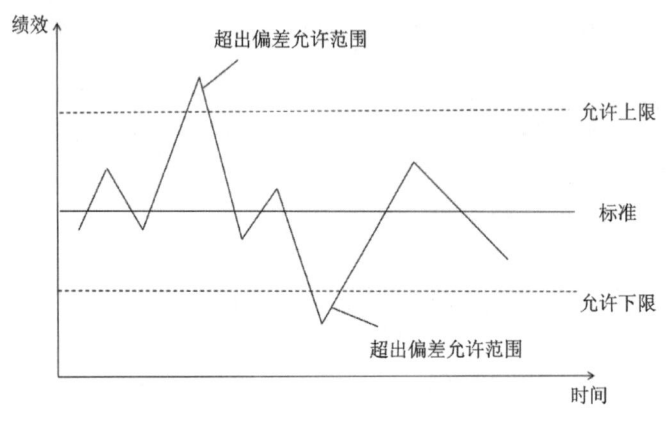

图6-7 偏差的范围

(一)分析偏差

偏差就是工作的实际绩效与标准值之间的差异,实际绩效超过了设定标准的为正偏差,实际绩效低于设定标准的则为负偏差。现实中,工作活动出现偏差有时在所难免,而且并非所有偏差都会影响组织的最终业绩。例如,有些偏差是由偶然、暂时、局部性的因素引起的,且偏差较小,就可能不会对组织的最终业绩造成影响。因此,组织首先需要对偏差的性质进行分析和确认,以抓住问题的实质和重点。例如,确定可以接受的偏差范围,对于超出允许范围的偏差,给予重点关注与分析。另外,组织还要对造成偏差的原因进行深入分析,切忌"头痛医头、脚痛医脚",以找出偏差的真正原因,为对症下药制定纠偏措施提供保证。一般而言,造成偏差的原因多种多样,较为复杂,但基本可以分为如下3类:一是计划指标或工作标准制定得不科学,脱离实际,本身存在偏差;二是组织外部环境中发生了没有预料到的变化,导致实际业绩偏离预期,出现偏差;三是组织内部因素的变化,如工作方法不当、组织不力、领导无方等,导致业绩偏离预期。

在衡量绩效之后,若没有发生偏差,或偏差在规定的"可容忍"的范围之内,则该控制过程只需要前两个步骤就可以完成,但是若偏差是在计划估量范围之外的,则管理者应该考虑采取纠偏行动,使绩效符合标准。

导致某项工作产生偏离标准的原因是多种多样的,主要有以下几个方面。

(1)标准本身是基于错误的假设和预测设定的,从而使此标准无法达成。

(2)从事该项工作的员工不能胜任此项工作,或者是管理者没有给予适当的指令。

(3)和该项工作有关的其他配套工作发生了问题。

因此采取纠偏行动的第一步是分析事实,以确定产生偏差的原因,只有对问题做了彻底的分析之后,管理人员才能采取适当的行动。

(二)改善工作

如果经过分析发现,计划和标准没有问题,偏差的出现是因为工作本身造成的,管理者就应该采取措施来纠正行动,以改善工作绩效。纠偏行动可能涉及管理的各个方面,如管理策略、组织结构、领导方式、员工培训、人员调整等。如果对偏差产生的原因判断不准确,纠偏措施就是无的放矢,不可能奏效。只有对问题做了彻底的分析后,管理人员才能采取适当的纠偏行动。然而管理者在采取纠偏行动之前,还要决定是采取应急纠偏措施(immediate corrective action)还是彻底纠偏措施(basic corrective action)。

应急纠偏措施是指能够立即将出现问题的工作纠正到正确轨道上的措施。而彻底纠偏措施则是指能够从根本上解决问题的措施。组织中出现的某些问题,可能属于迅速、直接影响组织正常活动的急性问题,多数应立即采取行动,实施应急纠偏措施。例如,某一特殊规格的部件一周后要交货,否则其他部门会受其影响出现停工待料。一旦该部件的加工出现了问题,首要的工作不是考虑追究什么人的责任问题,而是必须按计划如期完成任务。此时,管理者可采取一系列行动来纠偏,如要求工人加班加点、增添工人和设备、派专人负责指导完成以及请求工人努力抓紧、进行短期突击等,以保证工作任务的按时完成。在组织中,解决急性问题多是为了维持现状,但根本的问题可能得不到解决,还可能引致其他问题的产生。因此,管理者应该勇于打破现状,解决慢性问题,采取彻底纠偏措施。此时,首先要弄清工作中的偏差是如何产生的,为什么会产生,即深入分析偏差产生的原因,然后针对产生偏差的原因采取纠偏行动。当然,这可能受到时间、资金和其他条件的限制。现实中,许多管理者往往以没有时间为借口或不愿变革而不采取彻底纠偏措施,仅仅满足于不断的救火式应急纠偏行动。事实证明,作为一个有效的管理者对偏差进行认真的分析,并花一些时间以永久性地纠正这些偏差是非常有益的。

(三)选择恰当的纠偏措施

针对产生偏差的主要原因,就可能制订改进工作或调整计划与标准的纠偏方案。纠偏措施的选择和实施过程中要注意以下几点。

(1)使纠偏方案双重优化。纠正偏差,不仅在实施对象上可以进行选择,而且对同一对象的纠偏也可采取多种不同的措施。所有这些措施,其实施条件与效果相比的经济性都要优于不采取任何行动、使偏差任其发展可能给组织造成的损失。但有时候,如果行动的费用超过偏差带来的损失,也许最好的方案是不采取任何行动,这是纠偏方案选择过程中的第一重优化。第二重优化是在此基础上,通过对各种经济可行方案的比较,找出其中追加投入最少、解决偏差效果最好的方案来组织实施。

（2）充分考虑原先计划实施的影响。由于对客观环境的认识能力提高或者由于客观环境发生了重要变化而引起的纠偏需要，可能会导致原先计划与决策的局部甚至全局的否定，从而要求企业活动的方向和内容进行重大调整。这种调整有时被称为追踪决策，即当原有决策的实施将危及决策目标的实现时，对目标或决策方案所进行的一种根本性修正。

追踪决策是相对于初始决策而言的。初始决策是所选定的方案尚未付诸实施，没有投入任何资源，客观对象与环境尚未受到人的决策的影响和干扰，因此，是以零为起点的决策。进行重大战略调整的追踪决策则不然，企业外部的经营环境或内部的经营条件已经由于初始决策的执行而有所改变是"非零起点"。因此，在制定和选择追踪决策的方案时，要充分考虑初始决策实施已经消耗的资源，以及这种消耗对客观环境造成的种种影响。

（3）注意消除人们对纠偏措施的疑虑。任何纠偏措施都会在不同程度上引起组织的结构、关系和活动的调整，从而会涉及某些组织成员的利益。不同的组织成员会因此对纠偏措施持不同态度，特别是纠偏措施属于对原先决策和活动进行重大调整的追踪决策时。虽然一些反对原先决策的人会夸大此决策的失误，反对保留其中任何合理的成分，但更多的人对纠偏措施持怀疑和反对的态度，原先决策的制定者和支持者会害怕改变决策标志着自己的失败，从而会公开或暗地里反对纠偏措施的实施。执行原先决策、从事具体活动的基层工作人员则会对自己参与的、已经形成的或开始形成的活动结果怀有感情，或者担心调整会使自己失去某种工作机会、影响自己的既得利益而极力抵制任何重要的纠偏措施的制订和执行。因此，控制人员要充分考虑到组织成员对纠偏措施的不同态度，注意消除执行者的疑虑，争取更多的人理解、赞同和支持，以保证避免在纠偏方案的实施过程中可能出现的人为障碍。

四、控制的原理

（一）反映计划要求原理

计划为控制提供了标准，控制为计划实现提供了保证。既然控制的目的是实现计划，控制系统和控制方法应当与计划的特点相适应。计划越是明确、全面、完整，所设计的控制系统越是能反映这样的计划，则控制工作也就越有成效。

每一项计划每一种工作都各有其特点，因此，控制所需的信息也各不相同，在确定什么标准、控制哪些关键点和重要参数、收集什么信息、如何收集信息、采用何种方法评定成效，以及由谁来控制和采取纠正措施等方面，都必须按不同计划的特殊要求和具体情况来设计。例如，产品销售控制系统要收集销售产品的品格、规格、数量和交货期等情况；而成本控制系统则主要收集各部门、各单位甚至各种产品在生产经营过程中发生的费用，这两种控制系统尽管都在同一个生产系统中，但两者之间的设计要求是完全不同的。

（二）组织适宜性原理

一个有效的控制系统还必须反映组织结构的类型和特征。组织结构是对组织内各个成员所担任的职务和相应的职责权限的一种规定，因而，它也就成为明确执行计划和纠正偏差职责的依据。若一个组织结构的设计越是明确、完整和完善,所设计的控制系统越是符合组织机构中的职责和职务的要求,就越有助于纠正脱离计划的偏差。健全的组织结构包括两个方面的含义:一方面,要做到职权分明,使组织结构中的每个部门、每个员工都能切实担负起自己的责任;另一方面,要保证组织中沟通渠道的通畅,能将反映实际情况和工作状态的信息迅速地上传下达。

(三)控制关键点原理

控制关键点原理是控制工作的一条重要原理。这条原理要求管理者在一个完整的计划执行过程中选出一定的关键点,把衡量工作成效时有关键意义的那些因素作为控制的重点。也就是说,控制要突出重点。对一个主管人员来说,随时注意计划执行情况的每一个细节通常是没有必要的,他们应当将注意力集中于计划执行中的一些主要影响因素上。控制方法如果能够以最低的费用或其他代价来探查和阐明实际偏离或可能偏离计划的偏差及其原因,那么它就是最有效的。对控制效率的要求既然是控制系统的一个限定因素,自然就在很大程度上决定了主管人员只能在他们认为是重要的问题上选择一些关键因素来进行控制。事实上,控制了关键点,也就控制住了全局。

(四)例外原理

控制工作也应该强调例外,也就是那些超出一般情况的特别好或特别坏的情况。主管人员尤其应该把有限的注意力集中在那些比较特殊的情况或者是说一些重要的例外偏差,这样,控制工作的效率就可能很高。因为这些例外的偏差往往反映的是真正导致计划目标不能实现的问题。需要指出的是,例外并不能仅仅依据偏差数值的大小来确定,某些微小的偏差可能比某些较大的偏差影响更大。

企业在实际运作当中,例外原理必须与控制关键点原理相结合。仅仅立足于寻找例外情况是不够的,我们应把注意力集中在关键点的例外情况的控制上。这两条原理有某些共同之处。但是,我们应当注意到它们的区别:控制关键点原理强调选择控制点,而例外原理则强调观察在这些点上所发生的异常偏差。

(五)及时与灵活性原理

为了有效地达到组织目标,控制应在有限的时间内及时进行。有效的控制要求能对组织活动中产生的偏差尽可能早地发现并及时采取措施加以纠正,避免偏差的进一步扩大,使控制失去应有的效果。要做到及时控制,必须及时收集与传递信息,并且管理人员要根据掌握的信息快速作出纠偏决策。如果信息处理时间过长,即使信息非常客观和准确,但由于时间滞后,可能会失去纠偏的实际意义。

另外,几乎没有处于稳定环境而不需要改变的组织,每一个组织都需要随着时间和内外部环境的变化而不断调整其控制方式。即使某个控制手段、方法或措施曾经对某个问题非常有效,但不能保证它下一次仍然还有好的效果。控制系统应当具有灵活性,拥有可以应对组织内外部环境变化的各种对策和相应预案,要制定能随机应变的控制方式和方法。

第四节　控制的方法

企业管理实践中运用着多种控制方法,本节主要介绍预算控制、作业控制、审计控制以及其他控制方法。

一、预算控制

预算控制就是根据预算规定的收入与支出标准来检查和监督各个部门的生产经营活动,以保证各种活动或各个部门在充分达到既定目标、实现利润的过程中对经营资源的合理利用,以及费用支出的有效约束。

（一）预算的形式

1. 固定预算与弹性预算

在固定预算中,某预算期成本费用和利润都只是在一个预定的产销业务量水平的基础上编制的。但是,一旦这种预算赖以存在的前提——预算业务量与实际水平相距甚远时,必然导致有关成本费用及利润的实际水平与预算水平因基础不同而失去可比性,不利于开展控制和考核。

弹性预算是指在成本按性质分类的基础上,以业务量、成本和利润之间的相互关系为依据,按照预算期内可能实现的各种业务水平编制的有伸缩性的预算。它克服了固定预算的缺点,适用面宽,机动性强。

2. 增量预算和零基预算

传统的预算方法是增量法,增量预算又称基线预算法,是以上一年度的实际发生数为基础,再结合预算期的具体情况加以调整,而很少考虑某项费用是否必须发生,或其预算额有没有必要这么大。在增量法下,预算编制单位的负责人常常竭力用完全年的预算指标,以致到了年底毫无剩余。这种行为用于他们维持预算的现有水平,并能以此为要求增加资金。这种行为在政府部门、事业单位以及财政投资性的国有企业尤为明显。

零基预算不受前一年度预算水平的影响。它对现有的各种作业进行分析,并根据其对组织的需要和用途,决定作业的取舍;并且根据未来一定期间生产经营活动的需要和各项业务的轻重缓急,对每项费用进行成本——效益分析和评定分级,从而确定其开支的必要性、合理性和优先顺序,并依据企业现有资金的实际可能,在预算中对各个项目进行综合性费用预算。

由于每次预算均从零开始,所以零基预算实施起来既费时又费力。它的成功运用要求进行广泛而深入的分析,实际上增量预算也需要广泛而深入的考核。现实中折中的方法是每3年至5年编制一次零基预算,以减少浪费和低效。

（二）预算的内容

不同企业,由于生产活动的特点不同,预算表中的项目会有不同程度的差异。但一般来说,预算内容要涉及以下几个方面:收入预算、支出预算、现金预算、资金支出预算、资产负债预算。

1. 收入预算

收入预算和支出预算都是从财务角度计划和预测了未来活动的成果以及为取得这些成果所需付出的费用。

由于企业收入主要来源于产品销售,因此收入预算的主要内容是销售预算。销售预算是在销售预测的基础上编制的,即通过分析企业过去的销售情况、目前和未来的市场需求特点及其发展趋势,比较竞争对手和本企业的经营实力,确定企业在未来时期内为了实现目标利润必须达到的销售水平。

由于企业通常不只生产一种产品,这些产品也不仅仅在某一个区域市场上销售,因此,为了能为控制未来的活动提供详细的依据,便于检查计划的执行情况,往往需要按产品、区域市场或消费者群(市场层次)为各经营单位编制分项销售预算。同时,由于在一年中的不同季度和月度销售量也往往不稳定,所以通常还需预计不同季度和月度的销售收入,这种预计对编制现金预算是很重要的。

2. 支出预算

企业销售的产品是在内部生产过程中加工制造出来的,在这个过程中,企业需要借助一定的劳动力,利用和消耗一定的物质资源。因此,与销售预算相对应,企业必须编制能够保证销售过程得以进行的生产活动的预算,关于生产活动的预算,不仅要确定为取得一定销售收入所需要的产品数量,而且更重要的是要预计为得到这些产品、实现销售收入需要付出的费用,即编制各种支出预算。

(1)直接材料预算。直接材料预算是根据实现销售收入所需的产品种类和数量,详细分析为了生产这些产品,企业必须利用的原材料的种类数量,它通常以实物单位表示。考虑到库存因素后,直接材料预算可以成为采购部门编制采购预算、组织采购活动的基础。

(2)直接人工预算。直接人工预算需要预计企业为了生产一定量的产品,需要哪些种类的工人,每种类型的工人在什么时候需要多少数量,以及利用这些人员劳动的直接成本是多少。

(3)附加费用预算。直接材料和直接人工只是企业经营全部费用的一部分。企业的行政管理、营销宣传、人员推销、销售服务、设备维修、固定资金折旧、资金筹措以及税金等,也要耗费企业的资金。对这些费用也需要进行预算,这就是附加费用预算。

3. 现金预算

现金预算是对企业未来生产与销售活动中现金的流入与流动进行预测,通常由财务部门编制。现金预算只能包括现金流程中的项目,赊销所得的应收款在用户实际支付以前不能列作现金收入,赊销所得的原材料在未向供应商付款以前也不能列入现金支出,而需要今后连年分摊的投资费用却需要当年实际支出现金。因此,现金预算并不需要反映企业的资产负债情况,而是要反映企业在未来活动中的实际现金流量和流程。企业的销售收入、利润即使相当可观,可大部分尚未收回,或收回后被大量的库存材料或在制品所占用,那么它也不可能给企业带来现金上的方便。通过现金预算,可以帮助企业发现资金的闲置或不足,从而指导企业及时利用暂时过剩的资金,或及早筹齐维持运营所短缺的资金。

4. 资金支出预算

上述各种预算通常只涉及某个经营阶段,是短期预算,而资金支出预算则可能涉及好几个阶段,是长期预算。如果企业的收支预算被很好地执行,企业有效地组织了资源的利用,那么利用这些资源得到的产品销售以后的收入就会超出资源消耗的支出,从而给企业带来盈余,企业可以利用盈利的一部分来进行生产能力的恢复和扩大。这些支出由于具有投资的性质,因此对其计划安排通常被称为投资预算或资金支出预算。资金支出预算的项目包括:用于增加品种、完善产品性能或改进工艺的研究与开发支出;用于提高职工和管理队伍素质的人事培训与发展支出;用于广告宣传、寻找顾客的市场发展支出等。

5. 资产负债预算

资产负债预算是对企业会计年度期末的财务状况进行预测。它通过将各部门和各项目的分预算汇总在一起,表明如果企业的各种业务活动达到预先规定的标准,在财务期末企业资产与负债会呈现何种状况。作为各分预算的汇总,管理人员在编制资产负债预算时虽然不需做出新的计划或决策,但通过对预算表的分析,可以发现某些分预算的问题,从而有助于采取及时的调整措施。

通过分析流动资产与流动债务的比率,可能发现企业未来的财务安全性不高,偿债能力不强,可能要求企业在资金的筹措方式、来源及其使用计划上做相应的调整。通过将本期预算与上期实际发生的资产负债情况进行对比,还可发现企业财务状况可能会发生哪些不利变化,从而指导事前控制。

(三)预算的作用和局限性

1. 预算的作用

(1)明确工作目标。预算作为一种计划,规定了组织一定时期的总目标以及各部门的具体目标,这样就使各个部门能了解本单位的经济活动与整个组织经营目标的关系,明确各自的职责及努力方向,并从各自角度去完成组织的战略目标。

(2)协调部门关系。预算把组织各方面的工作纳入到一个统一的计划之中,促使组织各个部门相互协调,环环紧扣,达到平衡。在保证组织总体目标最优的前提下,进行各部门经营活动。

(3)控制日常活动。编制预算是组织管理的起点,也是控制日常经济活动的依据。在预算执行过程中,各部门应通过计量、对比,及时揭露实际脱离预算的差异并分析原因,以便采取必要措施,消除薄弱环节,以保证预算目标的顺利完成。

(4)考核业绩标准。预算确定的各项指标,也是考核各部门工作成绩的基本尺度。在评定各部门工作业绩时,要根据预算的完成情况分析偏离的程度和原因,划清责任,奖罚分明,促使各部门为完成预算规定的目标而努力工作。

2. 预算的局限性

(1)容易导致控制过细。某些预算控制计划是如此全面和详细,以致束缚了主管人员在管理本部门时所必需的自主权,出现了预算过细的问题。

(2)容易导致本位主义。预算目标有时会取代组织目标,因为有些主管人员只把注意力集中在尽量使自己部门的经营费用不超过预算,而忘记了自己的职责首先是要千方百计地去实现组织的目标。

(3)容易导致效能低下。通常是在往年成果的基础上按比例增长来编制预算,所以,许多主管人员也常常以过去所花的费用作为今天预算的依据。同时他们知道自己的申请多半是要被削减的,因而预算费用的申请数总要大于它的实际需要数。

(4)预算的最大缺陷也许是它缺乏灵活性。实际情况常常会不同于预算的那样,这种差异可以使一个刚编出来的预算很快过时。若这时主管人员还受预算约束的话,那么预算的有效性就会减弱或者消失。

二、作业控制

当作业系统设计完成、作业计划制定并实施之后,作业控制工作就成为作业管理工作的重点。如果没有有效的作业控制工作,再完美的作业系统也可能由于一些意想不到的事情而无法达到预期的目标。一般制造业的作业控制工作包括许多内容,本书只选择其中主要的几项进行介绍,分别是成本控制、采购控制、质量控制和库存控制。

(一)成本控制

成本控制是指以成本作为控制手段,通过制订成本总水平指标值、可比产品成本降低率以及成本中心承担控制成本的责任等,达到对经济活动实施有效控制的目的的一系列管理活动与过程。

1. 成本控制的基础

成本分析在于计量各项成本,并将之分配到每个实体或成本对象,这是成本控制的基础工作。我们通常采用直接成本分配方法和间接成本分配方法来进行分配各成本对象。

(1)直接成本分配方法。直接成本是指能够容易和准确地归属到成本对象的成本,即其可采用追溯法来分配。成本分配的追溯法有两种:直接追溯法和动因追溯法。直接追溯法是指将与某一成本对象存在特定或实物联系的成本直接确认分配至该成本对象的过程。动因追溯使用两种动因类型来追溯成本:资源动因和作业动因。资源动因计量各作业对资源的需要,将资源成本分配到各个作业上;作业动因计量各成本对象对作业的需求,并被用来分配作业成本。

(2)间接成本分配方法。间接成本是指不能容易地或准确地归属于成本对象的成本。间接成本不能追溯到成本对象,即在成本与成本对象间没有因果联系或追溯不具有经济可行性。把间接成本分配到各成本对象的过程称为分摊。由于不存在因果关系,分摊间接成本就建立在简便原则或假定联系的基础上。比如,一家工厂生产数种产品,照明成本需分摊到各产品,这很难找到因果关系,一种较简便的方式是按各产品消耗的人工时数的比例来分摊。

2. 成本控制的步骤

(1)制定成本控制标准。成本控制首先需要制定控制的标准,通常企业可以采用预算成本或标准成本作为成本控制的标准。预算成本是用财务数字的形式为各部门或各项活动规定在资金、劳动、材料、能源等方面支出的额度,它是通过计算和预计得到的。标准成本则是根据企业过去一段时间各成本项目的实际情况,去除其不合理成分然后通过分析确定的。对于一时无法制定标准的企业,可以采用过去几个月平均成本水平作为各类成本项目的标准成本,待积累经验后再确定更适宜的标准成本。

(2)核算成本控制绩效及分析成本发生偏差的调查。为了及时控制成本支出,在成本形成过程中,要依据控制标准对发生的成本费用进行检验监督,与标准成本做比较分析,及时发现偏差量,以判断成本控制的绩效。

(3)采取纠偏措施。根据偏差原因分析,制定相应的纠偏措施,并落实到具体部门和执行人员。

(二)采购控制

对于制造企业来说,它需要输入大量的物料,然后通过转换变成各种产品。物料构成了产品成本的重要成分,在部分行业,物料成本竟高达70%左右。因此,有效地控制物料成本自然就成为了企业降低成本和增加利润的重要渠道。而企业物料获取是通过采购职能实现的,所以控制物料成本很大程度上依靠采购控制。

企业采购控制的主要内容是供应商交付的物料的性能、质量、数量和价格等以及与之相关的寻找、评价、决定能够提供最好产品或服务的供应商。目前,国内一些企业采用比较采购的方法,对企业的采购工作进行价格控制以降低采购成本,多数都收到了比较好的效果。

关于供应商,可以多选择一些有能力的供应商,通过他们的竞价使企业获得价格上的实惠,但真正通过购买获得竞争优势只能通过良好的供应商关系才能得到。现在,制造业中一个迅速发展的趋势就是使供应商转变为合作伙伴,建立这种长期合作的关系,企业能够获得质量更优、次品更少、成本更低的物料。

(三)质量控制

质量控制是指监控质量以确保质量满足预先制定的标准。监控的内容包括重量、强度、密度、色泽、味道、可靠性、完整性或其他特征。通过有效的质量控制,企业可以及早发现作业系统中出现的各种问题,防止不合格物料进入生产过程,杜绝有缺陷的零部件流入下道工序,保证向市场提供合格产品等。在实施质量控制的过程中,应该做到以下几点。

(1)明确对产品是采用全数检测的方法还是采用抽样检测的方法。一般地,如果连续检测的成本很低或者统计结果表明出错率很高,逐个检查每一件产品是十分有意义的,但毫无疑问,这需要花费较多的时间和费用。抽样检测通常花费较少,也不需要很多的人员,有利于集中精力抓好关键质量问题,但它存在一定的风险。

(2)确定何时、何地检测。通常,在制造业中,检测可以从以下 6 处实施:当供应商在生产时在其厂检测、从供应商处收到货时在自己厂里检测、在不可逆转的工序之前检测、依次在生产工序里检测、完工产品检测、装运之前检测。在有条件的地方,还应该尽量采用源头检测的方法,即在有可能产生缺陷之前检测。

(3)考虑是采用计数值检测还是采用计量值检测。前者是将产品简单地分成合格品和不合格品,并不标出缺陷的程度。后者则需要设置一个可接受的偏差范围,然后衡量诸如重量、速度、尺寸或强度等指标,看是否落在可接受的范围内。任何样本在一定的范围之内是可以接受的,在一定范围之外则是不可接受的。

(四)库存控制

与企业物料采购相关的另外一项需要控制的是库存,对库存的控制不仅仅可以提供准确的关于采购数量和采购时间等信息,更重要的是通过对库存的控制,可以减少库存,降低各种占用,提高经济效益。进行库存控制可以首先借助 ABC 分类法确定不同库存物资控制的重要程度。通过对企业所有库存物资进行分析、计算,把物资分成 A、B、C 三类,然后实施不同的管理:对 A 类物质应受到最严格的控制,因为 A 类物资的数量非常少,却占用了大量的资金;对 B 类物质进行一般的控制;对 C 类进行最少的控制,因为它们占用资金很少,可以通过简单设置订货点的方式进行控制。

三、审计控制

审计是由审计部门和人员根据有关的法律、法规制度对管理活动进行监督、审核的过程。根据审计主体的不同,可把审计分为外部审计和内部审计,按照审计的对象不同,可把审计分为财务审计和管理审计。

(一)财务审计

财务审计是以财务活动为中心内容,以检查和核实账目、凭证、财物、债务以及结算关系等为主要手段,以判断财务报表中各项记录正确无误、合理合法为目的的控制方法。因此,财务审计在控制支出的合理性、保证本单位财产、严格管理会计工作、改进本单位财务状况等方面具有积极作用。财务审计的主要方法包括审计检查法、审计调查法、审计分析法和抽样审计法。

(二)管理审计

管理审计是一种对企业所有管理工作及其绩效进行全面系统的评价和鉴定的方法。管理审计虽然也可组织内部的有关部门进行,但为了保证某些敏感领域得到客观的评价,企业通常聘请外部的专家来进行。管理审计主要内容包括以下几点。

(1)熟悉被调查单位或部门的组织、人事、业务性质、管理制度、业务操作程序及领导关系等。

(2) 确定需要获取的资料。
(3) 查明各种业务记录,如单据、合同、函电、规章制度、账册、会议记录、总结报告等。
(4) 向各级管理人员和员工调查,完成书面记录。
(5) 核实所得资料并进行分析,形成清晰的调查记录。

(四)内部审计与外部审计

1. 内部审计

内部审计简称内审,是由单位内部审计部门和人员进行审计的过程。内部审计由于情况较特殊,一方面能针对本单位情况加强监督、审核,另一方面还能提出有关建议以利于加强控制。内部审计应加强制度化、经常化建设,以充分发挥审计部门和专职人员的作用。内部审计虽局限于对会计账户的审核,但就其最有用的方式而言,内部审计包括对经营活动的全面评价,即按预计的成果来衡量实际的成果。因此,内部审计人员除了使本身确实弄清楚会计账户是否反映实际之外,还要对政策、程序、职权行使、管理质量、管理方法的效果、专门问题以及经营的其他各个方面做出评价。

2. 外部审计

外部审计简称外审,是由外单位的审计机构(如会计事务所)和专业人员对本单位的财务和管理进行审计的过程。外部审计的特点是审计人员在行政隶属上与本单位没有依附关系,因此可以更公正地对待审计对象,按章办事,但是由于时间和其他因素的限制,外部审计可能会由于情况不熟悉、人员不熟悉等而遇到一些困难,达不到预期的控制效果。

四、其他控制方法

除了前面介绍的控制方法外,还有许多控制理论和方法或与控制相关的理论和方法,本书主要介绍标杆管理和平衡积分卡的理论和方法。

(一)标杆管理

标杆管理是以在某一项指标或某一方面实践上竞争力最强的企业或行业中的领头企业或其内部某部门作为基准,将本企业的产品、服务管理措施或相关实践的实际状况与这些基准进行定量化的评价、比较,在此基础上制定和实施改进策略和方法,并持续不断反复进行的一种管理方法。标杆管理设定的目标应该是既具有一定的挑战性,又具有相当程度的可行性。由于标杆管理与控制的内容和性质非常相似,因此,可以将标杆管理看成一种控制方法。

标杆管理包括以下几个步骤。

(1) 确定标杆管理的项目、对象,制订工作计划。
(2) 进行调查研究,搜集资料,找出差距,确定纠偏方法。
(3) 初步提出改进方案,然后修正和完善该方案。
(4) 实施该方案,并进行监督。
(5) 总结经验,并开始新一轮的标杆管理。

标杆管理虽然帮助很多公司取得了成功,但是也存在不足。一是标杆管理会引起本企业与目标企业全面趋同,失去推行差异化战略的机遇。二是容易使企业落入"落后—推行标杆管理—再落后—再推行标杆管理"的恶性循环中。事实上,在落后的情况下,跨越式的战略比追赶式战略可能更有效。

(二)平衡积分卡

平衡积分卡不仅可以用作企业绩效评估方法,而且可以用作战略管理方法,同时它还是一种企业控制工具。

在平衡积分卡中,企业不仅要关注财务指标,而且要重视组织的运营能力;企业不仅要关心短期目标,而且要考虑长期战略发展。如图6-8所示,企业战略处于核心位置,财务、顾客、内部经营过程、学习和成长环于四周,构成一个管理系统。

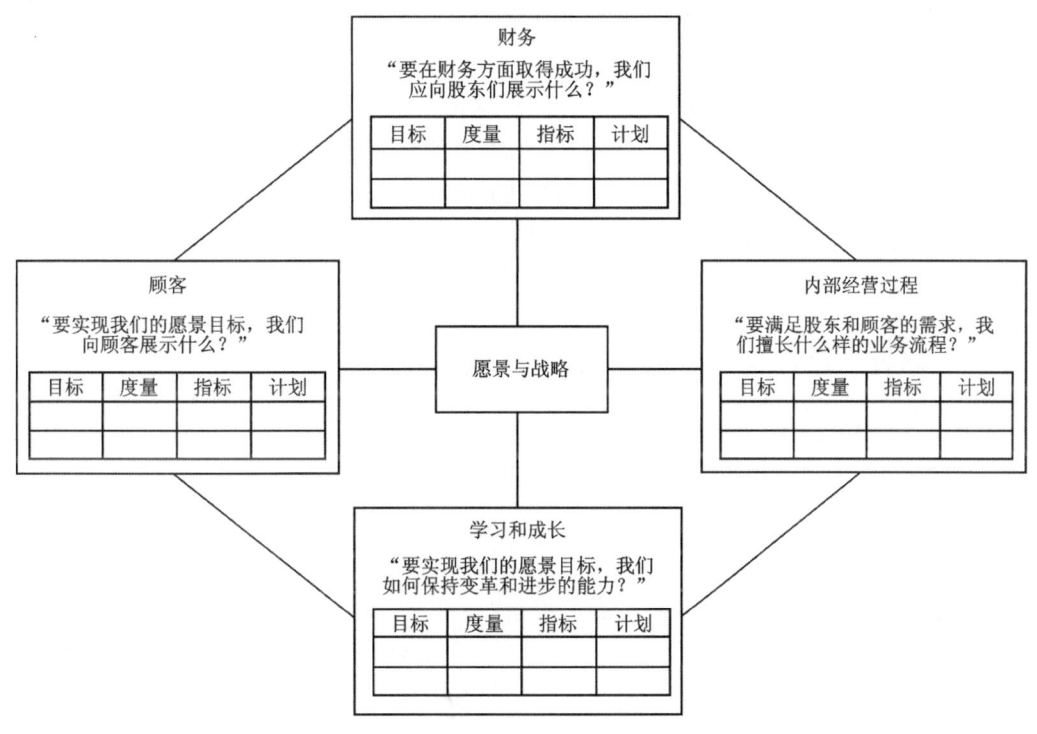

图6-8 平衡计分卡控制图

在财务方面,平衡积分卡包含了传统的财务指标,如现金流、投资回报率等指标。在顾客方面,平衡积分卡包含了市场份额、客户回头率、新顾客获得率、顾客满意度等指标。在内部经营过程方面,要根据顾客的需求,按照"调查研究—寻找市场—设计和开发产品—生产制造—销售与售后服务"的顺序来创造流程。内部经营过程的指标常常有成品率、次品率、返工率、新产品销售额在总销售额中所占比例、开发新产品所用的时间、对产品故障反应的速度等。在学习和成长方面,最重要的因素是人才、信息系统和组织程序。企业可以通过改善企业内部的沟通渠道、强化员工的教育和培训、调动员工的积极性、提高员工的满意度等措施来促进员工的学习和成长。学习和成长方面的指标通常有培训支出、培训周期、员工满意度、员工流失率、每个员工提出建议的数量、被采纳建议在总建议中所占的比重、被采纳建议所产生的效果等。

第五节 管理控制的信息技术

信息是与劳动力、土地、资本、企业家一样重要的生产要素,信息流与商流、物流、资金流都是组织发展机制的重要组成部分。随着全球化、信息化和网络化的不断发展,个人生活和组织运营领域已经发生了翻天覆地的变化。运用信息技术进行管理控制的重要性与日俱增,可行性越来越高。

信息技术是当今世界发展最快的技术领域,信息技术的快速发展极大地推动了其他产业和领域的快速发展,信息技术在管理控制中的作用也越来越大。经过多年的发展,信息技术在企业价值链各个环节的管理和控制都获得了广泛的应用。主要表现在:第一,供应链管理信息化(SCM);第二,生产过程信息化,如计算机辅助设计(CAD)、计算机辅助制造(CAM)、物料需求计划(MRP)、制造资源计划(MRPⅡ)、集散控制系统(DCS)等;第三,营销与服务信息化,如客户关系管理(CRM)等;第四,管理过程信息化,如电子数据处理系统(TPS)、管理信息系统(MIS)、企业资源计划(ERP)、办公自动化系统(OA)、决策支持系统(DSS)、经理信息系统(EIS)等。

一、信息技术在管理控制中的作用

随着信息技术的迅速发展和广泛应用,管理控制的内容和手段得到了极大丰富,控制效率和效果也得到极大改善,信息技术已成为现代管理控制的一个重要组成部分。

首先,信息技术提升了管理信息的处理速度与质量。近年来,计算机技术和互联网的快速发展,使得传统的信息收集和处理手段得到极大改善,尤其是远程数据的采集、瞬时传递和处理方面,已基本消除了传统的地域限制问题,使管理者能够实时了解全球范围内事关组织发展的各种变化,并及时采取相应的应对措施。同时,借助于管理信息系统,组织可以便捷地收集、存储、处理、提取和传递各种管理信息,甚至利用专门的处理程序进行信息处理和加工,得出合乎逻辑的结论,供管理控制使用。

其次,信息技术丰富了管理控制的方法手段。信息技术的发展,各种软硬件的不断涌现,使信息技术在管理控制中的应用越来越广泛。企业的物料需求计划、生产资源计划、项目成本核算、库存控制与采购、工程设计、仿真和大数据管理与处理等方面都可以借助信息技术来更好地实现其控制目的。同时,信息技术拓宽了组织的传统控制领域,将供应商、经销商和顾客等也纳入了组织管理和控制的范围,从而更有利于组织目标的实现。

最后,信息技术改善了管理控制的效果。借助互联网、无线通信和移动商务等技术,管理者可以方便地实现对组织工作的实时和异地监控,及时发现问题查询原因并采取矫正措施。这样既可以提高管理控制的时效性,又可以降低管理控制的成本,使组织及时应对内外环境的变化,合理调整经营目标和经营计划,赢得更广阔的市场和更好的经济效益。

二、现代控制的信息技术方法

现代信息技术的飞速发展,极大地促进了组织管理的信息化和管理控制的现代化。实践中用于管理控制的信息技术方法多种多样,应用领域遍布管理控制的各个层面,在此从组织管理层次及其发展历程角度,简要介绍几种常见的现代信息技术类型。

1. 电子数据处理系统(electronic data processing systems,EDPS)

电子数据处理系统亦称交易处理系统(transaction processing system,TPS),主要用于运营层的管理控制,用来处理日常的、循环的业务事件,处理的通常是一些具体的电子数据。例如,记录收入和支出账目以及工资发放总额等。

电子数据处理系统的特点是,能迅速且有效地处理大量数据,进行严格的数据整理与编辑,保证输入、处理和输出的完整性和准确性,逻辑关系简单,并能支持多用户使用。它充分利用了计算机对数据进行快速运算和大量存储的能力,可以减少业务人员的重复性劳动。组织中各部门都可以运用该系统构建自己的独立系统或子系统,如订货系统、库存系统、销售系统、薪酬系统等。

2. 管理信息系统(management information system,MIS)

管理信息系统是一个旨在支持管理人员履行其职能,以及时、有效的方式来收集与分析和传递组织内外部信息的系统。它是由大容量数据库支持,并以数据处理为基础的计算机应用系统。管理信息系统基于系统观点,把分散的信息组成一个比较完整的信息系统,极大地提高了信息处理效率,可以为组织中各层次、各部门服务。

管理信息系统通常由4个部分组成:第一,EDPS部分,主要实现数据收集输入,数据库的管理、运算、查询、报表输出等;第二,分析部分,主要实现数据的深加工,如运用各种管理模型和定量化分析手段对组织的经营情况进行分析;第三,决策部分,以解决结构化的管理决策问题为主,为高层管理者提供一个最佳决策方案;第四,数据库部分,主要用于数据文件的存储、组织、备份等,是管理信息系统的核心部分。

管理信息系统是典型的人机结合的辅助管理系统,管理和决策的主体是人,系统是辅助性的工具。数据信息是系统运作的驱动力,只有保证完整的数据资料采集,系统才能有效地运作。

3. 决策支持系统(decision-making support system,DSS)

决策支持系统是以管理科学(如运筹学、控制论等)和行为科学等为基础,以计算机技术、仿真技术和信息技术为手段,针对半结构化的决策问题支持决策活动的、具有智能作用的人机系统。该系统能为决策者提供决策所需的数据、信息和背景材料,帮助组织明确决策目标、识别问题,建立模型,提供各种备选方案,并对各种方案进行评价,通过人机交互功能进行分析、比较和判断,为正确决策提供必要的支持。例如,决策者利用该系统可以在几天之内,而不是几个月之后,就可以了解贴现率上升是如何影响公司销售的。

从概念结构看,决策支持系统由会话系统、控制系统、运行及操作系统、数据库系统、模型库系统、规则库系统和用户组成。决策支持系统运行过程为:用户通过会话系统输入要解决的决策问题,会话系统把输入的问题传递给问题处理系统;然后问题处理系统开始收集数据信息,并根据知识库中已有的知识来判断和识别问题;识别后,会话系统会与用户进行交互对话,直到问题得到明确;之后,系统会搜寻问题解决的模型,通过计算推理得出方案可行性的分析结果,并将决策信息提供给用户。

决策支持系统的特点是:系统的用户就是决策者,可以用固定的模型和方法来解决半结构化的决策问题。该系统强调支持的概念,目的是帮助决策者做出更加科学的决策。但需要人机的交互作用,一个问题的决策需要经过反复的、大量的人机对话。因此,决策者的因素如个人偏好、经验、价值观、判断能力等会对决策的最终结果产生重要影响。

近年来,信息控制系统又有新的发展,比如为高层管理者服务的经理信息系统(economic information system,EIS)、经理支持系统(executive support system,ESS)、战略信息系统(strategic information system,SIS),以及将组织与供应商、客户和其他合作伙伴进行关联的集成系统。这些技术在提升组织的运作效率和竞争力等方面都发挥了很重要的作用。

第六节 全面质量控制

控制作为管理职能的最后一个步骤,是 PDCA 中 C 到 A 的过程,其目的在于确保战略的执行与反馈。全面质量控制(total quality control,TQC)作为管理控制的一种类型,通过整合组织中与质量相关的活动,寻求质量和绩效的改善,以满足客户的期望。

一、质量管理的发展历程

质量管理的发展历程经历了质量检验、统计质量控制与全面质量控制 3 个阶段(图 6-9)。质量管理起源很早,可以说自从历史上有了手工业生产就出现了质量管理,只不过此时的质量管理还没有从生产运营管理中分离出来,产品的生产者同时肩负着产品质量检验的职责。

20 世纪初至 30 年代的工业革命时期,质量检验从生产运营中分离出来而成为一项单独的管理职能,这阶段质量检验主要关注于最终产成品的合格与否。例如:泰勒在福特汽车公司推行了科学管理,引入了产品检验工作,从而确保产品质量符合标准,这一改变为后来的质量管理奠定了基础。

质量检验作为一种事后控制,虽然使最终产品的质量有了保证,却不能解决生产过程中质量差、成本高的问题。为此,质量管理的重点从事后检验转向对生产过程进行控制,进入了统计质量控制阶段。该阶段的代表人物是美国贝尔实验室的休哈特博士,他引入数理统计方法和质量控制技术对生产过程中影响产品质量的各种因素实施质量控制,从而提高了产品的质量稳定性。

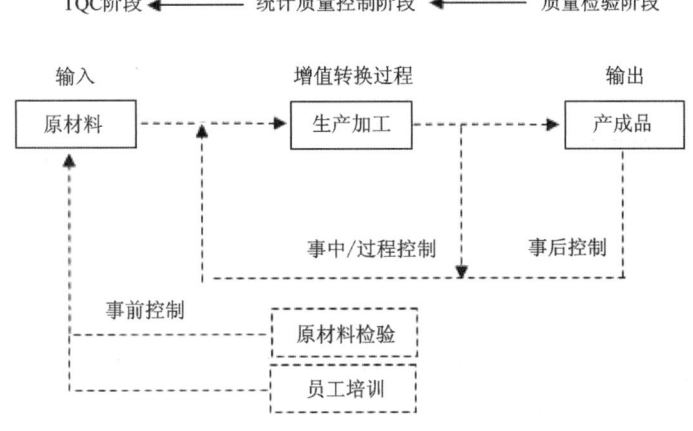

图 6-9 质量管理发展的各阶段及其特点

统计质量控制作为一种事中/过程控制,通过提前发现和纠正生产过程中潜在的质量问题,从而有效降低了产品不合格品率,提高了生产效益,但由于其过分强调统计方法,忽略了其他管控方法,且统计方法应用过于复杂,难以推广。同时统计质量控制重点只停留于工序质量,导致预防思路不开阔。为了解决上述问题,质量管理因此进入到 TQC 阶段。该阶段的特点是将质量控制的重点从产成品和生产过程扩展至整个组织的运作中。该阶段的代表人物是美国通用电气的质量工程师费根堡姆,他从系统的角度认为质量控制不仅要关注产成品质量,还应包括设计、采购、生产和使用等多个环节的质量,通过实现全员质量管理,提高客户满意度和企业绩效。

二、全面质量控制的理论基础

1. 质量控制理论概述

控制是管理的基本职能,质量管理也包括质量控制过程。一般而言,控制过程必须具备 3 个条件:①明确的控制目标或标准;②监测过程的实际状态与控制目标或标准之间的偏差;③纠正偏差的手段或措施。所以,广义上的质量控制就是组织确立系统过程的质量目标,监测系统质量过程的状况以及纠正质量过程偏离质量目标的质量管理活动。

2. 质量控制的原理

一般地,组织往往是多任务、多目标系统,因此对组织系统中质量过程的控制必然要求对相关的内部过程网络加以控制,以协调组织系统各部分的功能,最终达到组织的质量目标。组织质量控制也是基于 3 个基本原理:①质量控制就是控制和协调系统质量过程以及系统的输入与输出;②确定系统质量过程输出的控制标准;③纠正系统质量过程实际输出与控制标准之间的偏差。

3. 质量控制的类型

质量控制的类型如表 6-5 所示。

表 6-5　质量控制的类型

控制类型	特点
目标控制和过程控制	为了确保组织的目标以及为此制订的计划能够得以实现,预先确定标准或目标,以此测量、监视和评价组织活动,并对偏差进行纠正,最终实现组织的预期目标。现代质量管理理论突出强调对影响目标的过程因素进行控制的重要性,从对组织目标控制转向对组织实现目标的过程控制,即从控制结果转变为控制过程
反馈控制和前馈控制	反馈控制是质量控制的基本过程。其实质与物理系统、生物系统和社会系统中控制的基本过程是相同的,即系统将偏离标准的变异信息输入,通过反馈输入进行自我控制并引发纠正措施。有效的质量控制系统必须有一定的预测未来的能力,并以未来作为控制参照系进行质量控制过程,由此产生了质量控制过程的前馈控制
全面控制和重点控制	对组织系统的所有过程进行全面控制,同时又对重点过程进行控制,包括对重点过程中主导因素的控制
程序控制、跟踪控制和自适应控制	程序控制是以预先设定的程序为标准对过程进行的控制;跟踪控制是以控制对象预先设置的先行变量为标准对过程进行的控制;自适应控制是以系统前期状态参数为系统当期控制依据的动态过程控制
内部控制和外部控制	内部控制是指发出控制信号的信号源、控制过程和控制结果都局限在系统之内的控制过程;外部控制是指控制信号的输入来自系统外部,作为控制过程的结果输出系统之外的控制过程
统计控制、技术控制和管理控制	统计控制是基于统计理论的控制,技术控制和管理控制即采用技术与管理手段的控制;一个完整的控制过程往往是三者的有机结合

三、全面质量控制的含义

TQC 这一概念最早是由美国的费根堡姆提出的,他认为 TQC 是为了能够在最经济的水平上并考虑到充分满足顾客要求的条件下,进行市场调研、设计、制造和售后服务,把企业内各部门的研制质量、维持质量和提高质量的活动构成为一种有效的体系。作为一种综合、全面的经营管理方式和理念,TQC 在后续各个国家的推广和应用中得到进一步的扩展与深化,逐渐由早期的 TQC 演化成为 TQM(total quality management),日本则称其为公司范围内的质量管理(company-wide quality control,CWQC),但其实质内容是相同的。国际标准化组织 ISO 9000 系列标准中将 TQC 定义为:以质量为中心,以全员参与为基础,目的在于通过让顾客满意和本组织所有者、供方、合作伙伴或社会相关方受益而达到长期成功的一种管理途径。

从上述定义中可以看出,TQC 强调以下几个方面的思想。

(1)预防为主,不断改进。从系统的视角,TQC 认为优异的产品质量是设计和生产制造出来的,而不是事后检验决定的。事后检验面对的是既成事实的产品质量。因此组织管理工作的重点应从"事后把关"转移到"事前预防"上来,从管结果变为管因素。

(2) 为顾客服务的思想。顾客有内部顾客和外部顾客之分。外部顾客可以是最终的顾客,也可以是产品的经销商或再加工者;内部顾客则是企业的部门和人员。实施TQC要求组织的各个工作环节都必须树立为顾客服务的思想,内部顾客满意是外部顾客满意的基础。

(3) 全面质量。这里的"全面质量"是指TQC中所涉及的质量是一个广义的质量概念,它不仅代表产品质量,还包括了生产成本、交货期和售后服务质量。

(4) 全员参与。这里的全员参与是指参与TQC活动的主体不仅涉及组织品管部门的员工,它需要组织全体员工的参与,特别是组织的最高管理者。

(5) 全部过程。即意味着不仅要对产品质量形成的市场调查、设计开发、生产、销售与售后的全部过程进行控制,还要对每个员工的工作质量形成过程进行控制,以此来保证产品质量过程的合格。

四、全面质量控制的基础性工作

组织要有效实施TQC必须要做好一系列的基础性工作,这些基础性工作的好坏决定了组织TQC的水平,也决定了组织能否面向市场长期地提供满足顾客需要的产品。TQC的基础性工作包括标准化工作、计量工作、质量信息工作、质量责任制和质量教育工作。

1. 标准化工作

我国国家标准 GB/T 20000.1—2014 中对标准所下的定义为:为了在一定范围内获得最佳秩序,经协商一致制定并由公认机构批准,为各种活动或其结果提供规则、指南或特性,供共同使用和重复使用的一种文件。对标准化的定义为:就是在经济、技术、科学及管理等社会实践中,对重复性事物和概念,通过制定、发布和实施标准,达到统一,以获得最佳秩序和社会效益。通俗地讲,组织的标准化工作就是制定标准、宣传标准、实施标准及完善标准的过程。标准化工作使包括质量管理在内的企业经营管理活动建立了一定的秩序,使企业各部门相互提供的条件符合各自的要求,使各生产环节的活动协调一致,使企业的各种经济活动遵循共同的准则,使复杂的管理工作得以系统化、规范化和简单化,保证企业的经营管理活动能够高效、准确、连续不断地进行。

2. 计量工作

计量是关于测量和保证量值统一和准确的一项重要的技术基础工作。企业计量工作的重要任务,是以统一计量单位制度,组织量值正确传递,保证量值统一为目的基础工作。没有单位制度和量值的统一,工艺过程就不能正常控制,生产就无法进行,制定和贯彻技术标准与提高产品质量就只能是一句空话。

3. 质量信息工作

质量信息指的是反映企业产品质量和产供销各个环节工作质量的基本数据、原始记录以及产品使用过程中反映处理的各种情报资料。影响产品和服务质量的因素是多方面的,搞好质量管理,提高产品和服务质量,关键是要对来自各方面的因素有个清晰的认识,做到心中有数。因此,质量信息不仅是进行质量方面决策的依据,也是进行质量控制的基本依据,还是开展 TQC 的一项重要资源与基础。

4. 质量责任制

建立质量责任制是企业建立经济责任制的首要环节,是企业开展 TQC 的基础工作。通过质量责任制可以明确每个员工在质量管理工作中的具体任务、职责与权限,以便做到质量工作人人有专责、事事有人管、办事有标准、工作有检查、考核有奖罚。把同质量有关的各项工作和企业全体的积极性与责任心结合起来,形成一个严密的质量管理工作系统。一旦发现质量问题,可以追查质量责任,总结经验教训,更好地保证并提高产品和服务质量。

5. 质量教育工作

人是生产力三要素中起能动作用的要素,产品质量的好坏,归根到底取决于企业员工的质量意识与技术水平,取决于各部门的管理水平。因此开展 TQC 活动必须从提高员工的综合质量素质着手,把质量教育作为"第一道工序"。

五、全面质量控制的实施

TQC 的基本原则:①以顾客和利益相关方为关注焦点;②组织中每位成员的参与和团队协作;③通过持续改进和学习来改进过程。如图 6-10 所示,企业想要有效实施 TQC,除了要遵循相应的 TQC 基本原则、完善 TQC 的基础性工作之外,还需要采用相应的程序与工具。

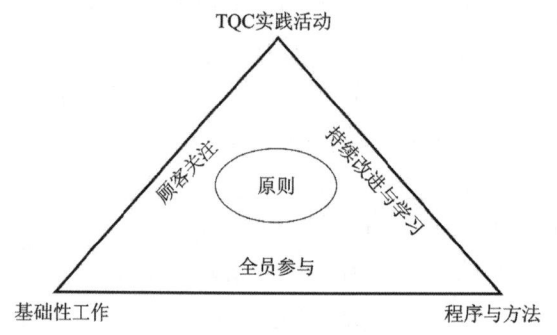

图 6-10　TQC 的范畴

1. TQC 的工作流程

TQC 是可持续改进的质量管理模式,其最基本的工作程序就是 PDCA 循环,又被称为戴明环(图 6-11)。

计划阶段(plan,P):在该阶段需要确定方针、目标以及制订活动计划。执行阶段(do,D):这一阶段涉及具体运作,实现计划的内容。检查阶段(check,C):该阶段总结执行计划的结果,厘清对错,明确效果并找出问题。处理阶段(action,A):这一阶段对检查的结果进行处理,对成功的

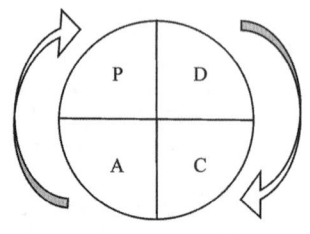

图 6-11　PDCA 循环示意图

经验加以肯定并进行标准化或制成作业指导书,便于员工在以后的工作中遵循,对于失败的教训也要总结并给出改进方法,以免问题重现。同时现阶段无法解决的问题转入下一个 PDCA 循环去解决。

PDCA 循环将一个管理过程分解为 4 个阶段,依次进行,周而复始,形成一个管理的闭环,从而实现管理绩效的持续改进。它不仅是实施 TQC 的工作程序,也是企业管理的基本工作方法,还是组织持续改进绩效的必由之路。

2. TQC 实施的常用工具方法

质量管理中经常需要不同的方法来解决实践中出现的质量问题。其中,7 种常用质量工具在 TQC 实施中对于解决质量问题和数据组织方面发挥着重要作用。

(1)流程图。流程图就是将一个过程(如工艺过程、检验过程、质量改进过程等)的步骤用图的形式表示出来的一种图示技术。借助流程图可以帮助我们对于需要改进的过程有个宏观的了解。

(2)检查表。检查表是用来系统地收集资料和积累数据,确认事实并对数据进行粗略整理和分析的统计图表。它能够促使我们按统一的方式收集资料。

(3)直方图。直方图是频数直方图的简称,是一种用来分析处理质量数据的图示工具。通过搜集随机样本数据,采用区间数据形成的矩形来呈现。通过直方图可以分析数据的分布与形态,从而清楚地看到质量波动的情况。

(4)散布图。也是用来分析数据,研究成对出现如(x,y)为一对的两组相关数据之间关系的简单图示工具。借助散布图可以发现、显示和确认两组相关数据之间的相关程度,并确认其预期关系,常在质量改进活动中应用。

(5)控制图。是一种有控制界限的图,用来区分由异常或特殊原因引起的质量波动,并使过程处于受控状态。

(6)因果图。又叫鱼刺图,是表示质量特性波动与其潜在原因关系,即表达和分析因果关系的一种图表。因果图有助于找到问题的症结所在,然后对症下药,解决质量问题。

(7)排列图。又叫帕累托图,它是基于帕累托原理(又叫 20/80 法则)分析和寻找引起质量问题主要因素的一种工具。质量问题常常会引发各类缺陷,然而最主要的缺陷一般是由少数的几个关键问题引起的,从高到低排列图是一个简单的图形频率缺陷图,从中找出关键的少数问题,消除这些关键的少数问题可避免大的损失产生。

这 7 种工具在实际应用中应遵循如图 6-12 所示的使用逻辑。

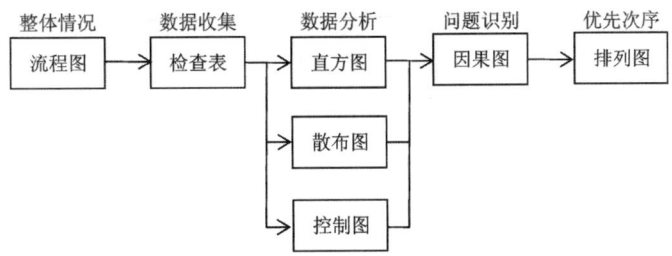

图 6-12 质量管理 7 种工具的使用逻辑

第七节　风险控制与应急管理

一、风险控制的内涵

风险控制是管理和减少可能影响目标实现的不确定事件或条件的过程。在个人、组织和社会层面，风险控制是一种关键的管理实践，旨在识别、评估和应对可能导致损失或不利影响的风险因素。

首先，风险控制的定义涵盖了多个关键要素。它包括对风险的认知和理解，即对可能发生的不确定事件或条件进行识别和评估。这个过程不仅限于识别风险，还包括制定和执行措施来减少风险的概率或影响力，从而保护个体、组织或整个社会免受潜在的威胁。其次，风险控制的内涵体现在多层次和多方面。它不仅仅是管理风险事件发生的可能性，还包括对风险事件的后果进行评估，并制订相应的控制策略和应急计划。这涵盖了风险的识别、评估、监控和响应的全过程管理，确保在面对风险时能够迅速、有效地应对和调整。

风险控制的特点在于其灵活性和综合性。风险控制需要适应不同的环境和情境需求，采取多样化的策略和方法，以应对各种类型的风险，如金融风险、健康风险、环境风险等。在实施风险控制时，需要综合考虑各种因素，如成本、资源、时间、利益和社会影响，以便在风险管理的过程中取得最佳平衡。此外，风险控制还强调持续性和迭代性。风险是动态的，随着时间和环境条件的变化而变化。因此，风险控制不是一次性的活动，而是一个持续不断的过程，需要定期审视和更新风险评估，以确保控制措施的有效性和适应性。

总体而言，风险控制是一种战略性和操作性并重的管理实践，其目标是通过有效的风险管理策略和措施，最大限度地减少不确定性对目标实现的负面影响。通过系统地识别、评估和管理风险，个人、组织和社会能够更加安全、稳定和可持续地运作和发展。

二、风险控制类型和方法

风险控制的类型和方法主要可以分为以下几种。

（一）风险规避

风险规避指通过采取措施来完全避免可能导致风险发生的活动或决策，从而减少风险对组织的潜在影响。这种方法的核心在于识别潜在的风险源，并通过不同的策略来规避这些风险。风险规避并非仅仅是回避风险，而是在不牺牲业务目标的前提下做出明智的决策，以确保组织的长期健康和可持续性。企业可能会避免进入某些高风险市场，或者停止提供某些高风险产品或服务。在 2008 年金融危机之后，很多金融机构开始审视其风险规避策略。例如，摩根大通在危机爆发前采取了大量的风险规避措施，包括削减次级抵押贷款的投资并提高贷款标准。这些措施使得摩根大通相对于其他同行在危机中表现得更为稳健。

风险规避的关键步骤包括：①风险识别和评估。组织需要进行全面的风险评估，识别可能的风险来源和其潜在影响;②决策和计划。根据评估结果,制订决策和计划,明确哪些风险可以通过规避来减少其影响;③实施和监控。将规避策略纳入日常业务操作中,并持续监控市场和环境变化,以及潜在风险的重新出现。

(二)风险减轻

企业通过采取措施来减少风险的概率或影响力。企业可以投资新的安全技术或加强员工的培训来减少数据泄露的风险。例如在信息安全方面,谷歌采取了多种风险减轻策略来应对数据泄露风险。他们通过加强内部的数据安全措施,采用先进的加密技术保护用户数据,并定期对系统进行安全审计和漏洞修复。这些措施有效地减少了数据泄露事件的风险。

风险减轻的关键步骤包括:①风险识别和评估。确定具体的风险及其潜在影响,为风险减轻策略的制订提供数据支持;②技术和流程改进。投资于技术设施的更新和升级,改进业务流程以提高风险管理能力;③持续监控和评估。定期审查风险减轻措施的有效性,并根据需要进行调整和优化。

(三)风险转移

风险转移是指企业将风险转移给第三方,通常是通过购买保险或签订合同来实现。这种策略并不会减少风险的发生概率,但可以减少风险事件发生后的损失。例如,企业可以购买业务中断保险以应对突发事件可能带来的收入损失。例如,2017年马拉松鞋制造商耐克因供应链中的风险问题而选择了风险转移策略。他们与供应链中的关键供应商签订了长期合同,并要求这些供应商承担一定程度的责任和风险。这种风险转移策略帮助了耐克在面对供应链中的突发问题时更为从容。

风险转移的关键步骤包括:①风险评估,识别和评估风险,确定哪些风险可以通过转移来减少其影响;②选择合适的转移方式,根据风险的性质和组织的需要,选择合适的保险产品或合同类型;③合作与管理,与保险公司或合同方建立良好的合作关系,并确保合同条款清晰明确,覆盖组织的核心风险。

(四)风险接受

风险接受指企业对某些风险的认可和接受,通常发生在风险的潜在损失较小或控制成本较高时。这种策略意味着企业认为风险的发生概率较低或后果较轻,可以接受其发生而不采取进一步的控制措施。例如某些初创企业在初始阶段可能会选择接受一定的市场风险,以迅速验证其商业模型和产品市场适应性。虽然这会带来一定的商业风险,但在部分情况下,通过快速反馈和迭代,企业能够更快地适应市场需求。

风险接受的关键考量包括:①风险评估和损失预期。对风险潜在的损失进行合理预估,确定组织能够接受的风险程度;②资源分配与管理。分配资源来处理更紧迫或更高优先级的风险,同时接受对资源的潜在影响;③监控和调整。定期评估风险情况,确保组织仍能承受接受的风险水平,并根据需要调整策略。

绿色可持续发展企业管理学

三、应急管理

应急管理是一种组织和管理资源来应对突发事件或灾难的系统性方法。它旨在通过提前准备、灾后响应和恢复重建等阶段，降低灾害对人员、财产和环境造成的损害，并尽可能恢复正常运行。应急管理的核心在于预测和准备，以便有效地应对各种紧急情况，从自然灾害到技术事故，再到人为事件。应急管理包括预防、准备、响应和恢复4个阶段，其中风险控制是整个过程的基础。

（一）预防阶段

预防是应急管理的首要任务，其目标是通过有效的措施和策略减少灾害或事故发生的可能性和影响。在预防阶段，关键的活动包括：①风险评估与识别，分析和评估可能面临的各种风险和威胁，包括自然灾害、技术事故、人为事件等；②规划和控制措施，制定和实施相关的预防措施，例如建立建筑物结构安全标准、设置火灾安全设备、制定环境保护法规等；③教育与培训，对公众、员工和相关部门进行应急预防的教育和培训，提高灾害和危机意识，增强应对能力。预防阶段的有效实施可以大幅度减少灾害和事故对社会、经济和环境造成的损失。

（二）准备阶段

准备阶段是指在灾害发生前，通过制定详细的应急预案和策略，确保在灾害发生时能够迅速、有序地应对。在准备阶段，关键的活动包括：①制定应急预案，根据风险评估和预测，制定详细的灾害应对预案，明确各种情况下的应急程序和责任分工；②资源准备，预先准备所需的物资、设备和人力资源，确保能够迅速启动应急响应和救援行动；③演练和训练，定期组织模拟演练和实地训练，以检验应急预案的有效性，并提高应对灾害时的协调和执行能力。准备阶段的充分准备可以大大提高应急响应的效率和成功率。

（三）响应阶段

响应阶段是指在灾害或紧急情况发生后，迅速启动应急预案，采取有效措施控制和减轻灾害的影响。在响应阶段，关键的活动包括：①启动应急响应，根据预案立即启动应急响应机制，快速组织和调度救援队伍和资源到达现场；②信息收集和评估，实时收集和评估灾情信息，了解灾害的范围、影响和潜在威胁；③救援和救助，进行生命救援、物资救助和紧急治疗，确保受灾群众的基本生存和安全。响应阶段的及时和有效是保障生命安全和减少灾害损失的关键。

（四）恢复阶段

恢复阶段是指在灾后尽快恢复正常社会秩序和生产生活，最大限度地减少灾害造成的长期影响和损失。在恢复阶段，关键的活动包括：①损失评估和重建规划，对灾后损失进行详细评估,制定恢复和重建的具体计划和措施;②基础设施恢复,重建受损基础设施和设施,包括道路、桥梁、水电设施等,恢复正常的公共服务;③心理援助和社区重建,提供心理健康援助和社区支持,帮助受灾群众重建信心和生活。恢复阶段的成功与否直接影响着灾后社会和经济的可持续发展。

四、应急管理与风险控制

应急管理与风险控制密切相关,两者相辅相成,共同构建了企业或组织应对各类突发事件和灾害的能力。应急管理旨在通过系统化的预防、准备、响应和恢复措施,降低灾害对组织造成的影响,维护正常运营和社会秩序。而风险控制则侧重于识别、评估和处理潜在的危险与风险,以减少其发生的可能性或者降低其对组织的影响。两者的共同目标是通过有效的管理和控制,保障组织的稳定运行和利益最大化。应急管理与风险控制在实践中通过反馈机制的不断完善。灾害和事故的处理经验可以帮助企业优化应急预案和风险管理策略,提升响应速度和效率。同时,风险控制的实施效果也反过来影响应急管理策略的调整和优化,使其更贴合实际情况和组织需求。应急管理与风险控制的良好实施不仅可以保障企业在面对突发事件时的灵活应对能力,还有助于提升企业的可持续发展能力和市场竞争力。通过有效的风险控制和灾后恢复,企业能够减少财务损失、维护公众信任,同时体现出社会责任感,为长期发展奠定基础。综上所述,应急管理与风险控制是现代企业管理中不可或缺的重要组成部分,它们通过相互协调和补充,共同确保了组织在复杂多变的环境中的稳定和可持续发展。企业应当在日常管理中重视风险预防和应急响应的整体策略,以应对未来可能面临的各种挑战和风险。

本章关键术语

控制 controlling
前馈控制 feedforward control
现场控制控制 concurrent control
反馈控制 feedback control
集权控制 centralized control
分权控制 decentralized control
官僚控制 bureaucratic control

应急纠偏措施 immediate corrective action
彻底纠偏措施 basic corrective action
市场控制 market control
团体控制 clan control
全面质量控制 total quality control,TQC
风险控制 risk control
应急管理 contingency management

讨论题

1. 为什么控制在管理中是必需的?控制与计划的关系?
2. 控制可以分为哪些类型?
3. 前馈控制、同期控制和反馈控制有何不同?

4. 控制过程的主要步骤有哪些？如何进行分析与纠偏？

5. 常见的控制方法有哪些？

6. 信息技术的普遍应用对管理控制有哪些影响？为什么？

7. 讨论可以用来监控和测量组织绩效的各种工具。

8. "组织中的每个员工都在控制工作的活动中发挥作用。"你认可这个观点吗？或者你认为控制只是管理者负责的事情吗？请解释。

9. 质量管控中的 PDCA 循环的核心是什么？

10. 当今应急管理受到从政府到地方的高度重视，谈谈你对应急管理的重要性的理解。

案例分析❶

山东港口集团：全面预算管理的探索之路

山东省港口集团有限公司（以下简称"山东港口集团"）作为山东省属国有重要骨干企业，承载着推动山东省乃至全国港口经济发展的重要使命。山东港口集团总部位于青岛，下辖青岛港集团、日照港集团、烟台港集团、渤海湾港口集团四大港口集团，业务范围广泛，涵盖了金控、港湾建设、产城融合、物流、航运、邮轮文旅、装备、贸易、科技、海外发展、职教、医疗等多个领域。

随着企业规模的不断扩大和业务的日益多元化，山东港口集团面临着日益复杂的经营环境和激烈的市场竞争。在这样的背景下，构建一个科学、合理、有效的预算控制体系，对于实现企业的战略目标、优化资源配置、提高运营效率具有重要意义。

一、明确预算控制目标

山东港口集团在构建预算控制体系时，首先明确了预算控制的目标。这些目标包括确保企业各项经营活动的顺利进行、优化资源配置、提高运营效率、降低经营风险、支持企业战略目标的实现等。

二、制定预算控制策略

针对多元化业务的特点，山东港口集团制定了差异化的预算控制策略。对于物流、航运等核心业务板块，集团采用了较为严格的预算控制策略，通过设定明确的预算目标和考核标准，确保这些板块的业务能够按照既定的方向发展。对于金融、海外发展等新兴业务板块，集团则更加注重预算的灵活性和前瞻性，为这些板块提供更大的发展空间和资金支持。

三、建立预算控制组织

为了确保预算控制体系的有效实施，山东港口集团建立了专门的预算控制组织。该组织由集团财务部门牵头，各业务板块负责人共同参与。预算控制组织负责制定预算控制政策、监督预算执行情况、分析预算差异原因、提出改进措施等。

四、完善预算控制流程

山东港口集团还完善了预算控制流程。在预算编制阶段，集团会充分考虑市场环境、竞争态势、企业战略等因素，制订科学合理的预算计划。在预算执行阶段，集团会加强对预算执行的监控和考核，确保预算计划得到有效执行。在预算调整阶段，集团会根据实际情况及时对预算进行调整和优化。

自预算控制体系建立以来,山东港口集团严格按照预算控制流程进行操作。在预算编制阶段,集团财务部门会同各业务板块负责人共同制订预算计划;在预算执行阶段,集团通过定期报告、内部审计等方式对预算执行情况进行跟踪和分析;在预算调整阶段,集团会根据实际情况及时对预算进行调整和优化。

通过实施预算控制体系,山东港口集团取得了显著的效果。首先,预算控制体系确保了企业各项经营活动的顺利进行,为企业的发展提供了有力保障。其次,预算控制体系优化了资源配置,提高了运营效率。通过设定明确的预算目标和考核标准,各业务板块能够更加高效地利用资源,实现业务目标。最后,预算控制体系降低了经营风险。通过加强对预算执行的监控和考核,集团能够及时发现潜在风险并采取措施进行防范和应对。

山东港口集团通过构建科学、合理、有效的预算控制体系,实现了对企业经营活动的全面管理和控制。未来,随着企业规模的不断扩大和业务的日益多元化,山东港口集团将继续完善和优化预算控制体系,以更好地支持企业的发展和战略目标的实现。

案例思考题

1. 山东省港口集团有限公司在多元化业务背景下,如何构建并有效实施预算控制体系?
2. 分析山东省港口集团有限公司预算控制体系与战略目标的关联性,并讨论其对实现战略目标的贡献。

案例分析❷

海南发展银行的风险困境与应对

海南发展银行成立于1995年8月,是海南省唯一一家具有独立法人地位的股份制商业银行。然而,由于不良资产比例大、资本金不足、支付困难等问题,海南发展银行在运营过程中面临了巨大的风险挑战。

一、风险管理问题

不良资产比例大:海南发展银行在成立初期就面临不良资产比例过大的问题。随着时间的推移,这一问题愈发严重,严重影响了银行的正常运营。

资本金不足:由于不良资产的积累,海南发展银行的资本金逐渐不足,无法应对日益严重的支付危机。

支付困难:随着公众对银行问题的认识加深,挤兑行为逐渐增多,进一步加剧了银行的支付困难。

二、风险管理措施

兼并问题信用社:1997年底,按照海南省政府意图,海南发展银行兼并了28家有问题的信用社,试图通过扩大规模来解决问题。然而,这一举措并未能从根本上解决银行的问题。

国家紧急救助:为保护海南发展银行,国家曾紧急调拨了34亿元资金进行救助。然而,由于银行的问题过于严重,这笔资金只是杯水车薪。

关闭与托管：为控制局面，防止风险蔓延，国务院和中国人民银行当机立断，宣布于1998年6月21日关闭海南发展银行。同时，由中国工商银行托管海南发展银行的全部资产负债，以确保储户的权益得到保障。

三、风险管理成效

储户权益保障：通过中国工商银行的托管，海南发展银行的存款得到了妥善处理。自然人存款即居民储蓄一律由工商银行兑付，而法人债权则进行登记，并在清算完毕后按折扣率进行兑付。

社会震动最小化：由于公众对中国工商银行的信任，兑付业务开始后并未造成大量挤兑，大部分储户只是将存款转存至工商银行，现金提取量不多，从而避免了过大的社会震动。

海南发展银行的风险管理案例是一个典型的失败案例。它提醒我们，银行在运营过程中必须高度重视风险管理，确保资本充足、资产优质、支付顺畅。同时，银行还应建立健全的风险管理体系，及时识别和控制风险，避免类似问题的再次发生。此外，政府和监管机构也应加强对银行业的监管和指导，确保银行业的稳健发展。

案例思考题

1.在海南发展银行兼并问题信用社的过程中，银行应如何更有效地评估和管理潜在风险？

2.海南发展银行的风险管理失败给现代银行业带来了哪些启示？

综合案例分析

案例一 从G汽车集团看传统国企如何在变局中求发展

2018年8月,G汽车集团成立60周年的庆典活动正如火如荼地进行。在庆典热闹景象的背后,G汽车集团却正遭遇着一场全行业都在经历着的市场大变革。受宏观经济增速放缓、中美贸易摩擦、消费者信心下降、房地产挤出效应等多重因素综合影响,2018年汽车市场整体增速由正转负,曾经傲视全球的中国汽车市场首次呈现出低迷的状态。在汽车市场遭遇重大转折的关键点上,如何在变局中求稳定求发展,成为摆在公司面前的一道难题。

一、市场低迷,如何应对?

近年来,中国一直是全球汽车市场发展的重要引擎,新车销量全球第一、新能源销量遥遥领先、二手车市场方兴未艾。但2018的车市却是极具挑战和震荡的一年,市场政策频出,汽车销量突然下降,车主人群迭代,让竞争激烈的市场又充满了变数。

2018年我国的汽车市场首次出现负增长,再加上部分车企产能过剩,市场竞争更加激烈。过去车企在做规划时,只需确定重点发展的整车类型和具体车型,然后上产品,最后以产销数量见分晓。而现在,发展领域拓宽了,不仅需要发展传统汽车产业,还需发展新能源汽车,把创新作为重点,在汽车的低碳化、信息化、智能化上下工夫,同时还要在汽车后市场进行产业链延伸。

2018年新能源汽车的发展也开始走向成熟。虽然新能源汽车在成长过程中伴随着各种争论,但不可否认的是,发展新能源汽车的大方向是正确的,中国新能源汽车正在走向成熟,比亚迪、北汽、江淮、精进电动、科力远、特锐德等企业在新能源汽车领域已取得了突破性进展。"十三五"期间,国家对于汽车行业的政策还会继续调整,把企业进一步推向市场,如准入政策的放开、补贴政策的退坡、合资政策的改变等。

面对波谲云诡瞬息万变的汽车市场,G汽车集团该怎么接招?

二、转型升级,势在必行

G汽车集团有限公司成立于2015年,集团经历了拖拉机时期、微车时期及集团化运作时期,公司业务涵盖汽车零部件及发动机制造、客车及改装车制造、汽车服务与贸易。由于技术老旧,供应商单一,在市场大环境冲击下G汽车集团的零部件业务面临经营困境。

该怎么样带领集团走出困境？公司上至董事长下至普通员工没少费脑筋，作为战略规划部总监的老李也一直在琢磨这件事。在一次研讨会上大家争得不可开交时，老李"噌"地一声从座位上站起来，大声地说："大家别吵啦，听我说一说。传统汽车的赛道已经很拥挤啦，咱现在进去已经竞争不过别人了！咱们同行都在开始造新能源车，尝试汽车金融、汽车贸易、汽车后市场等新业务，这些新领域才是咱们弯道超车的机会！只有布局新业务，才能找到咱自己的竞争优势，否则只能慢慢被市场淘汰。"

老李的发言完后，全场安静了，董事长也站起来，沉着冷静地说："客观地来说，新能源汽车产业是典型的短时间、大资金运作模式，而我们集团靠自身滚动发展，积累的资金有限，支撑不了新能源整车业务。况且新能源汽车关键总成技术路线多、更新换代快，咱们集团从事新能源开发的研发人员仅10多人。我们自身有经营困境，且已经在新能源产业方面落后于竞争对手，咱要想单纯依靠自身积累发展已无可能。但老李有一点说得对，那就是我们得求变！危机也是转机，市场环境不好逼着我们变，那我们就积极的迎接变化，不能因为困难多我们就不去改变，咱企业要想发展不是都得经历困难吗？我支持老李，发展新业务，造我们自己的车，这事儿不能再等了！"董事长说完，在场所有人陷入了沉思，但慢慢有几个人表态赞同董事长的观点。

又经过了一次次激烈的辩论，集团高层们都达成了一致共识：如果故步自封，那么G汽车集团无法参与激烈的市场竞争，只能靠吃政府补贴勉强维持，然后逐渐衰落。不求变，只有死路一条！

三、立足市场，制定战略

确定了要变革的方向以后，又引出了更多新的问题：往什么方向变？G汽车集团现在的主营业务就是汽车零部件，短期内要拿到整车生产资质非常困难。发展新能源车可以作为中长期战略规划，在经营已经比较困难的现阶段，以较小的成本迅速盈利，成为集团的短期最佳选择。

正为这事儿苦恼的新产品开发部王总监的一个小发现，帮助了整个集团。一次王总的女儿生日，老婆打电话让他下楼拿蛋糕，他看到快递员从快递盒里小心翼翼地拿出来，说："我怕你的冰淇淋蛋糕化了，紧赶慢赶地骑过来，你快检查一下。"老王拆开厚厚的隔热包装，看到蛋糕完好就让快递员去送下一单了。送走快递员他心想："夏天到了，我们可不可以推出可以放冰淇淋、雪糕的冷藏车？"老王赶紧向董事长汇报了这个想法，两人一拍即合。董事长赶紧召集生产制造部、技术中心、销售公司等各部门经理一起讨论其可行性。老王提的开发冷藏车设想得到了在座同事的一致同意。于是在2018年的9月，集团从各个部门抽调人才，组建了一个专用冷藏车的项目部。

四、调整架构，产品导向

2018年9月，专用车项目部生产了第一台冷藏车。因为采用自己生产的零部件组装而成，这款冷藏车市场价较低，迅速获得市场青睐。这一好消息非常提振士气，于是，环卫车、物流车等更多专用车车型进入市场，专用车项目部短时间内收获了非常多的订单。

这时，矛盾出现了。集团当前的组织机构形式是以直线职能制为基础，所以具有部门之间协调不力、横向沟通困难、市场反应迟缓的先天不足。这种模式导致业务流程不畅通,响应市场与客户需求的速度缓慢。往往客户下了订单以后,需要走一大串繁琐的流程,十分影响运营效率。老郑作为人力资源部的老专家,发现了当前集团的组织架构不能适应新业务的发展,于是提出要尝试建立专用车事业部。在老国企中推行事业部的想法激起了千层浪,有多少人支持欢呼,就有多少人坚决反对。一时,老郑被推到了风口浪尖。

(一)组织架构现状诊断

当前,G汽车集团是传统的直线职能制度(图1、图2),科室之间信息并不能共享,因此具有大型国有企业的通病,即信息不对称,市场反应迟钝,不能主动适应市场变化。而事业部制组织结构恰恰具备快速响应市场的优势。由于事业部拥有自己经营的产品、地区或客户群,从研发、生产、销售一直到售后服务,都可以自主决策、自我调整,能将市场压力快速传递到公司内部各个环节,极大地提高国有企业内部对市场变化的敏感程度。专用车业务刚有起色,却又受限于当前的僵化体制无法发展壮大,如果成立独立的事业部,自主经营,自负盈亏,岂不是从组织层面消除了发展障碍?

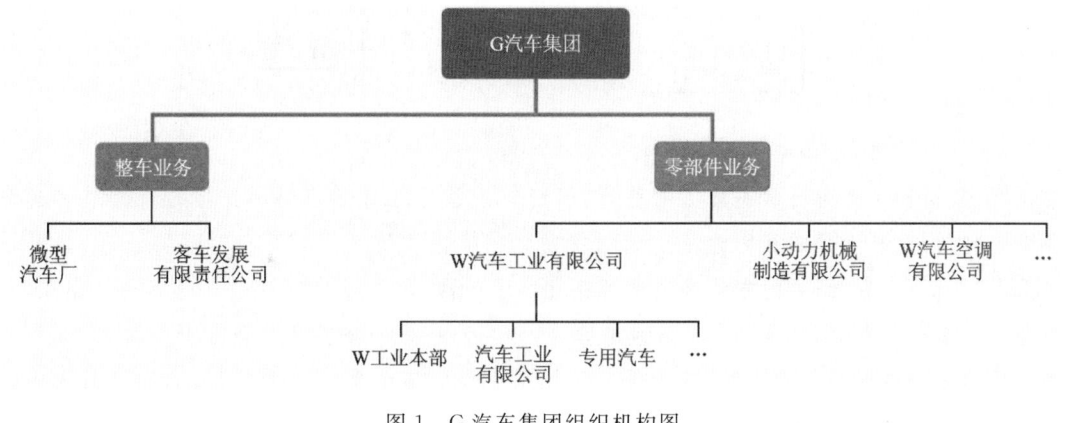

图1　G汽车集团组织机构图

(二)两种方案,如何抉择?

进行事业部制改革的消息传遍了公司上下,对于到底是和风细雨的温和改革,还是完完全全地重塑架构,大家心中也充满了纠结和忐忑。

温和派的方案是将业务模块划分成事业部的形式,将职能部门中与产品模块相关的业务放到事业部内部。其他的职能部门变化不大,是较为保守的优化方案。

变革派的方案的改革力度更大,主要思路有两个关键点。一是将企业的组织机构调整使其能够更加贴近市场,将与市场响应密切相关的职能,调入生产单元,实现职能闭环管理。第二是将各个职能部门精简优化,职能部门能随业务变化、职能调整,及时匹配"瘦身"优化。但这一方案涉及的人事和工作流程变动巨大,员工们能否适应快速响应市场这一公司战略,将影响这一架构落地的执行力。

两种方案的支持者各执一词。温和派认为渐进式的变革节奏比较适合G汽车集团的现

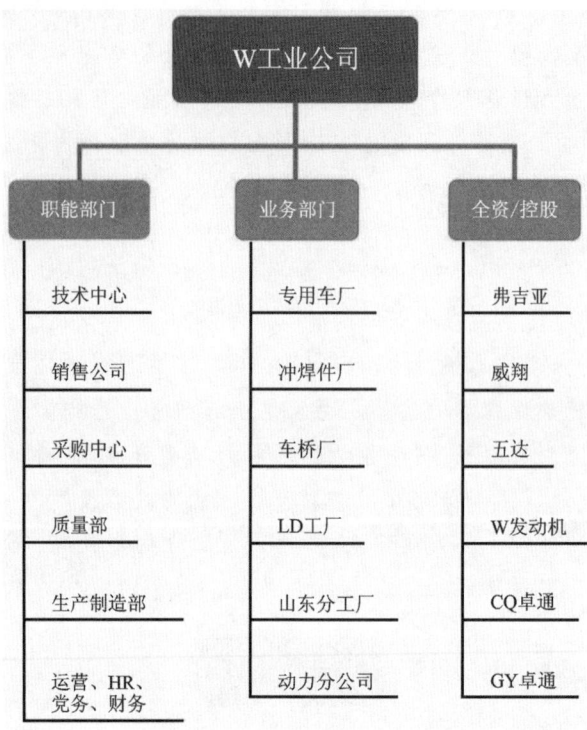

图 2　W 工业公司组织机构图

实情况,认为步子太大会影响集团的稳定;而变革派认为在汽车市场和集团自身发展都遇到困境的时刻,没有大刀阔斧的改革是无法帮助集团突出重围的。领导经过多方讨论,最终决定采用"先试点,后推广"的方法来测试可行性。于是,集团选择先把专用车业务独立出来,成立专用车模拟事业部,将职能部门设置在事业部内部,使每一单业务在事业部完成闭环,大大提高了效率。根据经营指标反馈,专用车模拟事业部的市场反响非常热烈,利润空间大大提高。于是,集团将专用车事业部的做法成功复制到底盘和车身业务,最终完成了三大事业部的组织架构转型。

五、拨开迷雾,自信出发

危机往往也意味着转机。面对前景不容乐观的汽车市场,集团拿出了壮士断腕的决心,决意要以一场战略和组织的大变革来应对。通过将市场响应资源下放到生产部门,使企业具有超出同行的市场反应速度;精简生产制造部门、管理部门的人员构成,为企业精简不必要的开支。按照业务模块划分事业部,事业部自负盈亏,极大地调动了员工的工作积极性。经过不断地自我革新,整个组织焕发生机,即使是在下行压力巨大的 2019 年,G 汽车集团也交出了不俗的答卷。

值得一提的是,2020 年初新型冠状病毒肺炎疫情大大挫伤了我国的经济,为提升经济活力,中央鼓励发展地摊经济。G 汽车集团专用车事业部第一时间响应政府号召,5 天时间内,快速针对地摊经济所需要的"移动商铺"车辆,"好开停、好通过、好便捷"的特点,通过快速优化后体车厢结构,迅速推出"地摊经济的正规主力军"——W 售货车。该产品具备车身轻量化、车厢电动化、场景多样化的突出优势,将有力促进地摊经济焕发生机,引爆"地摊经济"新风口!正因为迅速抓住市场机遇,这款车型刚一上市便获得了超高人气,帮助G汽车集团收割了一众好评。这样高效的市场反应速度,得益于集团以产品为导向的战略定位和组织架构。除了售货车外,高尔夫球车、巡逻车、房车、消防车、啤酒车、冰淇淋车等各种车型如雨后春笋般冒出,在2020年专用车市场排名中,G汽车集团异军突起排在了第四位。

面对新的征途,G汽车集团毫不气馁。公司的发展不就是找出问题、解决问题吗?只是与时间赛跑罢了。面对未来汽车市场的冲击,G汽车集团已做好迎难而上的准备。

案例思考题

1. G汽车集团面临的外部宏观环境发生了哪些变化?为什么选择在组织管理层面进行转型升级?
2. 探讨G汽车集团如何重新进行进军专用车市场的战略选择?
3. 分析G汽车集团如何进行组织结构调整的?

案例二 "南雁"ZY地矿公司管理变革蜕变之路

地处经济发达大省和互联网变革前沿省会的ZY地矿公司,成立于1958年,其前身ZY地质大队隶属于该省地质勘查局,事业编制,曾获得"全国模范地勘单位""全国百强地质队"等称号。随着我国计划经济向市场经济转轨,指令性任务逐步向自主经营自找市场过渡发展,整个传统地矿行业普遍进入发展的低谷期,成建制转入特色施工和地质服务业。从1985年起,公司所属省局为适应市场需求,将旗下地质队进行了几番重组,先后成立了地质队、地质矿产勘查开发总公司、地质矿产工程公司、地矿建设总承包有限公司、地矿建设有限公司等。至2007年该有限公司划归ZY地质队管理,一套班子挂两块牌子。经营范围涉足传统地质工作、特色施工业、创新投资业和物业管理与开发并举的产业格局。2022年起,省局实行事企分离改革,成立省自然资源集团有限公司,ZY地矿建设有限公司成为新设集团公司下属国有独资公司,正式进入国资国企新的发展时期。目前公司经营范围涵盖地质服务、勘测设计、工程施工,以及大数据板块、地质文化板块等新兴产业。近5年的产值效益规模平均每年达到30亿以上,彻底实现了从传统等任务安排的"靠计划吃饭"到自主开发市场并实现大幅盈利的行业示范单位的蜕变,被业内同行誉为南北两大领头雁之一的"南雁"。

组织结构与企业文化

公司现有职工700余人,下设6个全资子公司和24个分公司(事业部)(表1)。自事业单位分离改革之后,公司紧跟国家发展战略布局,把握省域改革先机,以勇立全国地下工程建设市场潮头的决心,统筹实施"1+2+2+N"产业战略,推进产业升级,培育集工程建设、地质服务、生态修复、土地整治、投资运营、科创转化等为一体的综合工程服务能力。变革后的组织结构如图3所示。

表 1　公司下属部门与单位名称

下属部门与单位	名称
职能部门(9个)	综合办公室 党群工作部 组织(人力资源)部 资产财务部 投资发展部 安全生产质量管理部 纪检部 审计法务部 科创与数字化中心
事业部(24个)	勘测事业部 岩土技术事业部 工程公司(17个) 地质矿产事业部 砂石骨料研究院 测绘与地理信息事业部 国土空间生态修复事业部 地灾防治事业部(市地质灾害与地质环境保护技术中心)
法人单位(6个)	Z省地矿勘察院有限公司 Z地质大数据应用中心有限公司 Z地质文化有限公司 Z地质科创园发展有限公司 Z地质物业发展有限公司 ZS钻具研发有限公司

企业文化

公司继承和发扬地质"三光荣"精神，坚持"团结、奉献、创新、奋进"的核心价值观和"合作、合力、向未来"的发展理念，秉承"至诚致极　至勤致远"的企业精神，以"赓续地质基因　智造精彩空间"为使命，致力于成为全过程服务国土空间开发建设的现代化企业。

(1)企业愿景:成为全过程服务国土空间开发建设的现代化企业。以地质为基础,通过"地质+"的方式,专注于山水林田湖草沙系统保护修复、资源空间安全利用保障、省域国土空间治理等重点领域；奋力扛起"两个先行"的使命担当,通过抓经营,严管理,求创新,推动专业化发展再聚焦、均化布局再发力、精细化管理再提升,努力成为全过程服务国土空间开发建设的现代化企业。

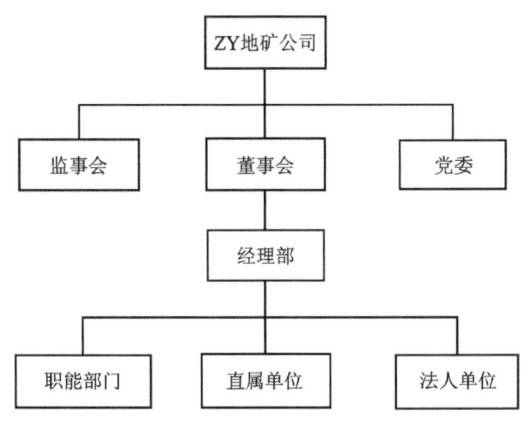

图3 公司组织结构图

（2）企业使命：赓续地质基因，智造精彩空间。赓续第一地质"献身事业""艰苦奋斗""建功立业"的光荣基因，传承地质人"吃苦耐劳""敢打硬仗""甘于奉献"的高尚品格和实干风貌。凝智聚力，创造卓越，开拓该省地矿广袤无垠的精彩空间。

（3）核心价值观：团结、奉献、创新、奋进。基于该省地矿使命和愿景公司倡导"团结、奉献、创新、奋进"的核心价值观，其核心是为了营造上下一心的协作氛围，崇尚无私奉献的精神，彰显矢志创新的职业品格，展现奋进争先的前行姿态。

（4）企业精神：至诚致极，至勤致远。事不惧，有所持。为企无止境，唯至诚者，能致其极。以苦练精技术，持续深耕，把专业的技艺练到极致。敢于在一线的岗位上经风雨、见世面，在火热的实践中壮筋骨、长才干，在千锤百炼中成长，在搏击风浪中成熟，在追求卓越中成功。循大道，至万里。前行无捷径，唯至勤者，可达深远。以团队为基础，凝聚思想共识，永葆奋进姿态、久久为功、善作善成，以"钉钉子"精神大抓落实，同心同德、同向同行。用汗水沉淀从容，用奋斗凝聚底色，推动企业发展行稳致远。

（5）发展理念：奋斗浇灌"团结花"，携手共绘"同心圆"。公司始终保持敏锐的市场洞察力和专业的服务水平，以满足客户多样化的需求和期望。公司倡导团队合作、促进共赢的文化，重视员工的培训和发展，营造良好的团队氛围，为实现公司发展战略提供强有力的保障。公司坚持"以道交友、以商求同、以诚待人、以理服众"的原则，在交流交往中共享开放机遇，在协商互动中凝聚发展共识，在团结共事中增进制度认同、文化认同，在发展征途中共同谱写精彩华章。

社会责任

公司始终牢记"国企为民"的使命担当，大力弘扬"忠诚、担当、奋斗、创新、清正"的国资国企新风尚，胸怀天下，立己达人，不断强化自身战略功能定位，充分发挥企业特色技术优势，热心志愿服务和公益实践，在地灾防治、地质科普、亚运保障、疫情防控等重大任务中履职尽责，坚定扛起国资国企的社会责任，主动融入发展大局，致力于为助力乡村振兴、推动共同富裕贡献力量。

1. 发挥技术优势,勇担地质灾害防治重任

2014年与市国土资源局共同设立地质灾害应急技术服务中心,为本市地质灾害防治提供应急技术服务,并为地质环境开发利用与保护提供技术支撑,中心成立以来,开展了多起地灾现场救援和调查,2016年为G20杭州峰会提供了专业保障。2023年成立省地质灾害应急救援总队市支队,全面支撑好地质灾害应急救援工作,用实绩实效充分展现公司的使命和担当,为人民群众生命财产安全和社会稳定提供坚实保障。

2. 利用专业特长,当好地质科普与文化引领者

公司下属地质文化有限公司持续以"讲述你身边的地质故事"作为工作使命,围绕"地质＋文化"的主要战略方向持续推出科普文化数字内容,开发优质科普活动、科普路线及展厅活动,依托地质底蕴和文创基因,通过不断提升地质文化在文创行业的影响力,将文创产业发展与地质相融合,创新垂直布局自身产业目标,通过打造自身文创科普品牌产品、自然资源文创设计服务、地学科普人才培养等,在"地质＋文化＋"的理念中继续做强文化及相关产业。

未来将发挥地质技术和专业优势,加强自然资源和国土空间领域产业协同,提高经济效益和核心竞争力,围绕地质勘查、自然灾害防治、国土空间生态修复、山水林田湖草系统治理、城市地下空间安全风险防控及开发利用、绿色矿业等,进一步拓展服务领域,坚持传统产业与新兴产业融合发展,着力构建"1＋1＋3＋N"的产业布局,做优地质服务与矿业开发这一根基产业,做强国土空间开发建设这一支柱产业,重点培育生态保护与修复、自然资源数字智造产业两大新兴产业,充分发挥服务保障这一产业效能,围绕全过程服务自然资源领域,加强投融资平台建设,发挥投资的撬动作用,打造一批(N)有特色、有基础、有潜力的产业集群,构建富有自然资源特色的现代化产业体系。

"三重一大"决策机制

为规范决策行为,提高决策水平,防范决策风险,保障公司健康、科学、稳定地发展,公司对于"三重一大"决策制定了严格的决策程序。所谓"三重一大"是指公司在运营过程中的重大决策、重要人事任免、重大项目安排和大额度资金使用,具体决策内容如表2所示。

表2 "三重一大"决策类型与具体内容

"三重一大"决策类型	具体内容
重大决策事项	贯彻党和国家大政方针政策 公司党政建设、企业文化建设 公司章程、发展战略 公司年度预算、投资计划、融资计划、安全质量管理 劳动用工、薪酬体系、福利分配
重要人事任免	中层管理人员选拔标准 中层管理人员任免与调整 中层管理人员的重要奖惩 职工董事、监事人选

续表 2

"三重一大"决策类型	具体内容
重大项目安排	公司金融投资、金融资产处置 重大工程项目投资与固定资产投资 重要设备与技术引进 大宗物资采购
大额度资金使用	年度资金预算调整及重大资金调用 超预算或预算外大额资金调用 重大捐赠、赞助事项

对于"三重一大"4项决策必须遵循依法决策、科学决策、集体决策和民主决策的原则。决策采取现场会议的群体决策方法,由党委会、董事会、总经理、经理及专家共同组成,集体讨论,个体表决。决策程序做到科学、全面:第一,由公司职能部门、下属单位等提出,经分管领导审核,并最终报主要领导同意后,列为讨论的议题。第二,提出初步方案。相关部门或人员做好决策事项的准备,组织调查研究,提出决策建议方案。第三,加强论证。对于政策性、专业性较强的重大经营决策事项,组织专家、领导小组或专门委员会,进行充分讨论;重大投资和工程建设项目,充分听取有关专家及法律顾问的意见;重要人事任免,坚持党管干部的原则;涉及职工切身利益的重大问题,听取工会的意见,并通过职工代表大会来听取职工群众的意见建议。在初步方案基础上,提出若干可行的备选方案,并作深入研究和科学的评估论证。第四,决策方案形成后做充分沟通,并按照职责分工组织实施,明确决策执行的责任部门、单位和责任人,确保决策执行的效率与效果。

绩效考核与激励

为实现公司战略和年度经营目标,提升员工工作积极性,营造良好的公正、公平绩效管理氛围,公司制定了绩效考评体系。考评体系的制定遵循4项基本原则:一是绩效导向原则,强调考核只是手段,提升绩效才是目的;二是考核与激励并举原则,绩效考核结果有奖有罚,且与绩效奖励、薪酬调整、职级调整、干部选拔任用、评先树优等挂钩,充分发挥考核与激励的双重功能;三是双向尊重与沟通原则,坚持双向尊重与沟通;四是客观与公平公正原则,考核目标与责权和能力相对等,考核过程坚持以客观事实为依据,考核结果严格按制度执行,并公示考核计划和考核结果,让绩效考核接受干部与职工的共同监督,最大限度保障考核的公平与公正。

公司集团总部对职工的绩效考核实行季度考核和年度考核相结合。

季度考核以季度工作计划为基础,将工作计划管理与绩效考核相结合,采取一人一表制,工作计划内容因岗因人而异,分为季度重点工作和季度一般工作,由被考核人根据重要性程度设相应的考核权重。

具体流程包括:第一,工作计划制订。职工考核计划由本人根据部门负责人考核计划制定,经部门负责人审定并沟通后在各部门内公示。第二,完成过程跟踪。分管领导和部门负责人需要关注下属职工季度考核计划的履行情况,了解工作进展,并给予及时的支持和指导,各部门需实施部门月度或周例会制。第三,考核及反馈。由被考核人发起,先自评,再由考核人进行考评。考核结果与被考核者沟通反馈后,报上级管理部门并在公司范围内公示。

季度考核指标及评价方法:季度考核采用统一的考核指标、考核准则、考核规则和评分标准,考核指标包括工作计划完成情况、工作投入度、工作及时性、工作成本、工作差错率、工作效果6个维度。根据工作未开展、工作已开展但未完成和工作已完成3种情况分别进行考评打分(表3、表4)。

表3 工作完成情况评分表

工作完成情况	原因描述		评分标准
工作未开展	工作条件客观上不具备		0
	工作条件具备但未开展		−10
	工作条件可创造,但缺乏意识或主观努力程度不够		−5
工作已开展但未完成	主观原因大于客观原因		−5
	主观原因小于客观原因		−3
工作已完成	考核指标	计划达成度	评分标准
	工作投入度 工作及时性 工作成本 工作差错率 工作效果	符合计划目标	0
		与计划差距较小	−3
		差距较大	−5
		超目标完成	+3
		较大幅度超目标完成	+5

表4 季度考核总表

序号	季度考核计划 (被考核人填报,考核人审核)			实际完成情况 (被考核人填报,考核人审核)	评分情况 (被考核人根据评分细则直接评分填入)							考核分 (考核人填写)		加权考核加分/减分说明 (必填,由考核人填写)
	重要性	权重(B)	考核工作计划	计划达成目标		工作未开展	工作已开展但未完成	工作已完成					自评分	加减得分(C)	加权得分(D)	
								工作投入度	工作及时性	工作成本	工作差错率	工作效果				
1	季度重点工作														
2															
3															
4															
5	季度一般工作														
6															
7															
合计		100%			考核计划考核得分										

季度考核结果从高到低依次分为 A、B、C、D、E 共 5 个绩效等级,各绩效等级控制一定的人员比例,且各绩效等级的最终人数要同时满足考核分数与人员比例的双控原则。各绩效等级对应不同的绩效考核系数,与季度绩效奖金挂钩,其中,A、B 等级绩效考核系数须大于 1,人员比例不超过 40%。考核季度绩效奖金等于季度绩效奖金基数乘以绩效考核系数。

员工的年度考核分等于季度考核平均分乘以 80% 加上年度综合考评分乘以 20%。绩效等级的划分、评定与季度考核类似。年度考核结果将与以下几方面挂钩:第一,与年度绩效奖金挂钩,职工年度考核绩效奖金等于绩效奖金基数乘以部门绩效考核系数乘以职工绩效考核系数。第二,与年度各类先进评比挂钩,须满足年度内季度绩效考核等级不少于两个 A 或一个 A 两个 B,方可具备年度先进评比资格。第三,与下个年度薪酬调整挂钩。第四,与职级评定挂钩。第五,与岗位任职及劳动关系挂钩。其中,若员工连续两年绩效等级为 D 和 E,则需接受为期 3 个月的岗位培训,培训期月薪系数 0.8。培训期满考核及格,可继续担任原岗位工作;考核不及格,则必须接受调岗降薪或解除劳动合同。若连续两年绩效等级为 E,则视同该职工已无法胜任岗位工作,需接受调岗降薪或解除劳动合同。职工若对考核结果有异议,给予 15 个工作日的书面申诉期。

安全控制与应急管理

公司按照"管行业必须管安全,管业务必须管安全,管生产必须管安全"的"三管三必须"要求,落实党政同责、一岗双责、齐抓共管、失职追责的安全生产责任。大力加强机制建设,强化安全培训与教育,推动安全生产与应急管理体系有效运行。具体的工作措施包括:第一,持续灌输安全生产理念。坚持人民至上、生命至上,强化底线思维、极限思维,认真贯彻落实《安全生产法》《消防法》《生产安全事故应急条例》等相关规定,推动公司不断完善全员安全生产责任制。坚持开展警示教育活动,吸取同行业同类型企业事故教训,认真开展举一反三,牢固树立人命关天,发展绝不能以牺牲人的生命为代价,这是一条不可逾越的红线的发展理念。强化全员安全意识和应急处置能力,提升本质安全水平,推动形成"人人讲安全,个个会应急"的安全意识。树牢隐患不排查、问题不整改就是事故,排查不到位是失职,排查出不整改是渎职的理念。第二,健全完善安全生产主体责任。制订公司年度安全生产和应急工作管理目标及工作计划,与下属单位签订年度安全生产与消防工作目标管理责任书,督促各单位各部门签订安全生产和消防工作目标管理责任制,做到层层下发,层层落实。公司每年至少召开 4 次安全生产工作会议,各下属单位每月至少召开 1 次安全生产工作专题会议,加强安全生产和应急管理工作的研究部署。召开阶段性安全生产工作推进会,分析安全生产管理中存在的问题,提出整改意见。公司主要负责人和分管安全领导每季度至少带队检查重点项目 1 次,其他管理成员每年至少带队检查项目两次,各单位主要负责人每月至少带队检查下属所有项目 1 次,动态了解风险情况。第三,健全完善安全生产管理体系。加强公司安全生产制度建设。督促各单位按照操作规程进行起重吊装、高处作业、有限空间、易燃易爆场所用电、动火等危险作业,落实作业审批、现场监护的工作。加强安全生产文明施工标准化建设,制定集团公司项目标准化指导手册。建立项目质量安全信息平台,并要求各下属单位在项目质量安全

绿色可持续发展企业管理学

信息平台上,认真填报项目信息安全台账,并做好信息平台的日常维护工作。第四,健全完善应急管理和保障体系。建立灾害天气信息报告机制,构建畅通有效的预警信号发布与传播渠道。落实应急物资及装备,建立应急物资装备使用档案,并对应急物资装备进行定期检测和维护。开展应急知识培训,完善事故紧急报告机制,提升指挥处置突发事件水平,提高从业人员自救互救和防灾减灾能力。

主要参考文献

彼得·德鲁克,2005.卓有成效的管理者[M].许是祥,译.北京:机械工业出版社.

彼得·德鲁克,2006.21世纪的管理挑战[M].朱雁斌,译.北京:机械工业出版社.

彼得·圣吉,1994.第五项修炼:学习型组织的艺术与实务[M].郭进隆,译.上海:上海三联书店.

蔡一,1996.华夏管理文化精粹[M].北京:高等教育出版社.

陈洪安,江若尘,2018.管理学通论:创新、成长、价值、幸福[M].北京:北京大学出版社.

丹尼尔·A.雷恩,2002.管理思想的演变[M].孔令济,译.4版.北京:中国社会科学出版社.

方振邦,李超平,张秀智,等,2016.管理学基础[M].3版.北京:中国人民大学出版社.

弗雷德里克·泰勒,2013.科学管理原理[M].马风才,译.北京:机械工业出版社.

韩非,2016.韩非子[M].高华平,王齐洲,张三夕,译注.北京:中华书局.

龚荒,2018.管理学原理方法实训[M].北京:机械工业出版社.

《管理学》编写组,2019.管理学[M].北京:高等教育出版社.

郭文臣,卢小丽,2023.管理沟通[M].4版.北京:清华大学出版社.

郭咸纲,2004.西方管理思想史[M].3版.北京:经济管理出版社.

韩沐野,2017.传统科层制组织向平台型组织转型的演进路径研究:以海尔平台化变革为案例[J].中国人力资源开发(3):114-120.

亨利·法约尔,2013.工业管理与一般管理[M].迟力耕,译.北京:机械工业出版社.

胡国栋,王晓杰,2019.平台型企业的演化逻辑及自组织机制:基于海尔集团的案例研究[J].中国软科学(3):143-152.

姜英来,2006.30部必读的管理学经典[M].北京:北京工业大学出版社.

蓝海林,2022.企业战略管理[M].4版.北京:科学出版社.

李庆华,2020.管理思想史精讲[M].北京:北京大学出版社.

李育辉,梁骁,陈美伶,2019.40年来中国领导理论研究的回顾与展望[J].中国领导科学,52(1):48-57.

理查德·L.达夫特,2003.组织理论与设计[M].王凤彬,石云鸣,张秀萍,等译.7版.北京:清华大学出版社.

刘洋,董久钰,魏江,2020.数字创新管理:理论框架与未来研究[J].管理世界,36(7):198-217,219.

迈克尔·哈默,詹姆斯·钱皮,1998.改革公司:企业革命的宣言书[M].胡毓源,徐荻洲,周敦仁,译.上海:上海译文出版社.

乔治·梅奥,2013.工业文明的人类问题[M].陆小斌,译.北京:机械工业出版社.

斯蒂芬·罗宾斯,玛丽·库尔特,2022.管理学[M].刘刚,梁晗,程熙镕,等译.15版.北京:中国人民大学出版社.

斯图尔特·克雷纳,2003.管理百年:20世纪管理思想与实践的批判性回顾[M].邱琼,译.海口:海南出版社.

苏勇,何智美,2021.现代组织行为学[M].3版.北京:清华大学出版社.

谭力文,徐珊,李燕萍,2004.管理学[M].2版.武汉:武汉大学出版社.

王凤彬,李东,2021.管理学[M].6版.北京:中国人民大学出版社.

邢以群,2007.管理学[M].北京:高等教育出版社.

亚当·斯密,1974.国民财富的性质和原因的研究[M].郭大力,译.北京:商务印书馆.

张德,2010.现代管理学[M].北京:清华大学出版社.

张康之,周军,2018.一般管理学原理[M].4版.北京:中国人民大学出版社.

张小木,2009.管子解说[M].北京:华夏出版社.

赵丽芬,2009.高级管理学[M].北京:清华大学出版社.

周三多,陈传明,刘子馨,等,2018.管理学原理和方法[M].7版.上海:复旦大学出版社.

周祖城,2023.企业伦理学[M].4版.北京:清华大学出版社.

AVOLIO B J, BASS B M, 2004. Multifactor leadership questionnaire [M]//GREENHAUS J CALLANAN J. Encyclopedia of career development. CA: Mind Garden.

BASS B M, 1990. Bass & Stogdill's handbook of leadership: Theory, research, and managerial applications[M]. 3rd ed. New York: The Free Press.

BURNS J M, 1978. Leadership[M]. NewYork: Harper & Row.

CASTILLO A, RUIZ L, BENITEZ J, et al., 2023. IT impact on open innovation performance: Insights from a large-scale empirical investigation[J]. Decision Support Systems, 175: 114025.

MASLOW A H, 1954. Motivation and personality[M]. New York: Harper & Row.

NAMBISAN S, LYYTINEN K, MAJCHRZAK A, et al., 2017. Digital innovation management: Reinventing innovation management research in a digital world[J]. MIS Quarterly, 41(1): 223-238.

SCIUK, C, ENGERT, S P, GIERLICH-JOAS M, et al., 2023. A journey, not a destination: A synthesized process of digital transformation[J]. ICIS 2023 Proceedings.

TUCKMAN B W, 1965. Developmental sequence in small groups[J]. Psychological Bulletin. 63(6): 384-399.

VEILE J W, SCHMIDT M C, VOIGT K I, 2022. Toward a new era of cooperation:

How industrial digital platforms transform business models in Industry 4.0[J]. Journal of Business Research,143:387-405.

VIAL G,2021. Understanding digital transformation: a review and a research agenda [J]. The Journal of Strategic Information Systems,28(2):118-144.

YUKL G,2010. Leadership in organizations[M]. 7rd. London:Pearson.